forum ANGEWANDTE LINGUISTIK
BAND 38

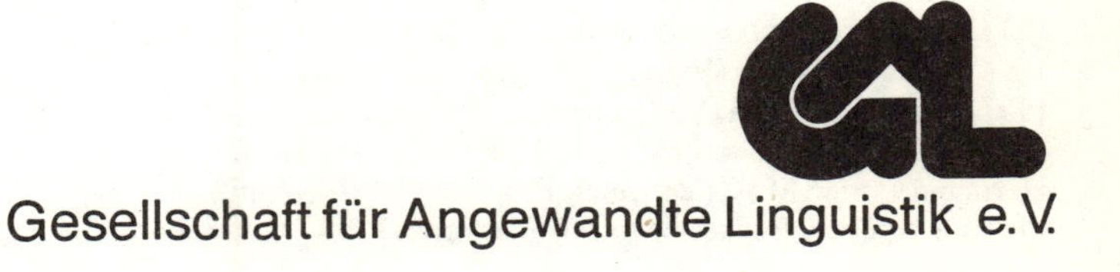

Gesellschaft für Angewandte Linguistik e.V.

Gesellschaft für Angewandte Linguistik e.V.

forum ANGEWANDTE LINGUISTIK
BAND 38

Sprache und Kultur

Herausgegeben von
Horst Dieter Schlosser

PETER LANG
Frankfurt am Main · Berlin · Bern · Bruxelles · New York · Oxford · Wien

Die Deutsche Bibliothek - CIP-Einheitsaufnahme

Sprache und Kultur / Horst Dieter Schlosser (Hrsg.). - Frankfurt am Main ;
Berlin ; Bern ; Bruxelles ; New York ; Oxford ; Wien : Lang, 2000
(Forum angewandte Linguistik ; Bd. 38)
ISBN 3-631-37051-2

Umschlag: Carola Vogel

Gedruckt auf alterungsbeständigem,
säurefreiem Papier.

ISSN 0937-406X
ISBN 3-631-37051-2

Printed in Germany 1 2 3 4 6 7

Inhaltsverzeichnis

Vorwort des Herausgebers

Wie alle Jahrestagungen der Gesellschaft für Angewandte Linguistik dokumentierte auch die 30. Zusammenkunft in Frankfurt am Main vom 30. September bis 2. Oktober 1999 die große thematische Spannweite Angewandter Linguistik, wobei das Frankfurter Generalthema »Sprache und Kultur« zusätzlich einen sehr weiten Spielraum eröffnete. Diese Weite war zweifellos mit ein Grund dafür, dass diesmal eine besonders große Zahl von Teilnehmerinnen und Teilnehmern zu verzeichnen war. Die große Zahl publikationswürdiger Beiträge wurde dann freilich zur Last für den Herausgeber, der diese Fülle zu bändigen hatte, ohne zu viele wichtige Akzente dieser Tagung zu vernachlässigen. Selbst der gegenüber dem Tagungsband von 1998 erweiterte Umfang erlaubte es dann leider doch nicht, alle angebotenen Texte aufzunehmen.

Auf etwas problematische Weise wurde die Qual der Auswahl dadurch gemildert, dass einzelne Themenbereiche und Sektionen ihre Ergebnisse von vornherein andernorts publizieren wollten. So fehlen hier, ohne Verschulden des Herausgebers, Beiträge etwa aus den Verhandlungen zum hochaktuellen Thema »Sprachen und auswärtige Kulturpolitik«. Immerhin kann zu diesem thematischen Komplex der wichtige Vortrag zur Tagungseröffnung von Joachim Sartorius wiedergegeben werden. Er steht auch hier an erster Stelle, gefolgt vom Text eines Vortrags von Franciszek Grucza zum Thema »Kultur aus der Sicht der Angewandten Linguistik«, ein Vortrag, der wegen Verhinderung des Referenten auch auf der Tagung nur in schriftlicher Fassung kursieren konnte, der aber zur Theorie der Angewandten Linguistik so Fundamentales zu sagen hat, dass er hier unbedingt wiederholt werden soll.

Auch der Themenbereich »Die sprachliche Repräsentation von Frauen und Männern im internationalen Vergleich« ist hier leider nicht vertreten. Nicht als »Ersatz«, sondern als Beleg dafür, wie detailliert Forschung zum geschlechtsspezifischen Sprachgebrauch vorgehen muss, wenn sie nicht trivial werden soll, stehe hier der Beitrag von Benno Peters aus der Sektion »Phonetik«.

Die Spannweite Angewandter Linguistik ist – wie schon an diesen drei Beiträgen deutlich wird – ebenfalls dadurch markiert, dass in Frankfurt sowohl intensive Detailarbeit geleistet als auch sehr grundsätzliche Erwägungen angestellt wurden. Der Tagungband will auch in dieser Hinsicht einen Querschnitt bieten. Dazu gehört, dass sowohl neue Forschungsperspektiven eröffnet als auch Berichte aus konkreten Projekten geboten werden.

Zu den Versuchen grundsätzlicher Klärung zählen die »Ansätze zur Beschreibung kollektiver Wissenssysteme« von Claudia Fraas ebenso wie Caja

Thimms Hinführung zu einer theoretisch wie methodisch angemessenen Sicht auf die (noch) neue Internetkultur. Hellmut K. Geißner zieht gleichsam die Konsequenzen aus dieser Sicht, indem er »sein« Fach, die Sprecherziehung, vor radikal neue Aufgaben gestellt sieht. Dass das Internet für Linguistinnen und Linguisten aber auch sonst nicht mehr nur ein Thema kulturkritischer Betrachtung, sondern ein höchst praktikables Arbeitsinstrument darstellt, demonstriert Elisabeth Burr am Beispiel des Online-Einsatzes eines Korpus romanischer Zeitungssprachen in der Lehre.

Gleichsam Werkstattberichte bieten neben Benno Peters die Beobachtungen von Martin Luginbühl zu Textgestaltungszwängen in den Medien, Johanna Lalouschek mit ihren empirischen Erhebungen zum Verhältnis von ärztlicher Kommunikation und Ethik und Andrea Alfaré mit ihren Informationen und Reflexionen zur Kommunikation mit autistischen Menschen.

Einen methodologischen wie interpretationspraktischen, ebenfalls auf Empirie fußenden Beitrag liefert Karin Luttermann mit ihrer gesprächsanalytischen Untersuchung des Strafgesetzbuchparagraphen zur »Nötigung«, ein Thema, an dem sich das immer neue Problem der Verständlichkeit von Fachtexten sehr gut exemplifizieren lässt. Mehr Leserfreundlichkeit in deutschen wissenschaftlichen Texten als bisher vermutet entdeckt Gabriele Graefen in einem Vergleich englischer und deutscher Textkommentierungen. Als zugleich theoretisches und praktisches Problem diskutiert Swantje Ehlers die didaktischen Bedingungen des Lesens in einer Fremdsprache, ein Beitrag, der hier exemplarisch für das immer dringlichere Thema der Förderung von Mehrsprachigkeit in einer zusammenwachsenden Welt stehen soll.

Besondere Aufmerksamkeit verdient die Tatsache, dass nicht erst im Ergebnis einer subjektiven Auswahl durch den Herausgeber, sondern schon im Gesamtangebot veröffentlichungswerter Beiträge Wissenschaftlerinnen – von der Doktorandin bis zur Professorin – deutlich vor den Männern rangieren.

In der Phase des Übergangs von alter zu neuer Rechtschreibung wurde geradezu selbstverständlich jeder Autorin und jedem Autor die jeweils gewählte Form zugestanden; und natürlich dürfen auch hier die Schweizer Beiträger weiterhin auf das von der Reform partiell konservierte *ß* verzichten. In dieser Hinsicht dokumentiert dieser Band durchaus auch eine »Vielfalt«, wie die derzeit herrschende Verwirrung von Befürwortern der aktuellen Reform vornehm umschrieben wird.

Frankfurt am Main, im April 2000

Sprachpolitik im Rahmen der auswärtigen Kulturpolitik

Stellenwert, Arbeitsprinzipien und zukünftige Perspektiven

Joachim Sartorius

Vor einigen Wochen ließ Maurice Druon, Schriftsteller, Mitglied der Académie française, verlauten, das Gerede vom Europa der Nationen und die damit einher gehende Charta für Minderheitssprachen sei nur ein Trick, um die Republik Frankreich gegenüber dem nach neuer Vorherrschaft strebenden Deutschland zu schwächen. Neben dem angestammten Kulturfeind USA hat also nun auch Deutschland die Ehre, zum Gegner der französischen Kulturpatrioten aufzurücken.

Was steckt hinter diesem »Säbeltanz der Patrioten«, hinter der »Sprachpflege als Kriegführung«, wie die FAZ ihren damaligen Artikel etwas reißerisch titulierte? Im August hatten Deutsche und Österreicher gemeinsam erstmals verlangt, daß ihre Sprache bei EU-Arbeitstreffen als vollwertige Arbeitssprache akzeptiert wird. Prompt hatte es deshalb Krach gegeben. Die finnische EU-Präsidentschaft lehnte ab; darauf haben Berlin und Wien diese Treffen boykottiert.

Dies war richtig. Zum ersten Mal tauchte hier so etwas wie ein Element einer lang tabuisierten deutschen Sprachpolitik auf, geleitet von dem legitimen Interesse, daß die größte Sprache innerhalb der EU auch fairer behandelt werden muß. Wir können nicht zulassen, daß – durch ein Eingehen auf die finnischen Vorstellungen – quasi bestätigt wird, daß Deutsch unwichtig ist, und nur Englisch und Französisch als Arbeitssprachen zugelassen sind. Allzuviel hängt davon ab. Insbesondere der Markt für die deutsche Sprache in Mittel- und Osteuropa. Die Deutschlehrer und die Deutschlerner in den Ländern der Beitrittskandidaten müssen wissen, daß ihre Arbeitsplätze gesichert bzw. ihre Investition in die Zeit, die sie benötigen, um unsere Sprache zu lernen, eine sinnvolle Investition ist.

Helmut Glück hat zu Recht darauf hingewiesen, daß der deutsch-finnische Streit um die Arbeitssprache in der EU einmal mehr zeigt, daß – ich zitiere – »die internationale Rolle einer Sprache auch davon abhängt, wie die Muttersprachler mit ihr umgehen.« Viele Beispiele belegen, daß die Deutschen keinen allzu großen Wert darauf legen, sich in ihrer Sprache auszudrücken und zu verständigen: Auf vielen wissenschaftlichen Kongressen hierzulande wird nur Englisch zugelassen. Der deutsche Wirtschaftsboß hält in Singapur seine Ansprache auf Englisch, obwohl die Gastgeber einen Dolmetscher bereitgestellt haben. Briten und Franzosen sind da anders, denn sie wissen, daß Loyalität ihrer eigenen Sprache gegenüber nicht nur kulturell, sondern auch politisch und wirtschaftlich von Nutzen ist. Namentlich die Franzosen geben sich Mühe, ihre Sprache im Innern wie nach außen zu fördern.

Wir spotten über die Frankophonie als eine Ideologie, die Französisch um jeden Preis verbreiten will. Angesichts unserer Geschichte ist es auch verständlich, daß wir eine solche Ideologie nicht verfolgt haben, bedarfsorientiert arbeiten und allenfalls – wie jetzt im Zwist mit Finnland – auf sprachliche Gleichberechtigung innerhalb der EU pochen. Aber wie steht es mit einer deutschen Sprachpolitik? Ist sie ein erkennbarer Teil der deutschen auswärtigen Kulturpolitik?

Zunächst ein Wort zur auswärtigen Kulturpolitik selbst. Sie ergänzt die klassische Außenpolitik und die Außenwirtschaftspolitik. Sie verfolgt ihre Ziele – ein positives, glaubwürdiges Außenbild der Bundesrepublik Deutschland, die Pflege der deutschen Sprache, die langfristige Stabilisierung der bilateralen und multilateralen Beziehungen durch die Förderung der internationalen kulturellen Zusammenarbeit – mit einem weiten, auf Nachhaltigkeit angelegten Instrumentarium, unabhängig von tagespolitischen Interessen und Zwängen. Willy Brandt hat sie als dritte Säule der Außenpolitik bezeichnet, und Gerhard Schröder hat dieses Bild in den Passagen seiner Regierungserklärung, die sich mit Kulturpolitik befassen, wieder aufgenommen.

Für das Goethe-Institut ist, innerhalb des Bereichs, den diese dritte Säule trägt – tragen soll, die Pflege der deutschen Sprache eine der beiden in seiner Satzung, aber schon in der Namensgebung festgelegten Hauptaufgaben. Viele andere Mittler sind in diese Aufgaben zur Pflege der deutschen Sprache und zur Förderung der internationalen kulturellen Zusammenarbeit gleichfalls eingebunden: die Zentralstelle für das Auslandsschulwesen (ZfA), der Deutsche Akademische Austauschdienst (DAAD), in geringerem Umfang auch das Institut für Auslandsbeziehungen (IfA) und – höchst systemwidrig – die Gesellschaft für Technische Zusammenarbeit (GTZ). Die Kulturreferenten an den deutschen Botschaften nehmen eine diese vielen Akteure – manche meinen: zu viele Akteure – koordinierende Funktion im Hinblick auf die Stellung der deutschen Sprache im jeweiligen Gastland wahr.

Mit seiner »Spracharbeit« möchte das Goethe-Institut, so steht es in unserem Grundsatzpapier von 1998, Menschen anderer Muttersprache die Verständigung mit Deutschen erleichtern, ihnen den direkten Zugang zu Deutschland und der deutschen Kultur ermöglichen und ihre beruflichen Kompetenzen und Chancen verbessern. Gleichzeitig leistet das Goethe-Institut damit einen Beitrag zur Förderung der Mehrsprachigkeit und der interkulturellen Verständigung in der Welt. Diese Spracharbeit umfaßt alle Bereiche des Erlernens und der Verwendung der deutschen Sprache. Sie spiegelt ein umfassendes Selbstverständnis von Sprache wider, das überall dort ansetzt, wo eine Förderung notwendig und sinnvoll erscheint: also Sprachunterricht mit eigenen Sprachkursen, an denen über 100.000 Personen jährlich teilnehmen; Pädagogische Verbindungsarbeit, die mit jährlich über 3.000 Aktivitäten die Vermittlung der deutschen Sprache in den Institutionen der Gastländer unterstützt, hinzu kommen Lehrmaterialerstellung, Medienarbeit, Curriculum-Entwicklung, Aus- und Fortbildung, Stipendienvergabe zur Fortbildung von Multiplikatoren und Lehrern in Deutschland etc.

Die deutsche Sprache ist also, so könnte man es formulieren, unser institutioneller Daseinsgrund. Ihre Zukunft ist uns Problem und Aufgabe zugleich. Und – ich darf dies hinzufügen, weil es so wenig bekannt ist – sie verschafft uns selbst erwirtschaftete Einnahmen in beträchtlicher Höhe. Rund DM 140 Mio. des DM 440 Mio.-Gesamtbudgets des Goethe-Instituts resultieren aus Sprachkurs- und Prüfungsgebühren. Schon aus diesem Grund wird sich das Goethe-Institut nicht von der Spracharbeit wegorientieren. Es gilt allerdings, mittelfristig ein ausgewogeneres Verhältnis zwischen der Förderung der kulturellen Programmarbeit und der Förderung der Spracharbeit zu finden. Die Regierung Kohl hat 16 Jahre lang einseitig die Spracharbeit bezuschußt – das war richtig so, insbesondere nach dem Fall der Mauer. Sie hat aber zugleich die Mittel für die Programmarbeit, die ihr suspekt, linkslastig und schwer kontrollierbar erschien, gekürzt – insgesamt um 25 % in den zehn Jahren bis 1998. Das war nicht gut und bedarf bis zu einem gewissen Grad – heute – der behutsamen Korrektur.

Dies war ein Exkurs. Wir waren bei der Spracharbeit, wie sie das Goethe-Institut versteht und praktiziert. Nun ist hier nicht der Ort, sich Gedanken über die enormen Umwälzungen zu machen, die alle Sprachen einem Wandel aussetzen. Stichworte, wie Globalisierung, das Aufschließen der großen deutschen Unternehmen zum Weltidiom Englisch, die Neuen Medien und die von ihnen geforderte Entstehung einer neuen Weltkommunikationsordnung – diese Stichworte müssen hier genügen. Eines steht fest: Die Nationalsprache, eines der treuesten Merkmale nationaler Identität, ist in diesem Prozeß ebenso nachhaltig gefragt wie in Frage gestellt. Sind ihre traditionellen Parameter noch zu retten, kann sie die neuen Ansprüche erfüllen? Es ist nicht abzusehen, worauf letztlich die begonnene Entwicklung hinausläuft, wir wissen aber, daß sie nicht aufzuhalten ist. In Deutschland wirkt sie mit besonderer Härte. Das fatale Zusammentreffen vom deutschen Defizit an Sprachkultur wie an Sprachbewußtsein mit der aktuellen weltgeschichtlichen Situation schwächt unsere ohnehin geringen Möglichkeiten, als Subjekte in diesem Prozeß zu wirken und auch die deutsche Sprache darin bewohnbar zu halten. Haben wir nicht längst ein Problem mit dem »Sprachstandort« Deutschland, das neben dem Sprachbewußtsein und der Sprachkultur auch die »Sprachpolitik« infiziert hat?

Aus der Sicht des Sprachvermittlers gilt unser Sprichwort umgekehrt: »So wie es aus dem Wald der deutschen Sprache heraus schallt, so klingt es aus den Weiten des Auslands zurück«. Sprachpolitik war in diesem Zusammenhang ein lange tabuisierter Begriff. Er galt als belastet durch die politische Instrumentalisierung von Sprache während des Dritten Reichs zu kriminellen Zwecken oder bindend gefüllt wie z. B. durch Frankreich, das Sprache als Gegenstand gesetzgeberischen Handelns im Inneren und als einen Motor zentral vorgegebener Politik im Äußern handhabt. »Sprachpolitik« war so jahrzehntelang in der Bundesrepublik Deutschland negativ konnotiert. Man suchte diesen Begriff im politischen und öffentlichen Sprachbereich lange Zeit vergeblich. Unser nicht normatives Verhältnis zur Sprache, unsere fehlende Sprachkultur sowie unsere föderale Organisation in der inneren und auswärtigen Kulturpolitik hielten uns davor zurück, mit Sprache offiziell Politik zu betreiben. Unsere Sache war eben die »Pflege der deutschen Sprache im Ausland«, die »Sprachverbreitung«, die »Sprachförderung« oder die »Sprachvermittlung«. Die »Sprachpolitik« war weder öffentlich präsent noch politisch wirklich umstritten.

Auch in der virulent geführten Debatte über Kulturpolitik während des letzten Wahlkampfes – ein Verdienst Michael Naumanns – spielte die auswärtige Sprachpolitik keine große Rolle – man kann auch sagen: gar keine Rolle. Themen wie z. B. ob die eigene Sprache ausreichend gefördert wird und ob man sie richtig fördert, wurden nur ganz marginal erörtert. Die ständig bemühte Argumentation ex negativo, daß unsere Demokratie eine Sprachpolitik à la Drittes Reich verabscheut, daß unser föderales und konstitutionelles Selbstverständnis eine frankreichähnliche Sprachpolitik ausschließt, daß unsere sprachliche Weltmarktposition hoffnungslos dem Englischen untergeordnet sei etc., liefert notwendige Abgrenzungen, aber keine hinreichenden inhaltlichen Füllungen. Wie weit muß, kann, darf eine Politik in diese Richtung gehen?

Ich würde mir wünschen, daß das Auswärtige Amt als zuständiges Fachministerium, das Ministerium von Herrn Naumann, die Kultusministerkonferenz (KMK) und – warum nicht? – das Parlament hier, einen Nachholbedarf anerkennend, sich bemüht, eine deutsche Sprachpolitik für die Zukunft zu entwerfen. Wenn ich nun im folgenden vier Kernbereiche aufliste, die dieser Entwurf behandeln müßte, so führe ich Ausführungen fort, die Dr. Wolfgang Bader, der Leiter unserer Sprachabteilung, vor einem knappen Jahr auf der Herbsttagung der Deutschen Akademie für Sprache und Dichtung in Darmstadt vorgetragen hat und die die Position des Goethe-Instituts zu diesem Problemkreis zusammenfassen.

1. Verständigung über die Rolle der deutschen Sprache in der Welt und über die Ziele der deutschen Sprachförderung

Strukturell steht Deutsch bei genauer Betrachtung in der Welt nicht schlecht da: 90 Mio. Muttersprachler in den deutschsprachigen Ländern und 6 Mio. Muttersprachler außerhalb des Amtssprachengebietes, 40 Mio. Fremdsprachensprecher von Deutsch und 18 Mio. Deutschlerner weltweit reihen die deutsche Sprache im Hinblick auf ihre Sprecherzahl und ihre ökonomische Stärke unter die zehn wichtigsten Sprachen der Welt. Konjunkturell jedoch erleidet die deutsche Sprache schwerwiegende Einbrüche durch den Rückgang ihrer Verwendung in Wissenschaft und Wirtschaft sowie in anderen Bereichen internationaler Kommunikation und durch sinkende Schülerzahlen in vielen Ländern.

Diese traditionelle Betrachtung, die dem defizitären deutschen Sprachbewußtsein paradoxerweise entgegenkommt, vermag die Sprachensituation in der Welt nur quantitativ als Spracholympiade oder gar Sprachenkrieg in der Konstellation von Gewinnern und Verlierern zu denken. Englisch auf der Gewinnerseite, alle anderen Sprachen – auch Deutsch – auf der Verliererseite ratifizieren eine Welt, die alle Vorteile auf seiten der Sprache mit der globalsten Ausbreitung und der kommunikativsten Tauglichkeit situiert und die Überzeugung nährt, als sei eine einzige Fremdsprache für den weltweiten Sprachverkehr nicht nur ausreichend, sondern geradezu ideal. Die scheinbaren Gewinner sind aber nicht nur glücklich über diese Situation: Aus Oxford hören wir, daß nicht Englisch, sondern das schlecht gesprochene Englisch, die Weltsprache sei, daß in 50 Jahren die Mehrheit der englischen Muttersprachler außerhalb der bisherigen »Mutterländer« leben und daß das »global English« die bisher an den Mutterländern festgemachten Parameter der kulturellen Prägung und der sprachlichen Richtigkeit auflöse. Diese Situation betrifft uns alle. Sie verlangt eine qualitative Bestimmung dessen, was Englisch als Weltidiom vermag und was nicht.

Die deutsche Sprachpolitik müßte stärker als bisher an der Klärung der Spannung zwischen Quantität und Qualität, zwischen sprachlicher Ökonomie und sprachlicher Ökologie, zwischen Identität und Kommunikationsbedarf unserer Sprachgemeinschaft interessiert sein. Die Anerkennung des sich von seinem kulturellen Hintergrund lösenden Englisch als universelle Sprache, in der die Kommunikation über die globalisierten Weltthemen der Umwelt, der Finanzströme, der High-tech-Produktion, des Internet geführt wird, macht die anderen Fremdsprachen nicht nur nicht überflüssig, sondern stellt an sie Ansprüche, die das Weltidiom nicht einzulösen vermag. Sie müssen als Lerninstrumente zur Organisation des interkulturellen Diskurses wirken. Die Pflege des Englischen in der Globalisierung wäre so einer Förderung der deutschen Sprache komplementär, die bewußt auf der Ebene der sich begegnenden Kultursprachen wirkt und das spezifische interkulturelle Netz zwischen Deutschland und den anderen Ländern vertieft. Schließlich sollte Deutsch die eher traditionell schwache Stelle in Politik und Diplomatie überwinden. Die britische Zeitschrift »Language today« ist nach einer weltweiten Umfrage 1997 zu der Einschätzung gekommen, daß z.Z. von den zehn wichtigsten Sprachen auf der Welt drei eine steigende Entwicklung haben: Englisch, Spanisch und Deutsch. Der höchste Nutzen der deutschen Sprache findet in Europa statt. Sie ist eine wichtige europäische Binnensprache. Deshalb halte ich unsere Position zu dem Streit mit Finnland über die Arbeitssprachen der EU für richtig und unterstützenswert. So bemüht sich das Goethe-Institut zum Beispiel seit Jahren in Brüssel, Deutschkurse für EU-

Beamte durchzuführen, weil unsere Sprache gerade in der täglichen Arbeit der EU-Dienststellen arg unterrepräsentiert ist.

2. Verständigung über die Instrumente der Förderung von Deutsch im Ausland

Der Befund über die bisherigen Förderungsinstrumente im Ausland ergibt zwei strukturelle Probleme: 1. Die Plazierung der Ressourcen in verschiedenen Mittlerorganisationen, Ministerien, Bundesländern und sonstigen Institutionen, die verschiedene Akteure mit unterschiedlichem Status in verschiedenen Bereichen einsetzen (diese plural verfaßte Szene bedeutet zum einen Reichtum und Vielfalt, erschwert andererseits aber eine kohärente Politik), 2. Die Schwerpunktsetzung der Förderung auf demjenigen Gebiet, das man traditionellerweise immer mit Sprachförderung identifiziert, dem Sprachunterricht.

Hier hätte Sprachpolitik einen lohnenden Ansatzpunkt. Zum einen müßte konsequenter als bisher auf dem Weg der Koordinierung und der Flurbereinigung in diesem Bereich weitergegangen werden. Kleine Erfolge sind im Hinblick auf die Zentralstelle für das Auslandsschulwesen und den Verein für das Deutschtum im Ausland (VDA) bereits zu vermelden. Es bleibt abzuwarten, wie folgerichtig sich die neue Regierung in diesem Bereich bewegt. Zweifel sind durchaus angebracht. Zum anderen müßte eine kompetentere inhaltliche Auseinandersetzung mit der Frage stattfinden: Wie fördert man eigentlich eine Sprache erfolgreich und nachhaltig? Deutschlernen im Ausland findet traditionellerweise vorwiegend im Unterricht statt, was aber nicht ausreichend ist, vor allem angesichts der heutigen Möglichkeiten, die es erlauben, ganze Lernwelten hinzu zu organisieren und in einem nie dagewesenen Maße Authentizität in das Sprachenlernen zu bringen: Fernsehprogramme, Bereitstellung von Medien, Nutzung des Internets und natürlich das Angebot an kulturellen Veranstaltungen und Besuchen im Land der Zielsprache. Gerade Deutschlernen braucht den starken Anreiz, das Faszinosum, das vom Prinzip Unterricht allein nicht getragen wird. Eine koordinierte Sprachpolitik müßte alle Förderkomponenten in ein stimmiges und wohl ausgewogenes Verhältnis bringen.

3. Verständigung über die Zweibahnstraße in der Sprachförderung

Auswärtige Kulturpolitik geht vom Inland aus und wirkt aus dem Ausland in das Inland zurück. Die Förderung von Deutsch im Ausland hat ihr Pendant in der Förderung der Fremdsprachen in Deutschland. Notwendig wäre also eine Konkurrenz zwischen nationaler Bildungspolitik – das Wort »national« ist hier ganz bewußt gebraucht – und Auswärtiger Kulturpolitik. Die deutsche Sprachpolitik hätte hier einen lohnenden Ansatzpunkt.

Frankreich stellte 1994 seine EU-Präsidentschaft stark unter kulturpolitische Gesichtspunkte, u. a. mit dem Vorschlag, in allen europäischen Ländern zwei Fremdsprachen als verpflichtend bis zum Schulabschluß zu führen. Vom Standpunkt der Förderung der deutschen Sprache in Europa mußte dieser Vorschlag natürlich begrüßt werden, denn er bietet einerseits dem Weltidiom Englisch die ihm angemessene Relevanz und kommt zugleich der Sprachenvielfalt sowie der interkulturellen Verständigung zugute. Die klassischen Zweitsprachen, zu denen auch Deutsch gehört, wären damit entscheidend aufgewertet worden. Der französische Vorschlag setzte sich jedoch nicht durch, u. a. auch deswegen, weil die deutsche Kultusministerkonferenz sich nicht dazu durchringen konnte.

4. Verständigung über die sprachliche Zukunft Europas

Die EU und auch der Europarat haben große und wichtige Sprachförderprogramme aufgelegt, die nicht nur die Sprachkenntnisse verbessern, sondern auch die Mobilität fördern und die gegenseitige Kenntnis vertiefen. Dabei wurden auch wichtige sprachpolitische Fragestellungen angegangen: zum Beispiel das Vorverlegen des Sprachenunterrichts in den Primärbereich, die Problematik der zweiten Pflichtsprache, die Fremdsprachengrenzdidaktik in den Nachbarregionen sowie die Vereinheitlichung der Niveaustufen und Examen etc. Leider blieb die praktische Umsetzung, wie auch in dem vorerwähnten Beispiel, weit hinter den Ansprüchen der Mehrsprachigkeit zurück. Der Grund für dieses Dilemma liegt in der begrenzten sprachpolitischen Gestaltungskompetenz der EU. Der Maastrichter Vertrag spricht von der »strikten Beachtung der Verantwortung der Mitgliedsstaaten für die Lehrinhalte und die Gestaltung des Bildungssystems«. Das heißt, es gibt eine begrenzte europäische Sprachpolitik, diese ist aber nicht ausreichend vernetzt mit den nationalen Sprachpolitiken. Mit Blick auf Deutschland braucht unsere Bildungspolitik im Inneren und unsere Sprachpolitik im Äußeren eine stärkere Vernetzung, vor allem im Hinblick auf die Zukunft Europas und die kulturelle Dimension der europäischen Integration. Hier wäre der Impetus einer neuen sprachpolitischen Verständigung über Ziele und Inhalte der Förderung von Deutsch im Ausland am lohnendsten.

Es stimmt nachdenklich, wenn der Kulturbeauftragte der Bundesregierung, Michael Naumann, öffentlich glaubt, »daß in spätestens 50 Jahren die Europäische Gemeinschaftssprache Englisch sein wird«, weil damit nur die eine Hälfte des Problems angesprochen ist. Europa steht zweifellos vor der großen gemeinschaftsbildenden Aufgabe, die europäische Identität aufzubauen. Konsens ist aber auch, daß europäische Identität aus derjenigen Schnittmenge zu schaffen ist, die sich aus der Bewahrung und Weiterentwicklung der kulturellen Identitäten in Europa ergibt. Gemeinschaftssprache und Sprachenvielfalt bedingen sich hier gegenseitig. Deutsche Sprachpolitik sollte also überall dort ansetzen, wo die Förderung der deutschen Sprache in die Vermittlung dieser beiden Pole eingebracht werden kann: Mehrsprachigkeitskonzepte, Nachbarsprachenmodelle, Kommunikation im Binnenraum versus Kommunikation aus dem Binnenraum hinaus.

Die Zukunft der deutschen Sprache steht in enger Beziehung zur Zukunft der Vermittlung der deutschen Sprache im Ausland. Diese Beziehung will gepflegt werden. Aus sich selbst heraus wirkt das angelegte Potential nicht. Wir alle sollten die sich bietenden Gestaltungsmöglichkeiten aufgreifen, im Sinne des Dichterwortes: »Es gibt nichts Gutes, außer man tut es.« Es ist unvermeidbar, in Frankfurt, in der Geburtsstadt des Namenspatrons unseres Instituts, mit einem Goethe-Zitat zu schließen: »Wir haben die Kunst, um nicht an der Wahrheit zugrunde zu gehen.« In Abwandlung dieses Diktums könnte man folgern: »Wir haben die Sprache, um nicht heimatlos zu werden.«

Kultur aus der Sicht der Angewandten Linguistik

Franciszek Grucza

1. Einleitung

1.1 Hauptsächlich beschäftigt sich die Angewandte Linguistik (im folgenden: AL) – übrigens genauso wie die Reine Linguistik (RL) – nur mit einem Bereich menschlicher Kultur(en), nämlich mit den menschlichen *Sprachen*, oder genauer ausgedrückt: mit den Eigenschaften der Menschen, denen jene Verhaltensregeln und/oder -muster zugrunde liegen, die zusammenfassend »Sprachen« genannt werden. Dennoch sind aber auch andere Bereiche menschlicher Kulturen, besser: kultureller Eigenschaften der Menschen, weder auf dem Gebiet der AL noch auf dem der RL, ein neues Thema.

Generell wurde das Thema »Kultur« bekanntlich schon vor geraumer Zeit in den Blickwinkel der AL einbezogen. Auch die deutsche GAL hat schon mehrmals die Aufmerksamkeit ihrer Mitglieder auf dieses Thema fokussiert. Seit eh und je wendet sich ihm auch die Sprachwissenschaft, oder wenn Sie wollen: die Linguistik, im allgemeinen zu und setzt sich mit ihm auseinander, wenn auch ihr Interesse an der sonstigen *Kultur* nicht zu allen Zeiten gleich intensiv war. Aus selbstverständlichen Gründen interessierte sich die historisch-vergleichende Sprachwissenschaft recht eingehend für das Thema »Kultur«, und es überrascht eigentlich gar nicht, daß Hermann Paul diese in seinen 1880 zum ersten Mal erschienenen »Prinzipien der Sprachgeschichte« in den Bereich einer allgemeinen Kulturwissenschaft eingegliedert hat.

Und wir werden sehen, daß er mit dieser Entscheidung gar nicht so falsch lag, wie viele seiner Nachfolger gedacht haben, insbesondere die radikalen Strukturalisten, die für das Thema »Kultur« im allgemeinen wenig bis gar nichts übrig hatten. Grundsätzlich anders haben sich aber gegenüber diesem Thema die Vertreter der amerikanischen »anthropologischen Linguistik« verhalten. Und auch unter den strengen Strukturalisten hat es diesbezüglich Ausnahmen gegeben. So hat ja beispielsweise Robert Lado, ein Strukturalist *par excellence*, in seinem Buch »Linguistics across cultures« das Thema »Kultur« nicht nur topikalisiert, sondern zugleich auch zu einem Eckpfeiler der AL gemacht. Dies ist aber in der Nachfolgezeit zunächst nicht genügend gewürdigt, oft gar nicht einmal aufgegriffen worden. Wahrscheinlich ist dies darauf zurückzuführen, daß die Generativisten anfangs am Thema »Kultur« noch weniger Interesse gefunden haben als die Strukturalisten. Erst in der postgenerativen Zeit wurde dieses Thema von großen Teilen der Linguistik quasi neu entdeckt, was ja dann zur sogenannten »pragmatischen Wende« geführt hat.

1.2 Auf dem Gebiet der AL wird das Thema »Kultur« vor allem von der fremdsprachlichen Glottodidaktik und der Translatorik schon seit längerer Zeit recht intensiv diskutiert. Auch diese Tatsache verwundert nicht: Wer täglich mit der Praxis der menschlichen Kommunikation, mit der wirklichen zwischenmenschlichen Verständigung, zu tun hat, wird dauernd mit der Tatsache konfrontiert, daß nicht nur die linguistisch determinierte *Sprache*, sondern auch viele andere Bereiche der *Kultur* eine kommunikative Relevanz besitzen. Wohl deshalb sind Ausdrücke wie »Teaching/Translating across cultures«, »Culture proficiency«, »Intercultural competence« und ähnliche inzwischen zu ganz wichtigen Begriffen der AL geworden, und die Zahl der sich mit den einschlägigen Problemen beschäftigenden Beiträge ist fast schon unübersichtlich geworden.

Ihre Qualität läßt jedoch noch allzu oft recht viel zu wünschen übrig. Vor allem sind in vielen Fällen die Zusammenhänge zwischen den verschiedenen Faktoren nicht erkennbar. Dem ist meines Erachtens so, weil die AL zu früh ihr Interesse an der Grundlagenforschung aufgegeben und sich verschiedenen Einzelheiten zugewandt hat, denn dabei ist gewissermaßen der Wald vor lauter Bäumen aus ihrem Blickfeld geraten. Jedenfalls hat die AL immer noch nicht alle Konsequenzen aus der Erweiterung ihres Forschungsinteresses gezogen.

Was die fremdsprachliche Glottodidaktik und die Translatorik anbelangt, so sehe ich das Hauptdefizit darin, dass die *Kultur* auch von der fremdsprachlichen Glottodidaktik und der Translatorik in der Regel immer noch im Sinne einer Ergänzung ihres traditionellen Gegenstandes – d.h. der linguistisch eingeschränkten *Sprachen* – behandelt wird. Gesprochen bzw. geschrieben wird ja meistens weiterhin von *Sprache* und *Kultur*, von *Sprache* im *kulturellen Kontext* bzw. ... in *kultureller Einbettung*, von *interkultureller sprachlicher Kommunikation* usw. Schaut man genauer hin, so gewinnt man sogar den Eindruck, daß noch keine Disziplin eine wirkliche Zusammenfügung von *Sprache* und *Kultur* erreicht hat – weder auf der Ebene ihrer Initial-, noch auf jener ihrer Finalgegenstände. Im Grunde genommen wurde dieses Ziel noch von gar keiner einschlägigen Disziplin ausdrücklich angestrebt.

1.3 Plausibel zu machen, daß es notwendig ist, eine derartige Integration vorzunehmen – oder anders gesagt: *Kultur* und *Sprache* integrativ zu behandeln – sie zu einem Forschungsgegenstand der AL zu verschmelzen, ist die erste Hauptaufgabe dieses Beitrages. Die zweite wird es sein, deutlich zu machen, daß sowohl das, was wir »Sprache« nennen, als auch das, was als »Kultur« bezeichnet wird, integrale Bestandteile konkreter Menschen sind, und daß auch diese

Tatsache bei der Konstituierung des Forschungsgegenstandes der AL stärker als bisher zu berücksichtigen ist. Zugleich wird es dabei um die Darstellung eines Versuches gehen, linguistische Begriffe und analytische Modelle, die zunächst nur auf die *Sprache* zugeschnitten wurden, auf die *Kultur* im allgemeinen zu übertragen.

Letztere Aufgabe werde ich jedoch nur andeutungsweise erfüllen können, und dies nicht nur aus Zeitgründen, sondern auch deshalb, weil es sich hierbei um eine Aufgabe handelt, die ich selbst noch lange nicht zu einem zufriedenstellenden Abschluß gebracht habe. Was ich Ihnen mit meinem Beitrag bieten kann, sind im Grunde genommen nur ein paar Hinweise zu dem Weg, den ich zu bahnen beabsichtige. Dazu anzuregen, ihn weiterzugehen, ist ein nächstes Ziel meiner Ausführungen. Ich glaube, daß es sich lohnt, dies zu tun, denn dieser Weg bietet nicht nur gute Aussichten auf neue Erkenntnisse, sondern auch eine Chance, eine recht weitgehende – sowohl begriffliche als auch terminologische – Disziplinierung der einschlägigen Diskussion zu erreichen.

Sich darum zu bemühen ist wichtig, denn gerade der Mangel an Rigorosität gehört zu den wichtigsten Defiziten der bisherigen Beschäftigung mit *Kultur*. In der Regel werden die angesprochenen *Kulturen* lediglich exemplarisch demonstriert und nicht wirklich systematisch in ihrer Gesamtheit beschrieben. Und exemplifiziert werden wiederum meistens nur solche Phänomene, die relativ leicht zu demonstrieren sind, d.h. vor allem: die sich seh- und/oder hörbar machen lassen. Wer aber einen echten, und d.h. unter anderem, einen systematischen Kulturunterricht auf eine ähnliche Art und Weise wie einen Sprachunterricht – insbesondere Fremdsprachenunterricht – betreiben möchte, braucht mehr. Und wer immer sich zum Ziel gesetzt haben sollte, ein Lehrbuch einer *Kultur* zu erarbeiten, braucht noch mehr. Sowohl der eine als auch der andere muß auch jene Elemente menschlicher Kulturen zu erfassen versuchen, die in den tieferen Schichten der menschlichen mentalen Ausstattung internalisiert sind und sich deshalb weder sicht- noch hörbar machen lassen, in der »nichttrivialen« zwischenmenschlichen Verständigung aber nichtsdestoweniger eine sehr wichtige Rolle spielen können.

2. Was ist Kultur?

2.1 Obwohl ich dies nur ungern tue – man wird später merken warum – muß ich meine eigentlichen Überlegungen mit einer wenn auch nur ganz knappen Antwort auf die Frage nach der *Kultur* überhaupt beginnen. Sonst wäre die Gefahr zu groß, daß man einander mißverstehen könnte. Hier gehe ich jedoch nur auf die ontologische Variante der genannten Frage ein, d.h. auf die Frage danach, was denn *Kultur* ist, oder genauer: Was ist denn das, was ich »Kultur« nenne bzw. nennen will?

Die Frage nach den verschiedenen Bedeutungen des Ausdrucks »Kultur« lasse ich außer acht, weil ich der Meinung bin, daß uns weder die Rekonstruktion der bisherigen Verwendungen dieses Wortes noch deren Analyse weiterbringen würde. Es geht hier nicht um semantische Einzelheiten, sondern um ein grundsätzliches Umdenken. Aus diesem Grund lasse ich hier auch die Geschichte des Wortes »Kultur« sowie des Prozesses der Konstituierung seiner Bedeutungen unberücksichtigt.

Zur Vieldeutigkeit dieses Wortes sei hier nur soviel vermerkt: sie weist nicht nur eine horizontale, sondern auch eine vertikale Dimension auf, denn sie resultiert nicht nur daraus, daß dieses Wort – übrigens genauso wie das Wort »Sprache« – auf der Ebene der Alltagssprache in sehr vielen unterschiedlichen Bedeutungen verwendet wird, sondern auch daraus, daß es auf der Ebene verschiedener Fachsprachen mit dem Anspruch eines *terminus technicus* eingesetzt wird, jedoch trotzdem innerhalb von verschiedenen Disziplinen unterschiedlich semantisiert wird und dies oft auch nur andeutungsweise.

2.2 Bevor ich eine erste Antwort auf die ontologische Frage nach der *Kultur* formuliere, sei festgehalten, daß ich hier grundsätzlich nur die Sicht der AL berücksichtige. Mit anderen Worten heißt dies, daß meine Antwort auf die Frage nach der *Kultur* immer zugleich auch als eine Antwort auf die Frage nach dem Gegenstand der AL zu verstehen ist. Im einzelnen setze ich dabei die folgenden Prämissen voraus: (a) Was auch immer es sein mag, aus der Sicht der AL ist das semantische Korrelat des Wortes »Kultur« nur insofern interessant, als es in die Erfüllung von kommunikativen Funktionen involviert ist. (b) Die AL hat alle Faktoren dieses Korrelats, d.h. der *Kultur*, in jedem Fall in ihre Überlegungen einzubeziehen, wenn auch nur der Verdacht besteht, daß sie bei der Realisierung zwischenmenschlicher Kommunikation eine Rolle spielen. (c) Konkrete kommunikative Funktionen werden nicht von der *Kultur*, auch nicht von der Sprache selbst, sondern immer erst von den mit ihrer Hilfe oder auf ihrer Grundlage erzeugten Äußerungen erfüllt.

2.3 Bezug nehmend auf einen linguistischen Begriff von der Sprache können wir vor dem Hintergrund der dargestellten Voraussetzungen die Frage nach der *Kultur* in aller Kürze folgendermaßen beantworten: Die *Kultur* eines Menschen macht eine bestimmte Teilmenge jener von ihm internalisierten Regeln und Mustern aus, die sein Verhalten, seine Aktivitäten bestimmen und/oder die Ausführung dieser Aktivitäten möglich machen, ihn in die Lage versetzen, einerseits entsprechende »Dinge« – sowohl geistige als auch materielle, also auch entsprechende Äußerungen – hervorzubringen, und andererseits die auf ihn zukommende Umwelt, darunter auch die Äußerungen anderer Menschen, entsprechend zu erkennen, zu kategorisieren, zu interpretieren und nicht zuletzt auch zu evaluieren, d.h. ihnen u.a. Sinn zu verleihen oder ihren Sinn zu verstehen.

Die ontologische Frage, d.h. die Frage nach dem Wirklichkeitsbereich, in dem *Kultur* existentiell angesiedelt ist, läßt sich demzufolge schlicht und einfach so beantworten: *Kultur* ist etwas im Menschen Befindliches – in jedem Menschen. *Kultur* ist ein konstitutiver Faktor eines jeden Menschen. Ich wehre mich aber zu sagen, »jeder Mensch besitzt *Kultur*«. Meiner Meinung nach ist *Kultur* als ein wesentlicher – *sit venia verbo* – Bestandteil eines jeden Menschen aufzufassen. Dem ist aber sofort hinzuzufügen, daß die *Kultur* eines jeden Menschen nur jene ihn konstituierenden Faktoren ausmachen, die nicht in den Bereich seiner Natur hineingehören.

Ich bin mir natürlich dessen bewußt, daß diese Charakteristik der *Kultur* noch in mancherlei Hinsicht sowohl ergänzt als auch eingeschränkt werden muß. So wäre beispielsweise zu beachten, daß die Ergebnisse nicht aller Handlungen eines Menschen, die auf seiner *Kultur* basieren, direkt geäußert werden und daher auch nicht sofort eine kommunikative Wirkung erfüllen, sondern zunächst im mentalen bzw. emotionalen Speicher des jeweiligen *Kultur*-Trägers sozusagen hängen bleiben. Es ist ja – unter anderem – kulturbedingt, was Menschen äußern und was nicht, wie sie es äußern, wo sie was äußern dürfen usw.

Zu beachten wäre auch, daß nicht allen menschlichen Verhaltensarten gleich strenge Regeln zugrunde liegen usw. Doch lasse ich diese Feinheiten beiseite, für unsere weiteren Überlegungen sind sie nicht von primärer Bedeutung. Wichtig sind zunächst nur die folgenden Feststellungen: (a) Der hier vorgetragenen Auffassung nach beinhaltet *Kultur* soviel wie Verhaltens- bzw. Handlungsregeln und/oder -muster; (b) Es handelt sich jedoch dabei lediglich um eine Teilmenge von diesen Regeln bzw. Mustern und schließlich (c) eine besondere Art der letzteren stellen menschliche Erzeugungsregeln und/oder -muster dar.

2.4 Das Hauptproblem, auf das wir nicht nur in unserem Fall, sondern im Grunde genommen auch bei jedem Versuch stoßen, die *Kultur* begrifflich zu erfassen, ist mit der folgenden Tatsache verbunden: Einerseits bildet die menschliche *Kultur* zwar einen gewissen Gegensatz zur menschlichen Natur, andererseits aber ist sie auch wiederum auf das engste mit der Natur des Menschen verbunden. Daraus resultiert u.a. die soeben erwähnte Tatsache, daß nicht jede Regel und nicht jedes Muster menschlicher Verhaltensweisen oder Aktivitäten in den Bereich der *Kultur* aufgenommen werden darf. Viele vom Menschen befolgten Verhaltensregeln und -muster sind Elemente seiner Natur, sind vollkommen durch seine Biologie determiniert. Wir können zwar sagen, daß zur *Kultur* nur solche Regeln bzw. Muster gehören, die vom Menschen erzeugt wurden, doch ändert dies nichts an der Tatsache, daß sie in Wirklichkeit in vielerlei Hinsicht eng verbunden sind, und daß wir also auch in unseren kognitiven Modellen nicht vortäuschen sollten, es gäbe zwischen ihnen scharfe Grenzen.

Trotz all der hier angesprochenen Probleme sehe ich aber auf der Begriffsebene auch keine andere Möglichkeit, als den Bereich der *Kultur* zunächst in Opposition zur Natur herauszugliedern, ich möchte aber dabei keineswegs jenen

Konzepten beipflichten, die zwischen der *Kultur* und der Natur eine scharfe Grenze einführen. Ich sage zwar, *Kultur* ist nicht Natur, füge jedoch hinzu, *Kultur* ist etwas, was in der menschlichen Natur verwurzelt ist, oder noch besser: aus der menschlichen Natur resultiert. So wie wir sagen können, daß grundsätzlich jeder Mensch von Natur aus ein sprachfähiges, ein sprachgenerierendes Wesen ist, so können wir auch sagen, daß jeder Mensch ein kulturfähiges, ein kulturgenerierendes Wesen ist. Phylogenetisch ist jeder Mensch wohl in erster Linie als ein kulturfähiges und kulturgenerierendes und erst danach als ein sprachfähiges und sprachgenerierendes Wesen zu betrachten.

2.5 Ergänzend sei hinzugefügt, daß der hier vorgetragenen Auffassung nach nicht nur zwischen der *Kultur* qua einer Menge von Erzeugungs- bzw. Verhaltensregeln und/oder -mustern einerseits und den auf ihr basierenden Erzeugnissen andererseits, sondern auch zwischen der so verstandenen *Kultur* und der Fähigkeit, sie zu aktivieren, sich ihrer zu bedienen, zu unterscheiden ist. Demzufolge darf dieser Begriff der *Kultur* nicht ohne weiteres mit dem Begriff der *Kulturkompetenz* gleichgesetzt werden. Wir können aber die *Kultur* dem Bereich des menschlichen Wissens zuordnen und einerseits in einen solchen Teil gliedern, auf den der Mensch bewußt zurückgreift und andererseits in einen solchen, auf den er unbewußt rekurriert. Und wie im Fall der sprachlichen Kompetenz ist natürlich auch bei der *Kultur* zwischen einer lediglich rezeptiven und einer produktiven Kompetenz zu unterscheiden.

3. Zur Integration von Sprache und Kultur

3.1 Eine erste Konsequenz von entscheidender Bedeutung, die sich aus dem hier vertretenen Konzept ergibt, ist die, daß aus der Sicht der AL nicht nur die rein sprachlichen, sondern alle kommunikativ relevanten Erzeugungs- und Verhaltensregeln bzw. -muster von Interesse sind, die bei der Erzeugung bzw. Rezeption von menschlichen Äußerungen eine Rolle spielen.

Da im Grunde genommen alle *Kulturerzeugnisse (Kulturäußerungen)* kommunikative Funktionen erfüllen, darf sich die AL keinesfalls bloß auf die linguistisch abgegrenzte(n) *Sprache* bzw. *Sprachen* beschränken, sondern muß ihren Blickwinkel so erweitern, daß er von Anfang an alle Bereiche der kommunikativ relevanten menschlichen Kultur erfaßt. Denn in Wirklichkeit werden nicht nur durch den linguistisch abgegrenzten Bereich der Sprache kommunikative Funktionen erfüllt, sondern auch durch andere Bereiche der Kultur, und diese Bereiche sind in Wirklichkeit keineswegs so scharf getrennt, wie es die herkömmlichen Begriffe vortäuschen. Daher gilt es, die Sprache zunächst als einen integralen Bestandteil der *Kultur* zu betrachten. In Wirklichkeit kommen die kommunikativ relevanten Faktoren der *Kulturen* und *Sprachen* immer im Verbund, in einer Komplexion zum Vorschein, und nicht getrennt.

In der Werkstatt können wir ein Auto beliebig sezieren und uns mit jedem Teil uneingeschränkt auseinandersetzen – fahren wird es aber nur als ganzes. Wenn wir an ihm etwas ändern wollen – insbesondere etwas Wesentliches – müssen wir dies immer vor dem Hintergrund des Ganzen planen.

Die AL hat sich daher in erster Linie um eine Überwindung der sich aus der herkömmlichen Terminologie ergebenden begrifflichen Vorsegmentierung der uns hier interessierenden Wirklichkeit zu bemühen, denn es gehört eben zu ihren ganz grundsätzlichen Aufgaben, möglichst alle in dem Wirklichkeitsbereich »zwischenmenschliche Kommunikation« im Verbund auftretenden Faktoren in Form von integrativen Modellen zu erfassen. Wenn sich die reine Linguistik bloß auf diese oder andere Bestandteile dieses Wirklichkeitsbereiches konzentrieren kann, so ist es Aufgabe der AL, möglichst alles zusammenzufügen, was zusammengehört. Finales Ziel der AL ist es ja, Vorschläge (Wissen) für rational begründende Änderungen, darunter auch Bereicherungen eines Bereiches der Wirklichkeit, der konkreten menschlichen Kommunikation nämlich, zu liefern. Und diese soll ja auch nach der Einführung der Änderungen funktionieren, und zwar besser als zuvor.

3.2 Die begriffliche Trennung von *Sprache* und *Kultur* muß aber auch deshalb überwunden werden, weil sie häufig zu grundsätzlich falschen Schlußfolgerungen führt. So wird beispielsweise *Kultur* nicht selten als Bereicherung der *Sprache* dargestellt und behandelt, obwohl in Wirklichkeit das Gegenteil zutrifft: Nicht die *Kultur* bereichert die *Sprache*, sondern die *Sprache* ist als eine Art Bereicherung der gesamten menschlichen *Kultur* zu betrachten. Sie bildet nur einen Teilbereich der gesamten menschlichen *Kultur*, wenn auch zweifelsohne einen ganz besonderen. Auf jeden Fall bildet sie einen der höchst entwickeltsten und kompliziertesten Bestandteile der menschlichen *Kultur*, vielleicht sogar jenen, der vor allen anderen als der am höchsten entwickeltste zu bezeichnen ist. Als ein weiteres Beispiel diesbezüglicher Inkonsequenzen kann die Tatsache erwähnt werden, daß die eigentlichen *Sprachen* und die mit ihnen verbundenen *Para-* und *Extrasprachen* in Wirklichkeit – wie schon erwähnt – immer im Zusammenspiel funktionieren und letztlich auch immer demselben Ziel dienen, aber dennoch in der Regel nicht nur getrennt behandelt werden, sondern sogar als Bestandteile verschiedener Disziplinen – einmal der Linguistik und einmal der Kulturwissenschaft – aufgefaßt werden.

3.3 Um die hier zur Debatte stehende Integration zu erreichen, müssen wir uns in erster Linie von der herkömmlichen Art und Weise trennen, über die uns interessierende Wirklichkeit zu denken und zu sprechen, und d.h. unter anderem, daß wir zunächst die Termini »Sprache« und »Kultur« sozusagen semantisch entschärfen und dann neu besetzen müssen. Die erste Schwierigkeit, mit der wir es in diesem Zusammenhang zu tun haben, resultiert eben daraus, daß wir uns daran gewöhnt haben, die Bereiche *Sprache* und *Kultur* als voneinander getrennte Bereiche zu sehen und zu begreifen.

Es ist sicherlich kein Zufall, daß wir bislang über keinen übergreifenden, beide Bereiche erfassenden Begriff verfügen, und infolgedessen auch über keine Bezeichnung, die es uns ermöglichen würde, zunächst beide als eine Ganzheit hervorzuheben. Selbst für eine einheitliche Erfassung jener Faktoren, die mit den Ausdrücken »Sprache«, »Parasprache« und »Extrasprache« signalisiert werden, fehlt uns eine gemeinsame Bezeichnung. Deswegen werde ich im folgenden *volens nolens* zunächst auch noch von »Kultur und Sprache« sprechen müssen, und zwar auch dann, wenn ich mich eines Sprachbegriffes bediene, der restlos im Kulturbegriff mitenthalten ist, oder umgekehrt ausgedrückt: Aus »technischen« Gründen sehe mich gezwungen, auch dann den Ausdruck »Kultur und Sprache« zu gebrauchen, wenn ich mich eines Kulturbegriffes bediene, der den Sprachbegriff restlos impliziert.

4. Versuch einer formalen Charakteristik des integrierten Gegenstandes der Angewandten Linguistik

4.1 Von grundsätzlicher Bedeutung ist auch die Konsequenz, die sich aus der vorgetragenen Antwort auf die Frage nach dem ontologischen Status der *Kultur* ergibt, d.h. aus der Feststellung, daß *Kultur* zuallererst einen integralen Bestandteil konkreter Menschen bildet, und daß demzufolge der Ausdruck »Kultur« zunächst auf etwas Konkretes und nicht schon zu Beginn auf eine abstrakte Entität bezogen werden darf. Und daraus folgt, daß sich die AL nicht nur um die Überwindung der herkömmlichen terminologisch-begrifflichen Segmentierung der sie interessierenden Wirklichkeit, sondern zugleich um die Konstituierung eines genuinen Gegenstandes bemühen muß.

Ganz allgemein läßt sich der Wirklichkeitsbereich, für den sich die AL interessiert, natürlich mit einem Ausdruck wie »zwischenmenschliche Kommunikation« kennzeichnen. Auf diese Weise wird jedoch noch kein konkreter Forschungsgegenstand definiert. Es genügt auch nicht, wenn gesagt wird, die AL beschäftige sich mit menschlichen Sprachen, auch dann nicht, wenn dies zugleich menschliche *Kulturen* beinhalten sollte.

4.2 Will die AL ihren Gegenstand genau definieren, dann kann sie sich nicht mit einer allgemeinen Kennzeichnung des Wirklichkeitsbereiches begnügen, auf den sie ihre Forschungsinteressen bezieht bzw. beziehen will, sondern muß auch die sie interessierenden Objekte und jene Faktoren – d.h. Bestandteile oder Eigenschaften – der Objekte deutlich benennen, die sie in den Mittelpunkt ihres Forschungsinteresses stellen möchte. Gleichzeitig sollte sie versuchen, ein sich an diesem Gegenstand orientierendes Netz von Begriffen und Termini zu erarbeiten.

Obwohl es eigentlich selbstverständlich ist, daß sich die AL in erster Linie für konkrete Menschen – konkrete Personen, wenn Sie so wollen – zu interessieren hat, die in dem als »zwischenmenschliche Kommunikation« gekennzeichneten Bereich auftreten und agieren, wird dies äußerst selten im Sinne einer grundlegenden Feststellung der AL artikuliert. Dies ist um so erstaunlicher, als das wirkliche Interesse der AL in der Regel auch tatsächlich diesen Objekten gilt.

Was wiederum die Eigenschaften anbelangt, auf die sich die AL bezieht bzw. zu beziehen hat, so sind es jene, durch die konkrete Menschen in die Lage versetzt werden, kommunikative Handlungen auszuführen, entsprechende Äußerungen hervorzubringen oder auf solche zu reagieren. Letztlich handelt es sich um entsprechende Wissenselemente, über die eine Person verfügt oder auch nicht. Wir können ja jeden Menschen im Vergleich mit einem anderen positiv oder negativ charakterisieren, indem wir das Vorhanden-Sein entsprechender Wissenselemente oder – im Gegenteil – ihr Fehlen in den Vordergrund rücken. Die Fähigkeit, entsprechende Wissenselemente zu aktivieren, lasse ich hier – wie bereits erwähnt – außer acht, weil sie eine andere Art menschlicher Eigenschaften konstituiert.

4.3 In aller Kürze können wir den Ausgangsgegenstand der AL mit Hilfe der folgenden Formel, genauer: des folgenden Tripels, zusammenfassend beschreiben:

$$\{O_1, \ldots, O_n; E_1, \ldots, E_n; R_1, \ldots, R_n\}$$

wobei $O_1, \ldots, O_n$ für die Menge der konkreten Menschen,
$E_1, \ldots, E_n$ für die Menge der einschlägigen Eigenschaften,
$R_1, \ldots, R_n$ für die Menge der zu untersuchenden Relationen, zum einen zwischen den Eigenschaften der Objekte und zum anderen zwischen den Objekten, also konkreten, miteinander kommunizierenden Menschen, steht.

5. Konsequenzen der formalen Charakteristik des Gegenstandes der Angewandten Linguistik

5.1 Die vorgetragene formale Charakteristik des Gegenstandes macht es möglich, den Bereich der von der AL in Anspruch genommenen menschlichen Eigenschaften als eine bestimmte Gesamtheit zu erfassen, und zwar ohne jeden Rückgriff auf die erwähnte traditionelle Terminologie. So geht man der Gefahr aus dem Weg, gleich zu Beginn eine Art vorgefertigter Segmentierung des uns interessierenden Wirklichkeitsbereiches in die Diskussion einzubringen. Gleichzeitig ermöglicht uns diese Formel, diesen Gegenstandsbereich beliebig zu erweitern bzw. einzuschränken, und zwar auch ohne jede Rücksicht darauf, wie er zuvor segmentiert wurde. Mit anderen Worten heißt dies, daß damit die Aufmerksamkeit der AL im konkreten Fall auf eine beliebige Menge von Menschen und auch eine beliebige Teilmenge ihrer Eigenschaften konzentriert werden kann.

Im konkreten Fall darf jedoch das Wort »beliebig« keinesfalls beliebig gedeutet werden. Folgendes ist dabei zu berücksichtigen: Jede Wissenschaft kann zwar ihren Gegenstandsbereich souverän bestimmen, doch sobald sie sich für diese oder jene Art von Objekten und/oder Eigenschaften dieser Objekte entschieden hat, dann ist sie *ex definitione* dazu verpflichtet, alle Objekte und Eigenschaften dieser Art in ihren Untersuchungsbereich aufzunehmen. Systematik gehört ja zu den Hauptgeboten der Wissenschaft überhaupt.

5.2 Für die AL ergibt sich daraus die folgende Konsequenz: in demselben Augenblick, in dem sie ihre Forschungsinteressen auf den Wirklichkeitsbereich »zwischenmenschliche Kommunikation« bezogen hat, ist sie die Verpflichtung eingegangen, auf der ganz allgemeinen Ebene alle kommunikativ relevanten Eigenschaften aller Menschen in ihren Gegenstandsbereich einzubeziehen.

Am besten wäre es, wenn wir nun den weit gefaßten spezifischen Gegenstand der AL, d.h. die Menge aller menschlichen, kommunikativ relevanten Eigenschaften – und das sind jene Regeln und Muster, die sich im Besitz der uns interessierenden konkreten Menschen befinden – mit einem neuen Terminus benennen würden. Bis jetzt ist mir aber dafür noch kein geeigneter Ausdruck eingefallen. Notgedrungen gebrauche ich daher für diesen *Sprache* und *Kultur* integrierenden Bereich das Wort »Kultur«. Man könnte aber auch die umgekehrte Lösung wählen und diesen Bereich mit dem Wort »Sprache« bezeichnen. Die Gefahr ist natürlich groß, daß die Wörter »Kultur« und »Sprache« unabhängig von der vorgetragenen Formel mißdeutet werden. Sie ist aber nicht größer als die sich aus der traditionellen Vieldeutigkeit der Wörter »Sprache« und »Kultur« ergebende Gefahr.

5.3 Weiters macht die Formel einsichtig, daß von konkreter *Kultur* – und im übrigen auch von konkreter *Sprache* – nur in Bezug auf konkrete Einzelpersonen gesprochen wird. Sobald wir von der Kultur bzw. Sprache einer Gemeinschaft reden, generieren wir Verallgemeinerungen – oder anders gesagt – abstrakte Entitäten. Dies bezieht sich auch schon auf die kleinste Gemeinschaft, das heißt auch auf zwei Personen.

Die *Kultur* einer Person, d.h. die Menge aller ihr entsprechenden Eigenschaften, nenne ich »Idiokultur«. Nur die *Idiokulturen* existieren und funktionieren tatsächlich. Nur sie sind konkrete – konstitutive – Bestandteile konkreter Personen.

Für die Bezeichnung der *Kultur* einer beliebigen Gemeinschaft gebrauche ich den Ausdruck »Polykultur«. Was die *Polykultur* anbelangt, so können wir sie entweder als eine logische Summe der in Betracht gezogenen *Idiokulturen* oder aber als deren logischen Durchschnitt auffassen. Dies ist ein wichtiger Unterschied, der jedoch in der Praxis kaum berücksichtigt wird, und dies schon gar nicht systematisch. In Mengen ausgedrückt läßt sich dieser Unterschied folgendermaßen darstellen:

$$\mathbf{P = \{I_1 \cap I_2 \cap \ldots\ldots I_n\}\ oder\ \{I_1 \cup I_2 \cup \ldots\ldots I_n\}}$$

P = *Polykultur*,
$I_{1,\,2\,\ldots\ldots,\,n}$ = Mengen von *Idiokulturen*.

Der logische Durchschnittsbegriff einer Menge von *Idiokulturen* wird immer dann – wenn auch meistens nur schweigend – ins Spiel gebracht, wenn von *Kultur* im universellen Sinn gesprochen wird. Im übrigen: Aus den zuvor kurz erwähnten Feststellungen, daß alle Menschen kulturgenerierende Wesen sind und daß die menschliche *Kultur* in der menschlichen Natur verankert ist, geht hervor, daß alle menschlichen *Kulturen* ebenso wie alle menschlichen Sprachen bis zu einem bestimmten Grad Gemeinsamkeiten aufweisen müssen. Diesen logischen Durchschnitt aller menschlichen *Kulturen* festzustellen, ist genauso wichtig wie die Feststellung der sie trennenden Unterschiede und die Beschreibung entsprechender idiokultureller Spezifika.

Der Begriff der *Polykultur* ist aber auch insofern wichtig, als wir uns mit seiner Hilfe von Anfang an von allen ethnisch bzw. politisch oder auch nur sozial vordefinierten Gemeinschaftsbegriffen loslösen können und die *Kultur* einer beliebigen, also auch einer vollkommen zufällig zustande gekommenen Gemeinschaft, so wie es etwa während einer Zugfahrt der Fall ist, ins Visier nehmen können. Von *Polykultur* kann man in Bezug auf jede Gemeinschaft sprechen, die von zwei oder mehr beliebigen Menschen in einer beliebigen Situation für eine beliebige Zeitspanne konstituiert wurde. Vorausgesetzt wird dabei, daß es keine zwei Menschen gibt, die keine Gemeinsamkeit im kommunikativen Bereich verbinden würde. Aber auch der umgekehrte Satz gilt: Es gibt keine zwei Menschen, die sich in nichts auf dieser Ebene unterscheiden werden. Und genau diese Tatsache macht den Begriff der *Idiokultur* unumgänglich. Die *Idiokultur* ist der natürliche Ausgangs- und Endpunkt aller unserer Überlegungen.

6. Ergänzende Kommentare

Nun muß ich leider bald zum Ende kommen, ich aber habe das Gefühl, noch lange nicht am Ende zu sein, natürlich mit dem Vortrag meiner Überlegungen. Das war jedoch vorhersehbar und ich habe deshalb schon zu Beginn angekündigt, daß es sich lediglich um ein paar Hinweise zu den Ansatzpunkten meines Konzeptes handeln wird. In dem mir zur Verfügung stehenden Rahmen will ich meine bisherige Ausführungen nur noch durch die folgenden, ganz knapp formulierten, Bemerkungen ergänzen.

6.1 Erstens: Die Hauptaufgabe der AL wird nicht mit einer bloßen Feststellung bzw. Beschreibung der sie interessierenden Sachbestände erfüllt. Damit kann sich eine reine Wissenschaft begnügen. Der eigentliche Anspruch einer jeden angewandten Wissenschaft, also auch der AL, beinhaltet das Streben nach einer Beeinflussung, ja Veränderung der im Bereich ihres Gegenstandes festgestellten Zustände.

Die AL hat daher vor allem fundiertes Wissen darüber zu erarbeiten, wie auf die *Kultur* der in Betracht gezogenen Menschen Einfluß ausgeübt werden kann. Konkrete Aufgaben für die AL ergeben sich einerseits aus der Tatsache, daß niemand über eine vollkommene *Kultur*, genauer: *Idiokultur*, und auch über keine vollkommene *Kulturkompetenz* verfügt, und andererseits daraus, daß es in Wirklichkeit weder zwei identische *Idiokulturen*, noch zwei identische *Polykulturen* gibt, daß diese immer auf der einen Seite nur mehr oder weniger gleich und auf der anderen nur mehr oder weniger unterschiedlich sind.

6.2 Zweitens: Sowohl die *Kultur* als auch die Fähigkeit, sich der *Kultur* zu bedienen, sind etwas Lehr- und Lernbares: Jeder Mensch ist in der Lage, eine *Idiokultur* zu internalisieren und die erlernte stets zu erweitern; jeder Mensch ist auch in der Lage, seine Fähigkeit zu steigern, sich der internalisierten *Kultur* effektiv zu bedienen. Aufgabe der AL ist es, dafür zu sorgen, daß jedem Menschen, der dies will, dabei geholfen werden kann.

6.3 Drittens: Daß der Umgang mit der *Kultur* anderer Menschen zum Gegenstand eines speziellen Lehr- und Lernprozesses gemacht werden muß, brauche ich nicht besonders zu betonen. Worauf ich aufmerksam machen möchte, ist eine Konsequenz des dargestellten Konzeptes, demnach dieses Problem auf keinen Fall auf den Umgang mit ethnisch definierten kulturellen Varietäten allein eingeschränkt werden darf. Im Gegenteil – gerade in den Vordergrund des einschlägigen Prozesses, der ja auch mit einer entsprechenden Sensibilisierung beginnen muß, sind Unterschiede aus dem Bereich der eigenen ethnischen Gemeinschaft zu stellen.

Im Grunde genommen haben alle Menschen nicht nur mit *fremden Kulturen* Probleme, sondern auch mit den sogenannten eigenen. Genauso wie jeder Mensch auf Schwierigkeiten stößt, mit der eigenen *Sprache* umzugehen, so begegnet er Schwierigkeiten, wenn er sich in anderen *Sprachen* auszudrücken versucht.

6.4 Viertens: Grundsätzlich lehr- und lernbar ist nicht nur eine erste *(Idio)Kultur*, d.h. die *Mutterkultur* (nennen wir sie einmal so in Analogie zur *Muttersprache*), sondern auch eine zweite, eine dritte usw. *(Idio)Kultur*, also auch eine fremde *Kultur*, d.h. die *(Idio)Kultur* eines anderen Menschen bzw. die *(Poly)Kultur* einer anderen Gemeinschaft, gegebenenfalls eines anderen Volkes. Zu untersuchen bleibt allerdings, ob alle Faktoren einer jeden anderen (fremden)

Kultur gleichermaßen lehr- und lernbar sind. Problematisch scheint dies zum Beispiel in Bezug auf die Bereiche der *Kultur* zu sein, die durch Glauben fundiert sind. Zu klären wäre dabei auch, wie denn der Ausdruck »eine Kultur zu lernen« eigentlich zu interpretieren ist.

6.5 Fünftens: Aus der Tatsache, daß es keine vollkommene *Kultur* gibt, daß jede letztlich auch spezifische Defizite aufweist, folgt nicht, daß alle *Kulturen* gleichermaßen unvollkommen sind bzw. gleich große oder wesentliche Defizite aufweisen. Ich teile nicht die Meinung, daß man *Kulturen* nicht evaluieren, miteinander wertend vergleichen darf. Das Problem besteht nicht in der Evaluation selbst, sondern darin, daß wir bislang noch keine allgemein gültigen bzw. anerkannten Evaluationskriterien erarbeitet haben, und daß die Evaluation daher nach Gutdünken durchgeführt wird. Es dürfte klar sein, daß wir keineswegs dazu verpflichtet sind, eine *Kultur* zu akzeptieren, die Morden zuläßt oder sich auf dem Weg befindet, eine derartige Akzeptanz entstehen zu lassen. Andererseits dürfte es genauso klar sein, daß wir beispielshalber andere Begrüßungsriten zu akzeptieren haben. Dazwischen liegen aber riesige *Kulturbereiche*, wo es keineswegs so klar ist, wie sich Menschen in interkulturellen Begegnungen zu verhalten haben. Hier zu helfen, ist auch eine Aufgabe, der sich die AL stellen muß.

6.6 Sechstens: Aus dem zuletzt Gesagten folgt, daß der von uns bislang in Betracht gezogene Bereich der *Kultur* ergänzt werden muß. Letztlich darf er nicht auf menschliche Erzeugungsregeln etc. eingeschränkt bleiben, sondern muß durch entsprechende Evaluierungsregeln bzw. -muster ausgeweitet werden. Menschen sind einfach von Natur aus wertende Wesen, richten sich dabei aber nach unterschiedlichen Wertungskriterien. Es sind diese – oft unbewußt – ins Spiel einbezogenen Regeln bzw. Muster, die die jeweilige sogenannte Mentalität oder Weltsicht der Menschen bestimmen. Aus der Sicht der AL sind sie aber vor allem deshalb relevant, weil sie letztlich auch eine kommunikative Rolle spielen. Hinzugefügt sei, daß wir auch in Bezug auf diese Regeln und Muster zwischen verschiedenen Idio- und Polykulturen unterscheiden müssen.

6.7 Siebtens: Die von der AL in Anspruch genommenen Menge aller menschlichen kommunikativ relevanten Eigenschaften kann selbstverständlich in vielerlei Hinsicht kategorisiert werden und so können wir sie z.B. in primär und sekundär kommunikativ relevante, in allgemein sprachliche, in rein sprachliche, parasprachliche, extrasprachliche, in solche, die der Erzeugung von entsprechenden Äußerungen zugrunde liegen, und solche, die Äußerungen – semantische, pragmatische etc. – Funktionen zuweisen, gliedern. Doch darauf will ich hier nicht weiter eingehen.

Begriffe – Konzepte – kulturelles Gedächtnis

Ansätze zur Beschreibung kollektiver Wissenssysteme

Claudia Fraas

Was sind kollektive Wissenssysteme? Natürlich kann man Sprache insgesamt als kollektives Wissenssystem betrachten, denn sprachliche Kommunikation kann nur funktionieren, wenn sprachliches Wissen bis zu einem gewissen Grade kollektiv ist. Wenn Verständigung in einer Gemeinschaft möglich sein soll, muss es usuelle gemeinschaftliche Übereinkünfte über Sprachverwendungsregeln, über Bedeutungen und über situationsangemessenes Kommunikationsverhalten geben. Bei aller sozialen, regionalen, situativen und individuellen Varianz und Differenzierung braucht es Schnittmengen als Basis für eine erfolgreiche sprachliche Interaktion. Wenn es diese nicht gäbe, wäre im Übrigen auch das Erlernen von Fremdsprachen unmöglich.

Es lassen sich jedoch sprachliche Bereiche ausmachen, die in einer ganz besonderen Weise kollektiv geprägt sind – nämlich kollektiv im Sinne von diskursiv. Sie beziehen sich nicht auf konkret wahrnehmbare Referenzobjekte wie etwa *Baum, Tisch, schlafen* oder *essen*. Vielmehr betreffen sie ideelle Konstrukte – sie konstruieren Wirklichkeit. Ausdrücke wie *Frieden, Freiheit, Liebe, Nation* oder *Gerechtigkeit* sind in ihrer Auslegungspotenz flexibler als Ausdrücke anderer Bereiche des Lexikons. Insofern muss ihre gemeinschaftlich akzeptierte Gültigkeit immer wieder verhandelt werden – Kollektivität wird zum in Frage stehenden und öffentlich auszutragenden Phänomen.

Die Kollektivität von Wissen betrifft hier weniger den Aspekt von Gemeinschaftlichkeit, sondern vielmehr den Aspekt von Vergesellschaftung. Es geht um ein Phänomen, das bisher ungenügend beschrieben ist, das aber für unsere heutige Informationsgesellschaft eine zentrale Rolle spielt, nämlich überindividuelle, gesellschaftlich gebrochene Wissenssysteme[1], die sich in übergreifenden Diskurszusammenhängen konstituieren.

---

[1] Der Aspekt gemeinschaftlicher Übereinkünfte über die Interpretation sprachlicher Ausdrücke und über das, »was man eben weiß«, wird auch von Feilke (1994), (1996) und Ehlich (1997) hervorgehoben und findet sich im Übrigen auch in den historisch-soziologischen Ausführungen Goldhagens (1996), wenn das im Dritten Reich

Traditionell ist dies ein Bereich, der im Rahmen der Begriffsgeschichte beschrieben wird – einer in der Linguistik umstrittenen Disziplin. Der linguistische Argwohn resultiert aus folgenden Widersprüchlichkeiten:

1. Begriffsgeschichte ist ein klassisch disziplinübergreifendes Phänomen. Sie steht traditionell sowohl im Interesse der Sprachwissenschaft, als auch benachbarter Disziplinen: Philosophie und Geschichte betreiben Begriffsgeschichte im Sinne von Ideengeschichte, Soziologie und Politikwissenschaft operieren mit Kategorien wie kollektives Bewusstsein und kulturelles Gedächtnis, und in der Rechtswissenschaft werden Forschungen zur juristischen Festsetzung von Alltagsbegriffen betrieben. Die Heterogenität der Disziplinen führt zwangsläufig zu Überschneidungen und unterschiedlichen Interpretationen von Termini und Kategorien wie etwa *Begriff*, *Bedeutung*, *Konzept*, *Wort*, *Ausdruck*, *Wissen*, *Alltagstheorie*, *Denkstil*, *Stereotyp*, *Metapher*, *Mentalität*, *kollektives Bewusstsein* oder *kulturelles Gedächtnis*.

2. Im Rahmen der Sprachwissenschaft wird Begriffsgeschichte bisher vor allem empirisch betrieben, mit dem Ziel, Wörterbücher und Monographien zu verfassen. Eine linguistische Fundierung, also terminologische Klarheit und eine operationalisierbare Methodik liegen nur in Ansätzen vor.[2] Darüber hinaus ist die Abgrenzung zu Etymologie, Onomasiologie, Sprachgeschichte, Sprachwandelforschung, Semantik und Semiotik weitgehend ungeklärt. Die Defizite traditioneller Begriffsgeschichte sind für Linguisten offensichtlich.

3. Trotz der theoretisch-methodischen Defizite bleiben Erkenntnisse der Kognitionswissenschaften bisher ohne nennenswerten Einfluss auf begriffsgeschichtliche Forschungen. Dafür gibt es natürlich Gründe, die später erläutert werden sollen. Es ist jedoch andererseits auch verwunderlich, denn die sogenannte kognitive Wende hat den Gegenstand der Sprachwissenschaft für Begriffsbildungs- und Bewusstseinsprozesse wieder geöffnet. Wieder geöffnet deshalb, weil die mentale Dimension in Bedeutungstheorien des 18./19. Jahrhunderts bereits einen wesentlichen Platz einnahm, im Rahmen der strukturalistischen Ansätze der 50er und 60er Jahre jedoch vernachlässigt wurde.[3]

Ich werde in einem ersten Schritt fragen: Was sind *Begriffe*, was sind *Konzepte*, und sind sie geeignet, gesellschaftlich gebrochene Wissenssysteme zu beschreiben? Daran anschließend werde ich das soziologische Konzept des *kulturellen Gedächtnisses* besprechen und in einem letzten Abschnitt kogniti-

---

offensichtlich mehrheitlich akzeptierte Wissensmodell über die Juden beschrieben wird, das bestimmte Aspekte humanitären Denkens für die Beurteilung jüdischer Menschen ausblendet.

2 Ich verweise auf Arbeiten von Harras, Hermanns, Knobloch und Fraas.

3 Vgl. Strauß (1996): 22f.

vistische und soziologische Überlegungen aufeinander beziehen. In vier Schlussthesen werde ich die Quintessenz meiner Überlegungen zusammenfassen.

Begriffe und Konzepte

Begriffe werden alltagssprachlich mit dem Wissen von etwas in Verbindung gebracht: *einen Begriff von etwas haben, sich einen Begriff von etwas machen* heißt wissen, was etwas ist oder wie es funktioniert. Andererseits werden *Begriffe* alltagssprachlich oft mit *Wörtern* und *Bedeutungen* gleichgesetzt. Ein Lehrer kann zu seinem Schüler sagen: *Hier mußt du einen anderen Begriff nehmen, du hast das zu lax formuliert.* Die für viele Linguisten so wichtige Unterscheidung von *Begriff*, *Bedeutung* und *Wort* wird im Alltagsverständnis der Sprecher also nicht mitvollzogen. Sie wird im Übrigen auch in anderen Disziplinen für nicht so wesentlich gehalten. Im Vorwort der »Geschichtlichen Grundbegriffe« kann man lesen: »Die Unterscheidung zwischen Wort und Begriff ist im vorliegenden Lexikon pragmatisch getroffen worden. Es wird also darauf verzichtet, das sprachwissenschaftliche Dreieck von Wortkörper (Bezeichnung) – Bedeutung (Begriff) – Sache ... zu verwenden.«[4] Auch der Titel des Buches verdeutlicht dieses Credo: »Geschichtliche Grundbegriffe. Historisches Lexikon zur politisch-sozialen Sprache in Deutschland«. *Bedeutung* und *Begriff* einerseits, *Begriffe* und *Sprache* andererseits werden gleichgesetzt, also nicht differenziert, ob von Sprachlichem oder von Mentalem die Rede ist. Es zeigt sich also, dass die Ungereimtheiten nicht auf die alltägliche Domäne beschränkt sind. Selbst in der Semantik von Lyons (1977) wird *Begriff* ausdrücklich lediglich als Terminus technicus ausgewiesen.[5]

In der linguistischen Grundlagen-Literatur werden unterschiedliche Lesarten für *Begriff* angegeben[6]: (1) Begriffe als Wissenseinheiten, (2) Begriffe als

---

4 Brunner/Conze/Koselleck (1972-1997): XXII.

5 Lyons (1977): I, 109.

6 Zur Lesart (1): »Begriffe sind Wisseneinheiten: Objekte werden nach Merkmalen zusammengefasst, Klassen von Gegenständen nach Eigenschaften bestimmt, die sie von anderen Klassen unterscheiden.« (Th. Lewandowski 1990: 165); »Begriff ist der im deutschsprachigen Raum benutzte Terminus für mentale Informationseinheiten, die in der Interaktion mit der Umwelt durch Abstraktion und Klassifikation entstehen.« (Schwarz/Chur 1993: 218)
Zur Lesart (2): Ein Begriff ist ein »durch Abstraktion gewonnenes gedankliches Konzept, durch das Gegenstände oder Sachverhalte aufgrund bestimmter Eigenschaften und/oder Beziehungen klassifiziert werden. Begriffe werden durch Termini repräsentiert.« (H. Bußmann 1983: 64); »Die konstitutiven Bedingungen des Begriffs liegen im Zusammenspiel von Sprache und Kognition. Ein Begriff besteht aus einem sprachlichen Ausdruck und einem Regelsystem zu seinem Gebrauch. Unexakte Begriffe müssen kein Hindernis für die Entwicklung einer Wissenschaft sein. [...] Begriffsbildung und

fachlich-theoretische Wissenseinheiten und (3) Begriffe als Bedeutungen. Ich setze eine 4. Verwendungsweise hinzu, weil sie nicht in den drei eben genannten aufgeht: Begriffe als historisch interessanter Gegenstand. Die Lesart (1), also Begriffe als Wissenseinheiten, entspricht der Verwendungsweise des angloamerikanisch tradierten Begriffs *Konzept.* In der 2. Lesart wird die Wissens-Ebene mit der sprachlichen Ebene verbunden – ähnlich wie in der Auslegung von Rudi Keller, der *Begriffe* als sprachlich gebundene Denkwerkzeuge verstanden wissen will.[7] Das Zusammenspiel von Sprache und Kognition wird in Kellers *Begriffs*-Begriff universal gesehen – in den zitierten linguistischen Nachschlagewerken jedoch in erster Linie auf fachliche Domänen bezogen.

Die 4. Lesart, also Begriffe als historisch interessanter Gegenstand, betrifft Begriffsgeschichte, die traditionellerweise als Geistes- und Ideen-Geschichte betrieben wird. Hier liegt der Fokus logischerweise weniger auf mentalen Aspekten, sondern auf der Beschreibung der Gedankengebäude geistiger Eliten unterschiedlicher Epochen. Am ehesten lehnt sich diese Sichtweise an die Lesart (2) an, die *Begriffe* als fachlich-theoretisch geprägte Ideen-Systeme versteht.

Im Interesse einer linguistisch motivierten Begriffsgeschichte ist die Frage berechtigt, ob es Sinn macht, die kognitive Wende mitzuvollziehen und den Begriff des Konzeptes anstelle des inhomogenen *Begriffs*-Begriffes einzuführen. Das hätte den Vorteil, dass man sich von der umstrittenen Begriffsgeschichte verabschieden, die notwendigen theoretisch-methodischen Grundlagen neu abstecken und das Ganze dann modern und imageträchtig *Konzept-Geschichte* nennen könnte. *Konzept-Geschichte* klingt jedoch irgendwie falsch – warum?

Der Begriff *Konzept* hat sich in der Semantikforschung inzwischen neben *Begriff* und *Bedeutung* etabliert – in manchen Ansätzen auch alternativ dazu. Die genaue theoretische Bestimmung des Status von *Konzepten* steht jedoch noch aus. Jackendoff beginnt ein Buch-Kapitel zu diesem Thema folgendermaßen: wenn man einen Psychologen, Philosophen oder Linguisten fragt, was ein Konzept ist, so ist das ebenso, als fragte man einen Physiker, was Masse ist.[8]

Theoriebildung [sind] so eng miteinander verflochten, dass sie, im Prinzip, zwei Aspekte der gleichen Vorgehensweise darstellen. Die Bildung von Begriffen kann von theoretischen Überlegungen nicht getrennt werden.« (Th. Lewandowski 1990: 165ff.)

Zur Lesart (3): Begriffe »lassen sich wie Mengen definieren: (a) extensional durch Aufzählen der Objekte, die unter einen bestimmten Begriff fallen und (b) intensional durch Angabe ihrer spezifischen Merkmale. Auf solcher intensionalen Begriffsdefinition beruht die in der Semantik geläufige Gleichsetzung von Begriff mit Bedeutung ...« (H. Bußmann 1998: 64).

7 vgl. Keller (1996): 56.

8 »Asking a psychologist, a philosopher, or a linguist what a concept is is much like asking a physicist what mass is. An answer cannot be given in isolation.« (1992, S. 21). Im selben Aufsatz weist er jedoch auch darauf hin, dass er sich um terminologische Fragen nicht allzu sehr kümmert: »Once again, I don't care too much about terminolocy.« (ebenda, 30).

Beide Kategorien sind offensichtlich zentral für ihre Fachgebiete und heuristisch plausibel, ihre theoretische Fixierung ist jedoch an die konkreten Forschungshintergründe gebunden.

Unstrittig ist, dass sich der *Konzept*-Begriff auf elementare mentale Organisationseinheiten bezieht, die Wissen über die Welt in einem abstrakten Format ablegen. »Als Mikrobausteine unseres Kognitionssystems ermöglichen (Konzepte) ... die ökonomische Speicherung und Verarbeitung subjektiver Erfahrungseinheiten durch die Einteilung der Informationen in Klassen nach bestimmten Merkmalen« (Schwarz 1992: S. 55). Es geht hier also um die kognitionswissenschaftliche Fragestellung, wie Wissen im Gehirn der Sprecher und Rezipienten gespeichert ist und welche Prozesse darüber hinaus bei der Kontextualisierung von Wissen ablaufen.

Wir können also zunächst zusammenfassend und sehr allgemein gesprochen festhalten, dass sowohl der *Konzept*-Begriff als auch der *Begriffs*-Begriff – dieser jedoch mit Einschränkungen – mentale Organisationseinheiten fokussiert.

Für *Begriffe* im Sinne der Begriffsgeschichte reicht diese Sichtweise nicht aus. *Begriffe* als historisch interessanter Gegenstand sind »im traditionell epistemischen Sinne des Wortes ... gar keine Begriffe ..., sondern lose und häufig wechselnde Agglomerationen von Sach-, Sozial- und Bewertungsmerkmalen.«[9] Es handelt sich also um eine Art Pseudo-Begriffe. Ausdrücke, die solche Pseudo-Begriffe verbalisieren, repräsentieren verdichtend einen weiten Umkreis historischer Problembezüge. Sie sind sowohl in ihrer Extension als auch in ihrer Intension strittig, sie können mit gesellschaftlich vermittelten Wertvorstellungen verbunden sein, sie können Bezüge zu Expertenwissen herstellen oder auch Prestige vermitteln. Ihre gemeinschaftlich akzeptierte Gültigkeit und Wertigkeit muss immer wieder verhandelt werden. Sie sind durch eine historisch-gesellschaftliche Dimension gekennzeichnet, die über öffentliche Diskurs-Räume vermittelt wird.

Es liegt auf der Hand, dass sowohl kontextuelle als auch gesellschaftliche Bezüge zentral sind, um diese Phänomene zu beschreiben. Hier ist die Frage nach Wissensrepräsentationen nur die eine Seite der Medaille. Sowohl der *Begriffs*-Begriff, soweit er sich auf Wisseneinheiten bezieht, als auch der *Konzept*-Begriff scheinen also ungeeignet. Sollen beide für eine Neuorientierung von Begriffsgeschichte gerettet werden, müssten sie um eine historische und eine gesellschaftliche Dimension erweitert werden. Eine solche Erweiterung hat Knobloch für den *Begriffs*-Begriff bereits vorgeschlagen: er versteht *Begriffe* als Kristallisationsbereiche gesellschaftlich gebrochenen Wissens, das im öffentlichen Diskurs aktualisiert und verhandelt wird. Hier werden *Begriffe* nicht auf mentale Organisationseinheiten, sondern auf gesellschaftliches Wissen bezogen.[10]

---

9 E-mail Knobloch an Fraas vom 20.01.99.

10 Vgl. Knobloch (1992).

Sicher stellt sich die Frage, ob eine Erweiterung des Konzept- oder des *Begriffs*-Begriffes überhaupt sinnvoll ist, oder ob das Problem nicht durch die Einführung eines neuen theoretischen Konzeptes eleganter gelöst werden kann. In Frage kommt hier das Konzept des *kulturellen Gedächtnisses*, das in der Soziologie seit einigen Jahren intensiv diskutiert wird und das die beschriebenen Defizite bis zu einem gewissen Grade auszugleichen verspricht. Im Folgenden werde ich ausführen, inwiefern das Konzept des *kulturellen Gedächtnisses* genau die historisch-gesellschaftliche Dimension einbringt, die dem Konzept der *Kognition* fehlt.

Kulturelles Gedächtnis

Die ideengeschichtlichen Wurzeln dieses Konzeptes gehen auf den französischen Soziologen Maurice Halbwachs zurück. Auf der Basis des Durkheim'schen Begriffs des *Kollektivbewusstseins* entwickelte Halbwachs in den 20er/30er Jahren den Begriff der *»mémoire collective«*. Wie kann *Gedächtnis*, also etwas, das in den Köpfen der Individuen existiert, kollektiv sein? Die neuronal und hirnphysiologisch bestimmte Materialisierung von Bewusstsein wird hier völlig ausgeblendet zugunsten einer sozial-historischen Sicht. *Gedächtnis* wird als soziales Phänomen gesehen, als etwas, das der Mensch erst im Prozess seiner Sozialisation erwirbt. Zwar wird anerkannt, dass das Einzelindividuum in irgendeiner Form über Gedächtnis im physiologischen Sinne verfügt. Die Gegenstände und Inhalte des Erinnerns und Vergessens jedoch gelten als kollektiv geprägt.

> » ... die Rede vom kollektiven Gedächtnis [ist] nicht metaphorisch zu verstehen. Zwar »haben« Kollektive kein Gedächtnis, aber sie bestimmen das Gedächtnis ihrer Glieder. Erinnerungen auch persönlichster Art entstehen nur durch Kommunikation und Interaktion im Rahmen sozialer Gruppen. Wir erinnern nicht nur, was wir von anderen erfahren, sondern auch, was [...] uns von anderen als bedeutsam bestätigt und zurückgespiegelt wird. Vor allem erleben wir bereits im Hinblick auf andere, im Kontext sozial vorgegebener Rahmen der Bedeutsamkeit.« (J. Assmann 1997: 36)

Für diese sozial vorgegebenen *Rahmen der Bedeutsamkeit* wurde von Halbwachs das Konzept des *sozialen Rahmens* (*cadre sociaux*) eingeführt. Dieses Konzept wirkt heute sehr modern. Es nimmt quasi Erkenntnisse der modernen Psychologie, Linguistik und Soziologie vorweg, die inzwischen alle – und z.T. unabhängig voneinander – die *Rahmen*-Metapher als heuristisches Instrument einsetzen. Ich verweise auf die *Frames, Scripts* und *Szenen* der KI-Forscher und Kognitivisten (wir werden später darauf zurückkommen), und ich verweise auf die von dem Soziologen Goffman in den 70er Jahren entwickelte Theorie der *Rahmenanalyse*, die darauf gerichtet ist, die sozial vorgeprägte Struktur von Alltagserfahrungen zu beschreiben. Beide *Rahmen*-Theorien, sowohl die kognitivistische als auch die soziologische, sind von der Linguistik intensiv rezipiert worden – allerdings – und das charakterisiert die Undurchlässigkeit der unterschiedlichen linguistischen Richtungen sehr deutlich – unabhängig voneinander in der kognitiven Linguistik, in der Textlinguistik und in der Gesprächsanalyse.

Doch zurück zum Konzept des *kulturellen Gedächtnisses* und den sogenannten *Rahmen der Bedeutsamkeit:* Zwar sind die physiologischen Voraussetzungen für Erinnern und Vergessen an das Individuum gebunden. Was jedoch erinnert oder vergessen wird und auf welche Weise das geschieht, ist vermittelt durch soziale Erfahrungen. Diese Sicht wird geteilt von Psychologen wie Joachim Hoffmann, wenn er darauf hinweist, dass die Bildung von Begriffen weniger auf Abstraktion gemeinsamer Invarianten beruht, sondern vielmehr auf Abstraktion verhaltensrelevanter Merkmale.[11] Wodurch sollte sich Verhaltensrelevanz herstellen – wenn nicht über soziale Erfahrungen.

Assmann übernimmt das Modell des *sozialen Rahmens*, um Erinnern und Vergessen zu erklären: Ein Mensch – und eine Gesellschaft – sind nur das zu erinnern imstande, was als Vergangenheit innerhalb der Bezugsrahmen einer jeweiligen Gegenwart rekonstruierbar ist. Es wird genau das vergessen, was in einer solchen Gegenwart keinen Bezugsrahmen mehr hat.

Die Vorstellung von Bezugsrahmen liefert auch eine plausible Erklärung dafür, wann sich Begriffe und Ausdrücke in Sprachgemeinschaften durchsetzen und warum andere in Vergessenheit geraten. Sie werden von der Sprachgemeinschaft akzeptiert, wenn sie mit gängigen Denk-, Deutungs- und Bewertungsmustern einer Epoche kompatibel sind. »Nur was in einer dem herrschenden ›Denkstil‹ entsprechenden Form kommuniziert wird, hat eine Chance, in das System ... [des] relevanten und gültigen gesellschaftlichen ... [Wissens] aufgenommen zu werden.«[12] Auch Ideen und Begriffe, die als Antithesen zu vorherrschenden Denk-, Deutungs- und Bewertungsmustern gesetzt werden, können nur dann erfolgreich sein, wenn sie den Denkstil einer aufstrebenden sozialen Gruppe treffen und deren Interessen adäquat zum Ausdruck bringen.[13]

Hier setzt auch der *Mentalitäten*-Begriff der Historiker an, der von Angelika Linke und Fritz Hermanns in die Linguistik eingeführt wurde.[14] Hermanns spricht in diesem Zusammenhang von bestimmten Dispositionen, die innerhalb einer Gesellschaft zu einer bestimmten Art des Denkens, Fühlens und Wollens existieren und die zu bestimmten Dispositionen des Verhaltens und Handelns führen. Auch Linke betont den Bedingungs-Charakter von *Mentalitäten*, die

---

11 J. Hoffmann (1996): 100.

12 Knobloch (1995): 81; »Denkstil« vgl. Fleck, Ludwik (1980): Entstehung und Entwicklung einer wissenschaftlichen Tatsache. Frankfurt/M. (Erstdruck 1935); vgl. hier auch die Ausführungen zum »common sense« in Feilke (1994).

13 Vgl. Knobloch (1995): 85; vgl. auch Beispiel *Postmoderne* ebenda.

14 Vgl. F. Hermanns (1994), (1995) und A. Linke (1996).

bestimmte Verhaltensweisen nicht notwendigerweise hervorbringen, sondern eher prinzipiell ermöglichen oder begünstigen. Bezogen auf sprachliche Ausdrücke und Begriffe heißt das, dass deren Erfolg oder Misserfolg in unterschiedlichen Epochen abhängig ist von den Vorlieben und Gewohnheiten der Sprachgemeinschaft, sich kognitiv, emotional und intentional zur Welt im Allgemeinen und zur Gesellschaft im Besonderen zu verhalten. Vermittelt werden diese Dispositionen des Verhaltens und Handelns über kommunikative Prozesse, die auch für Erinnern und Vergessen eine zentrale Rolle spielen: »Man erinnert nur, was man kommuniziert und was man in den Bezugsrahmen des Kollektivgedächtnisses lokalisieren kann.«[15] *Kommunikation* wird hier als zentraler Vorgang angesehen, der *Kommunikations*-Begriff jedoch sehr eng gefasst: als konkrete Akte verbaler Interaktion, also ganz im Sinne der Gesprächsanalyse.

Assmann unterscheidet zwischen *kommunikativem* und *kulturellem Gedächtnis* und setzt *kollektives Gedächtnis* als Oberbegriff für beide. *Kommunikatives* und *kulturelles Gedächtnis* sind nicht als Gegensatzpaar zu verstehen, sondern eher als Polaritäten auf einer Skala mit graduellen Übergängen. Sie können historisch gesehen gleichzeitig existieren und ineinander übergehen. Dennoch lassen sich beide anhand folgender Kriterien unterscheiden:

Unter *kommunikativem Gedächtnis* versteht Assmann die gelebte und durch Zeitzeugen verkörperte Erinnerung. Sie »wächst der Gruppe historisch zu; ... entsteht in der Zeit und vergeht mit ihr«.[16] Sie konstituiert sich »durch persönlich verbürgte und kommunizierte Erfahrung« und stirbt mit ihren Trägern aus. Für dieses Aussterben nimmt Assmann eine kritische Schwelle von 40 Jahren an.

> »Nach 40 Jahren treten die Zeitzeugen, die ein bedeutsames Ereignis als Erwachsene erlebt haben, aus dem [...] Berufsleben [...] in das Alter [...], in dem die Erinnerung wächst und mit ihr der Wunsch nach Fixierung und Weitergabe. [...] Was heute noch lebendige Erinnerung ist, wird morgen nur noch über Medien vermittelt sein.«[17]

Über Medien vermitteltes Wissen wird bei Assmann deutlich aus dem Konzept des *kommunikativen Gedächtnisses* herausgehalten. Wenn Erinnerung nicht mehr über autorisierte Zeitgenossen funktioniert, sondern Vermittlungsmedien braucht, geht *kommunikatives* in *kulturelles Gedächtnis* über. *Kulturelles Gedächtnis* ist institutionell geformte und gestützte Erinnerung.[18]

Während am *kommunikativen Gedächtnis* prinzipiell alle Zeitzeugen partizipieren können, ist die Teilhabe am *kulturellen Gedächtnis* sozial differenziert. Historisch gesehen waren sozial herausgehobene Wissensträger darauf speziali-

---

15 J. Assmann (1997): 36f.
16 Ebenda, S. 50.
17 Ebenda, S. 51.
18 Vgl. ebenda, S. 222.

siert, das kulturelle Gedächtnis zu bewahren. In Vor-Schrift-Kulturen war das kulturelle Gedächtnis einer Gemeinschaft unmittelbar mit dieser wissenssoziologischen Elite verbunden, die die Überlieferung durch rituelle Repetition sicherte. Die Rolle als Wissensträger – man denke an Schamanen, Dichter, Sänger, Schreiber und Gelehrte – war verbunden mit einer gewissen Alltagsenthobenheit und Alltagsentpflichtung, denn sie bedurfte sorgfältiger Einweisung, und ihre Ausübung war nichtalltäglichen Bereichen vorbehalten.[19] Die Polarität der kollektiven Erinnerung entspricht in der Zeitdimension der Polarität von Fest und Alltag, in der Sozialdimension der Polarität zwischen einer wissenssoziologischen Elite, quasi den Spezialisten des kulturellen Gedächtnisses, und der Allgemeinheit der Gruppe.

Mit der Entwicklung der Schrift und der Möglichkeit, Wissen unabhängig von einer Träger-Person oder -Schicht weiterzugeben, wächst durch den erweiterten Verbreitungs-Radius die Chance auf Kontinuität. Im Rahmen der Schriftkultur organisiert sich das kulturelle Gedächtnis vornehmlich als Umgang mit Texten: Texte werden nachgeahmt, zitiert, interpretiert, kritisiert oder in Lernzusammenhängen als Wissensquelle verwendet. Es entsteht etwas, das wir heute *Intertextualität* nennen. Andererseits wächst jedoch paradoxerweise auch die Gefahr des Vergessens. Nur Texte, die im Netz intertextueller Bezüge aufgehoben sind, die in irgendeiner Weise rezipiert werden und sich somit – in Assmanns Terminologie – im *Funktionsgedächtnis* einer Gemeinschaft befinden, werden erinnert. Das kann längst nicht mehr für alle jemals geschriebenen Texte gelten. Die jemals produzierten Text-Massen übersteigen das Rezeptions-Potential der Gemeinschaft um ein Vielfaches. Das *kulturelle Gedächtnis* zerfällt in Vordergrund und Hintergrund, d.h. in *Funktionsgedächtnis* und *Speichergedächtnis*. Nur das, was eine Gesellschaft in einer gegebenen Epoche erinnern und verarbeiten kann, wird im *Funktionsgedächtnis* bewahrt.[20] Nichtbearbeitete Texte wandern in die Archive, ins sogenannte *Speichergedächtnis*. Schriftlichkeit garantiert also nicht, sondern gefährdet Kontinuität durch die permanente Gefahr des Veraltens und Vergessens. So wird der Text – paradoxerweise – zu einer Form der Vergessenheit.

Durch die Schrift teilt sich Geschichte also in zwei Phasen: zum einen die *ritengestützte Repetition* (Überlieferung von Bekanntem) und zum anderen die *textgestützte Interpretation* (Variation und Innovation). Während Wissens-Träger vorschriftlicher Kulturen darauf bedacht sein mussten, die gleichen Inhalte immer wieder zu reproduzieren und zu überliefern, sind schriftliche Texte ein Medium der systematischen Ideen-Evolution. Im Rahmen der Schriftkultur und der intertextuellen Verknüpfung »organisiert sich das kulturelle Gedächtnis vornehmlich ... auslegend, nachahmend, lernend und kritisierend.«[21] Wenn

---

[19] Vgl. ebenda, S. 53ff.

[20] Vgl. ebenda, S. 96.

[21] Ebenda, S. 102.

Texte intertextuell aufgehoben sind, werden sie zu einem Medium der Innovation. *Kulturelles Gedächtnis* konstituiert sich also über medienvermittelte Weitergabe und Modifikation von Wissen.

Warum ist es sinnvoll, das Konzept des *kulturellen Gedächtnisses* einzuführen? Es ergänzt die kognitivistische Fragestellung: was passiert in den Köpfen? durch die soziologische Fragestellung: wie wird Wissen in Gemeinschaften weitergegeben? Ein wesentlicher Sinn von Wissen besteht darin, kommuniziert zu werden. Das ist ein Aspekt, der Kognitivisten weniger interessiert. Soziologen interessiert das schon eher, wenn sie Gedächtnis, Erinnern und Vergessen als etwas sozial Bestimmtes und kollektiv Verfügbares sehen. Kollektive Verfügbarkeit stellt sich über Vertextung her. Wissen manifestiert sich über Vertextung und wird auf diese Weise vom individualpsychologischen zum überindividuellen Phänomen. So wird Wissen kommunizierbar – und zwar kommunizierbar nicht nur über verbale Interaktion im engeren, sondern über wechselseitige Produktion und Rezeption von Texten im weiteren Sinne – kommunizierbar über Intertextualität. Dieses Verständnis schließt sinnvollerweise medienvermittelte Massenkommunikationsprozesse mit ein. Wie jedoch werden derartig komplexe Phänomene methodisch greifbar?

Vertextung von Wissen

Wenn es so ist, dass Wissen über Vertextung sprachlich manifest wird, muss es möglich sein, Aspekte dieses Wissens aus Texten zu erschließen. Äußerungsbedeutungen konstituieren sich, indem Konzepte kontextualisiert, also in syntaktische Umgebungen eingebettet und so auf sprachliche Strukturen bezogen werden. Über die systematische Auswertung der sprachlichen Umgebungen von Ausdrücken werden Bedeutungskonstitutions-Prozesse analytisch greifbar. Verschiebungen im Sprachgebrauch weisen auf Uminterpretations-Prozesse und Begriffs-Verschiebungen hin.

Mit Hilfe korpuslinguistischer Methoden können solche Prozesse beschrieben werden. Das *Rahmen*-Modell, auf das wir hiermit zurückkommen, liefert dafür die theoretisch-methodische Basis. Die Vorstellung von Wissensrahmen als Raster für Begriffsbildungs- und Interpretationsprozesse bietet sowohl einen kognitiv motivierten als auch einen soziologisch motivierten heuristischen Zugang. Der soziologisch motivierte betrifft die im Konzept des *kulturellen Gedächtnisses* aufgehobenen kollektiv gebrochenen und durch soziale Erfahrung beeinflussten Bezugsgrößen, an denen sich Erinnern und Vergessen orientiert. Ein methodisch und empirisch fundierter Zugang zu diesen Bezugsgrößen steht allerdings aus.

Ein solcher Zugang wird über die kognitiv motivierte Vorstellung von *Wissensrahmen* möglich, und zwar auf folgende Weise: Die Struktur von Konzeptverbänden kann als Frame-Struktur modelliert werden.[22] *Frames* werden in diesem Zusammenhang als Darstellungsrahmen für konzeptgebundenes Wissen aufgefasst. Sie stellen komplexe Strukturen aus sogenannten *Slots* und *Fillers* dar. *Slots* stehen für Variablen, die mit Erfahrungswerten verbunden sind. In Vertextungs- bzw. Verstehensprozessen werden diese Variablen mit konkreten Werten, den *Fillers*, besetzt. Auf diese Weise geben Frames eine Struktur für Wissensausschnitte vor, die in konkreten Sprachverwendungssituationen kontextuell aufgefüllt wird. Sie modellieren quasi das Kontextualisierungspotential von Wissensbereichen, die an lexikalische Einheiten gebunden sind und im Falle der konkreten Vertextung von Sprecher und Hörer aktiviert werden können.

Kontextinformationen werden über Korpusanalysen linguistisch greifbar. Die Kontextvorkommen enthalten jeweils sprachliche Hinweise auf die konkreten Ausfüllungen der Slots. Indem die Kontextinformationen als Fillers für die Slots aufgefasst werden, können die Kontextualisierungen auf das entsprechende Frame-Modell abgebildet werden. Dies ist über annotierte Korpora für große Datenmengen möglich. Die jeweiligen Fillers können mit Markierungen versehen und in einer entsprechend strukturierten Datenbank abgelegt werden. Auf diese Weise wird es möglich, den Gebrauch von Ausdrücken über große Zeiträume hinweg zu dokumentieren, zu beschreiben und zu vergleichen. Wenn die entsprechenden Kontextinformationen über Korpusanalysen erhoben und auf der Grundlage des Frame-Modells systematisch ausgewertet werden, wird es möglich, den Gebrauch von Ausdrücken über große Zeiträume hinweg zu dokumentieren, zu beschreiben und zu vergleichen.[23]

Welchen Vorteil bringt ein frame-orientiertes, korpusbasiertes Vorgehen für die Beschreibung gesellschaftlich gebrochener Wissenssysteme? Es eröffnet die Chance, Spuren vergangener medienvermittelter Kommunikationsprozesse aufzufinden, die in großen Mengen von Texten aufgehoben sind. Auf diese Weise können die sozialen Bezugsrahmen rekonstruiert werden, vor deren Hintergrund in unterschiedlichen historischen Zeiträumen Begriffe gebildet und Ausdrücke interpretiert wurden.

Es eröffnen sich also völlig neue Perspektiven gegenüber traditionellen begriffsgeschichtlichen Forschungen, und zwar in folgender Hinsicht:

---

[22] Vgl. Barsalou (1992) und Konerding (1993).

[23] Vgl. Fraas (1996a), (1996b) und (1998); vgl. auch FrameNet (1998) und Baker/Fillmore/Lowe (1997).
Derzeit führen wir in Mannheim im Rahmen eines größeren Projektes korpusgestützte Kollokationsanalysen durch, um den Zusammenhang von usuellen Syntagmen und Bedeutungskonstitutions-Prozessen genauer zu untersuchen. Vgl. dazu Fraas/Steyer (im Druck).

1. Die ideengeschichtliche Tradition von Begriffsgeschichte betrachtet Begriffe als »kontextfreie Sinnträger«[24], unterlässt also einen Bezug zu sprachlichen, kommunikativen und medialen Kontexten. Die systematische Auswertung großer Korpora ermöglicht das Freilegen und Beschreiben der Kontextualisierungsprozesse mit Blick auf das Funktionieren »historisch bestimmter Sprachtätigkeit«[25].

2. Die Einführung des Frame-Modells ermöglicht eine systematische Auswertung von Kontextfaktoren, die aus Korpora extrahiert werden können. Auf diese Weise können Vorstellungen, die in einer Sprachgemeinschaft über grundlegende, gesellschaftlich relevante Erscheinungen, Prozesse, Zustände oder Werte existieren und die mit abstrakten Wortschatzbereichen verbunden sind, linguistischen Analysen zugänglich gemacht werden. So wird eine Art »Archäologie des Wissens«[26] betrieben, die aus der textuellen Umgebung der entsprechenden Ausdrücke Informationen erhebt, die für deren Interpretation relevant sind.

3. Ein korpuslinguistischer Ansatz durchbricht die ideengeschichtlich tradierte Fixierung auf philosophiegeschichtliches und historisches Fachwissen. Er durchbricht darüber hinaus die ideengeschichtlich tradierte Orientierung an geistigen Eliten. Korpora eröffnen die Chance auf sozial differenzierte Sicht: auch Alltagsvorstellungen können rekonstruiert werden, wenn sie sich diskursiv mit Experten-Meinungen brechen und mischen.

4. Die Auswertung großer Textmengen führt nicht nur vor, was sich verändert, sondern auch wie, d.h. über welche sprachlichen, diskursiven und textuellen Mechanismen es sich verändert. So wird es möglich, die sowohl historisch als auch sozial bestimmten Denk- und Interpretationsmuster aufzudecken, die z.B. dazu führen, dass sich bestimmte Begriffe durchsetzen, andere aber wieder aus dem öffentlichen Bewusstsein verschwinden. Mit Hilfe von Textkorpora wird es möglich, die Bezugsrahmen zu rekonstruieren, die kulturelles Gedächtnis stützen.

Ich komme zum Schluss und fasse die Quintessenz meiner Ausführungen folgendermaßen zusammen: Die traditionelle Begriffsgeschichte ist einer mo-

---

[24] Knobloch (1992): 11.

[25] Ebenda.

[26] Ich benutze hier die von Michel Foucault geprägte Metapher (»Archäologie des Wissens«, 8. Aufl. Frankfurt 1997), weiche aber in der Interpretation ab. Foucault schreibt, dass »die Archäologie versucht, nicht die Gedanken, die Vorstellungen, die Bilder, die Themen, die Heimsuchungen zu definieren, die sich in den Diskursen verbergen oder manifestieren; sondern jene Diskurse selbst, jene Diskurse als bestimmten Regeln gehorchende Praktiken.« (S. 198). Mich interessieren umgekehrt eher die Vorstellungen der Sprecher, die sich sprachlich in Textmengen manifestieren, als die Diskurse selbst.

dernen Analyse kollektiver im Sinne von gesellschaftlich gebrochener Wissenssysteme nicht gewachsen und bedarf einer theoretisch-methodischen Revision. Die zentrale Frage ist hierbei die Frage nach der Vergesellschaftung von Wissen. Sie kann nur gelöst werden, wenn mentale Aspekte mit Aspekten von Kollektivität und Gesellschaftlichkeit verbunden werden, also eine Art Wissens-Soziologie betrieben wird. Als fruchtbarer Weg in diese Richtung erweist sich die Integration von kognitivistischen Erkenntnissen über Wissensstrukturen und Wissensverarbeitung einerseits und dem soziologischen Konzept des kulturellen Gedächtnisses andererseits. Methodisch und empirisch lässt sich ein derartiges Vorhaben über einen frame-orientierten, korpuslinguistischen Zugang bewältigen. Verbindendes Glied dieser integrativen Sicht ist die Idee, dass Wissen über Vertextung manifest wird und medienvermittelt weitergegeben werden kann, sozusagen von den Köpfen in die Welt kommt. Kognitionsprozesse werden nicht nur als mentales, sondern auch als sozial und historisch geprägtes Phänomen gesehen – die Trennung von kognitivistischer und sozialer Sicht wird aufgehoben.

Literatur:

Assmann, Aleida/Weinberg, Manfred/Windisch, Martin (Hg.) (1998): Medien des Gedächtnisses. Stuttgart/Weimar.

Assmann, Jan (1997): Das kulturelle Gedächtnis. Schrift, Erinnerung und politische Identität in frühen Hochkulturen. München.

Baker, Collin F./Fillmore, Charles J./Lowe, John B. (1997): A Frame-Semantic Approach to Semantic Annotation, http://www.icsi.berkeley.edu/~framenet/index.html.

Barsalou, Lawrence W. (1992): Frames, Concepts, and Conceptual Fields. In: Lehrer, A./Kittay E. F. (eds.): Frames, Fields, and Contrasts. Hillsdale, N.J. S. 21-74.

Brunner, Otto/Conze, Werner/Koselleck, Reinhard (Hg.) (1972-1997): Geschichtliche Grundbegriffe. Historisches Lexikon zur politisch-sozialen Sprache in Deutschland. Stuttgart.

Bußmann, Hadumod (1983): Lexikon der Sprachwissenschaft. Stuttgart.

Ehlich, Konrad (1997): Thesen zu einer pragmatischen Fundierung von Semantik. (unveröffentlicht)

Feilke, Helmut (1994): Common sense-Kompetenz. Überlegungen zu einer Theorie »sympathischen« und »natürlichen« Meinens und Verstehens. Frankfurt/M..

Feilke, Helmut (1996): Sprache als soziale Gestalt. Ausdruck, Prägung und die Ordnung der sprachlichen Typik. Frankfurt/M..

Fraas, Claudia (1996a): Gebrauchswandel und Bedeutungsvarianz in Textnetzen - Die Konzepte IDENTITÄT und DEUTSCHE im Diskurs zur deutschen Einheit. Tübingen.

Fraas, Claudia (1996b): Bedeutungskonstitution in Texten – Das IDENTITÄTs-Konzept im Diskurs zur deutschen Einheit. In: Weigand, Edda/Hundsnurscher, Franz (Hg.): Lexical Structures and Language Use. Proceedings of the International Conference on Lexicology and Lexical Semantics Münster. September 13-15, 1994. Tübingen. Vol. II. S. 39-52.

Fraas, Claudia (1998): Abstrakte Wörter – Gebrauchs- und Interpretationsmuster. In: Deutsche Sprache 4/98.

Fraas/Steyer (im Druck): Usuelle Syntagmen als Indikatoren für Bedeutungszuschreibungen. In: Deppermann, Arnulf/Spranz-Fogasy, Thomas (Hg.): Bedeutungskonstitution. Tübingen.

FrameNet (1998): The FrameNet Project. http://www.icsi.berkeley.edu/~framenet.

Goffmann, E. (1977): Rahmen-Analyse. Ein Versuch über die Organisation von Alltagserfahrungen. Frankfurt.

Goldhagen, Daniel Jonah (1996): Hitlers willige Vollstrecker. Ganz gewöhnliche Deutsche und der Holocaust. Berlin.

Harras, Gisela (1991): Zugänge zu Wortbedeutungen. In: Harras, G./Haß, U./Strauß, G.: Wortbedeutungen und ihre Darstellung im Wörterbuch. Berlin/New York. S. 3-96.

Harras, Gisela/Haß, Ulrike/ Strauß, Gerhard (1991): Wortbedeutungen und ihre Darstellung im Wörterbuch. Berlin/New York.

Hermanns, Fritz (1994): Linguistische Anthropologie. Skizzen eines Gegenstandsbereiches linguistischer Mentalitätsgeschichte. In: Busse, Dietrich/Hermanns, Fritz/Teubert, Wolfgang (Hg.): Begriffsgeschichte und Diskursgeschichte. Methodenfragen und Forschungsergebnisse der historischen Semantik. Opladen. S. 29-59.

Hermanns, Fritz (1995): Sprachgeschichte als Mentalitätsgeschichte. In: Gardt, Andreas/Mattheier, Klaus J./ Reichmann, Oskar (Hg.): Sprachgeschichte des Neuhochdeutschen. Gegenstände, Methoden, Theorien. Tübingen. S. 69-101.

Hoffmann, Joachim (1996): Die Genese von Begriffen, Bedeutungen und Wörtern. In: Grabowski, Joachim/Harras, Gisela/Herrmann, Theo (Hg.): Bedeutung - Konzepte - Bedeutungskonzepte. Opladen. S. 88-119.

Jackendoff, Ray (1983): Semantics and Cognition. Cambridge, Mass.

Jackendoff, Ray (1992): Languages of the Mind. Essays on Mental Representation. Cambridge, Mass./London.

Keller, Rudi (1990): Sprachwandel. Tübingen.

Keller, Rudi (199): Begriff und Bedeutung. In: Grabowski, Joachim/Harras, Gisela/Herrmann, Theo (Hg.): Bedeutung - Konzepte - Bedeutungskonzepte. Opladen. S. 47-66.

Konerding, Klaus-Peter (1993): Frames und lexikalisches Bedeutungswissen. Untersuchungen zur linguistischen Grundlegung einer Frametheorie und zu ihrer Anwendung in der Lexikographie. Tübingen.

Knobloch, Clemens (1992): Überlegungen zur Theorie der Begriffsgeschichte aus sprach- und kommunikationswissenschaftlicher Sicht. In: Archiv für Begriffsgeschichte. Bonn. S. 7-24.

Knobloch, Clemens (1995): Zur Reichweite, Funktion und Beschreibung von Grundbegriffen. In: Härle, Gerhard (Hg.): Grenzüberschreitungen. Festschrift für Wolfgang Popp zum 60. Geburtstag. Essen. S. 77-92.

Le Goff, Jacques (1992): Geschichte und Gedächtnis. Frankfurt/New York.

Lewandowski, Theodor (1990): Linguistisches Wörterbuch. Heidelberg/Wiesbaden.

Linke, Angelika (1996): Sprachkultur und Bürgertum. Zur Mentalitätsgeschichte des 19. Jahrhunderts. Stuttgart/Weimar.

Lyons, John (1977): Semantik. München.

Quasthoff, Uta M. (1981): Sprachliche Bedeutung, soziale Bedeutung und soziales Handeln: Stereotype aus interkultureller Sicht. In: Müller, B.-D. (Hg.): Konfrontative Semantik. Tübingen. S. 75-93.

Quasthoff, Uta M./Hartmann, Dietrich (1982): Bedeutungserklärungen als empirischer Zugang zu Wortbedeutungen. In: Deutsche Sprache 10/82. S. 97-118.

Raulff, Ulrich (Hg.) (1989): Mentalitäten-Geschichte. Berlin.

Ritter, Joachim (Hg.) (1971ff.): Historisches Wörterbuch der Philosophie. Darmstadt.

Schwarz, Monika (1992): Kognitive Semantiktheorie und neuropsychologische Realität. Repräsentationale und prozedurale Aspekte der semantischen Kompetenz. Tübingen.

Schwarz, Monika/Chur, Jeannette (1993): Semantik. Ein Arbeitsbuch. Tübingen.

Stötzel, Georg/Wengeler, Martin (1995): Kontroverse Begriffe. Geschichte des öffentlichen Sprachgebrauchs in der Bundesrepublik Deutschland. Berlin/New York.

Strauß, Gerhard (1996): Wort - Bedeutung - Begriff: Relationen und ihre Geschichte. In: Grabowski, Joachim/Harras, Gisela/Herrmann, Theo (Hg.): Bedeutung - Konzepte - Bedeutungskonzepte. Opladen. S. 22-46.

Strauß Gerhard/Haß, Ulrike/Harras, Gisela (1989): Brisante Wörter von Agitation bis Zeitgeist. Ein Lexikon zum öffentlichen Sprachgebrauch. Berlin/New York.

Weinberg, Manfred/Windisch, Martin (1998): Einleitung zu: Assmann, Aleida/Weinberg, Manfred/Windisch, Martin (Hg.): Medien des Gedächtnisses. Stuttgart/Weimar. S. 1-13.

Medienkultur im Alltag

(Neue) Kommunikationskulturen und ihre sprachliche Konstituierung

Caja Thimm

Einleitung

Ich möchte in diesem Beitrag einige Überlegungen zur theoretischen Konzeptionalisierung eines Medienbegriffes diskutieren, die sich einer linguistischen Medienforschung verpflichtet sehen und einen handlungstheoretischen Ansatz verfolgen. Dahinter stehen folgende Grundannahmen und Ausgangspositionen, die nur kurz skizziert werden sollen:

- Wir erleben augenblicklich durch die Verbreitung des Netzmediums, namentlich des Internets, mediale Veränderungen, die sowohl die Frage nach der Identität der Agenten (Wer produziert die Medieninhalte?) als auch nach der Mediennutzung (Wer nutzt das Medium zu welchem Zweck?) neu stellen.
- Damit in Zusammenhang stehen zwei Annahmen: Der kommunikative Alltag wird sich mehr und mehr durch ein Ineinanderfließen verschiedener Mediensorten auszeichnen und sich weniger nach Medientypen (wie ja bei Fernsehen, Radio oder Printmedien noch deutlicher zu differenzieren) unterscheiden, sondern nach Nutzungs*zwecken*, wie z.B. Unterhaltung, Information, Datenaustausch, Interaktion. Damit werden sich verschiedene Medienkulturen herausbilden und wir werden eine strukturelle Veränderung dessen erleben, was man heute als »Massenmedium« bezeichnet.

Ich will diese Vorannahmen an einigen Punkten verdeutlichen und versuchen, daraus erste Ansätze zur Entwicklung eines funktional-pragmatischen Kulturbegriffs im Zusammenhang mit der medialen Fortschreitung herauszuarbeiten. Wichtig dabei erscheint es, die Multidisziplinarität des Gegenstandes zu betonen. Es ist zwar nach wie vor wichtig, disziplinbezogene Stärken zu betonen und diese auch weiter zu entwickeln, aber gerade bei dieser Thematik erscheinen Disziplingrenzen eher hinderlich.

Folgende Punkte sollen genauer betrachtet werden:
1. Kulturbegriff und Medienkommunikation
2. Medienwandel und Sprachkritik
3. Ausgewählte Aspekte von Medien und Kultur
   3.1 Mündlichkeit und Schriftlichkeit
   3.2 Öffentlicher Sprachgebrauch und das Private
   3.3 Ethnizität

1. Kulturbegriff und Medienkommunikation

Ausgangspunkt ist die Frage nach der Verstehensweise von *Kultur*: Welches definitorische Verständnis gibt es zum Begriff der Kultur bzw. der Medienkultur und wie können wir dies aus der Sicht der linguistischen Medienforschung in ein Konzept integrieren?

Beginnen wir mit einem Blick auf einige Beobachtungen zu Entwicklungen innerhalb der Linguistik. Für die Linguistik steht nicht erst seit der digitalen Revolution, aber spätestens seit dieser, die Frage nach der Mediatisierung des Alltages und der Rolle der Sprache in diesem Prozess auf der Tagesordnung, auch wenn man mit Jäger (2000) auch heute noch von einer »Medienvergessenheit« in der Sprachtheorie sprechen kann. Damit in Zusammenhang stehen Fragen nach den Konstituierungsverfahren und den Rezeptionsprozessen von medialer Kommunikation, aber auch nach den Kommunikationspraktiken und den durch diese Praktiken konstituierten Sprach- und Kommunikationskulturen. Welche Rolle spielt in diesem Fragenkomplex die Frage nach der Kultur?

Ich gehe bei meinen Überlegungen von einem in der Kommunikationswissenschaft formulierten Kulturbegriff nach Saxer (1998) aus. In Übereinstimmung mit soziologischen und kulturanthropologischen Konventionen legt er (1998) im Sonderheft »Medien-Kulturkommunikation« folgende Definition von Kultur zugrunde:

> »Kultur ist jenes gesellschaftliche Teilsystem, das für die mentale Strukturierung der Gesellschaftsmitglieder verantwortlich ist, indem es die verhaltenssteuernden Orientierungsmodelle hervorbringt. Ihr Hauptobjekt ist dementsprechend Sinn, zu verstehen als eine Strategie der Reduktion der Zufälligkeit und widersprüchlichen Vielfalt der Erfahrungswelt und der möglichen Verhaltensweisen auf identifizierbare, vorbildhafte Muster. Kultur ist daher in ausgeprägtem Maße Kommunikation, sozial als Diffusionsprozess, namentlich als Elite-, Volks- und Populärkultur organisiert, und lässt sich soziologisch als Gesamtheit der typischen Lebensformen eines Kollektivs, einschließlich der sie tragenden materiellen und immateriellen Werte, verstehen.« (Saxer 1998, S. 10)

Wir finden in dieser Definition nicht nur eine enge Koppelung von Kommunikation und Kultur, sondern auch zwei aussagekräftige Stichworte: das des »Orientierungsmodells«, das auf eine Ordnung der verwirrenden Vielfalt des

Lebens angelegt ist, und das der »Organisationsform in Mustern«. Abgegrenzt wird der Kulturbegriff dabei von dem, was wir sozusagen als Feuilleton-Kultur kennen, nämlich die Kulturproduktion in institutionellen Organisationsformen wie beispielweise Populärkultur u.a.

Bezogen auf die Medien-Kulturkommunikation versteht Saxer den Zusammenhang wie folgt:

> »Medienkommunikation, in modernen Gesellschaften ihrerseits, wird hier als so genanntes *Totalphänomen* konzipiert, d.h. sie reicht gemäß dieser gängigen Auffassung an alle erdenklichen Schichten des individuellen und kollektiven Seins.«

Die Redeweise vom Totalphänomen erscheint auf den ersten Blick unpräzise. Auf der anderen Seite wird mit dem Stichwort des Totalphänomens genau jene Perspektive eingenommen, die das Neue der aktuellen Medienentwicklung erfasst: Die völlige Durchdringung des Alltags durch die Medien.

Als SprachwissenschaftlerInnen interessiert uns nun vor allem die Frage, welche Rolle die Sprache in diesem komplexen Prozess spielt. Als Grundlage möchte ich von den von Ehlich (1998) und Jäger (1999) formulierten Ansätzen zur *Integration des Medialitätscharakters* in die sprachtheoretische Bestimmung von Sprache ausgehen. Ehlich sieht Sprache im Sinne von Sprache als Medium, die er als etwas »Vermittelndes« versteht. Er schreibt dem Medium Sprache vor allem drei Funktionsbereiche zu: die Erkenntnisstiftung im Medium Sprache, die Praxisstiftung vermittels Sprache und die Gesellschaftsstiftung durch das Medium Sprache (S. 15). Ich möchte in meinen Überlegungen genauer von *handlungstheoretischen Grundannahmen* ausgehen. Dadurch, dass wir Sprache verwenden, vollziehen wir Handlungen. Dabei handeln wir nicht im luftleeren, ungeregelten Raum, sondern wir handeln nach Mustern, die kulturspezifisch und situational definiert sind. Um ein berühmtes Beispiel zu nennen: Ich kann nicht mit dem Fuß grüßen, wenn ich in einer Kultur lebe, in der das Begrüßungsmuster heißt: Mit-der-Hand-Grüßen. Übertragen wir dies auf das Handeln im Medienkontext, so kann man entsprechend davon ausgehen, dass man auch bei der Medienkommunikation medien-kulturspezifischen Mustern folgt. Gehen wir davon aus, dass das mediale Handeln zu großen Teilen mittels Sprache realisiert wird, so heißt das, dass Sprache im Zusammenhang solcher Muster Bedeutung konstituiert und als funktional differenziert zu betrachten ist. Wir müssen dann nach Ziel und Zweck der Handlung in Abhängigkeit vom medialen Umfeld fragen, nach den Intentionen der Handelnden und nach den Folgen der Handlung, um nur einige Kategorien aus der Handlungstheorie anzuführen.

Dies stellt uns bei der Netzkommunikation allerdings vor große methodische Probleme. Während bei interpersonaler Kommunikation, insbesondere bei *Face-to-face*-Situationen, Interaktion in ihrer Musterhaftigkeit rekonstruiert und beschrieben werden kann, so ist die Herausarbeitung von Mustern in medialem

Sprachgebrauch, insbesondere in der Internetkommunikation, ungleich schwieriger.

Um das *Totalphänomen* Medien-Kulturkommunikation aus linguistischer Perspektive ansatzweise beschreiben zu können, müssen wir zunächst einige Rahmenbedingungen beachten, die Formen des Sprachgebrauchs eingrenzen können und Kultur in den Medien bestimmen. Dazu gehören z.B. die geschichtlichen, wirtschaftlichen und politischen Bedingtheiten, die Elemente der Vermittlung (z.B. Produzenten), intermediale oder medienspezifische Kulturcodes, das Spannungsfeld zwischen der Realkultur und der Medienkultur (wobei wir heute das Problem haben zu definieren, was für wen real ist und was für wen virtuell ist!) oder die institutionelle Prägung von Medienkultur durch z.B. Religionskommunikation, Wissenschaftskommunikation, Kunst- oder auch Sportkommunikation. All diese Bedingtheiten sind letztlich für die *Funktionalität* von Medienkultur relevante Einflussgrößen.

Einige Problembereiche von »Funktionen« bzw. »Funktionalität« beeinflussen die Diskussion über neue Medienkommunikation augenblicklich besonders stark:

- die Frage der Konsequenzen der Globalisierung für die mediale Kultur und Sprachkultur,
- die Frage nach dem Spannungsfeld zwischen Mündlichkeit und Schriftlichkeit, bzw. zwischen der Wahrnehmung von neuer Schriftlichkeit und deren Problematisierung durch die Sprach- und Kommunikationskritik. Dies betrifft u.a. die Frage der sprachlichen Gestalt der Medienkommunikation;
- die Frage nach der Rolle von Öffentlichkeit und öffentlichem Sprachgebrauch in der Entwicklung der Massenmedien bzw. die Möglichkeiten individueller Partizipation,
- die Funktion des Sozialisierungspotentials und damit der funktionalen und dysfunktionalen Rolle bei der Formung von Personalität, wie z.B. die Rolle von Sprache im sozialen Kontext von Kulturkommunikation.

Zuerst zur Frage nach der Globalisierung von Medienkommunikation und einige Überlegungen zu den Folgen.

2. Medienwandel und Sprachkritik

Die Geschichte der Medien und ihre Integration in den kommunikativen Alltag der Gesellschaft(en) ist durch ausgesprochen ambivalente Einstellungen gekennzeichnet: das Schwanken zwischen Verteufelung und Zukunftseuphorie hat fast alle medialen Umwälzungen seit der Erfindung des Telegrafen begleitet. Vor allem die Entwicklung hin zu massenmedialer Nutzung hat den Medien kritische Sichtweisen beschert, man denke nur an Postmans Diktum »Wir amüsieren uns zu Tode« (Postman 1998).

Die meisten Menschen begegnen neuer Technologie zunächst mit Distanz und Vorsicht. Rationale und irrationale Ängste vermischen sich besonders dann, wenn es um Bedrohungsszenarien geht, in deren Mittelpunkt soziale und kulturelle Werte stehen. So gehört die »Technologisierung des Wortes« (Ong 1987) zu denjenigen medial bedingten Veränderungen, die seit der Erfindung des Telegrafen besonders misstrauisch beobachtet wurden. Ausschlaggebend für diese medienskeptische Einstellung ist der Zusammenhang zwischen der Geschwindigkeit technologischer Entwicklung und der sozialkommunikativen, gesellschaftspolitischen und psychischen Verarbeitungszeit der Folgen solcher medialen Umwälzungen für das Individuum und die Gesellschaft. So zeigt der historische Rückblick, dass die Technik den Fähigkeiten der Menschen, mit ihr umzugehen, nicht selten voraus ist und so komplexe Aneignungsprozesse des Einzelnen notwendig sind. Dies beruht u.a. maßgeblich darauf, dass die Produktion der Technik als ein Entfremdungsprozess wahrgenommen wurde, da die potentiellen Nutzerinnen und Nutzer keine aktive Rolle in der Entwicklung von Schreibmaschine, Diktafon, Telefon, Telegrafie, Radio oder Fernsehen spielten, sondern ihre Rolle auf die der KonsumentInnen beschränkt war.

Ähnlich wie bei anderen medialen Errungenschaften standen auch bei der Entwicklung des Internets die Manipulation durch Massenmedien, Fragen von Zensur und demokratischer Kontrolle schnell auf der Agenda medienkritischer Analysen. In letzter Zeit kristallisiert sich besonders ein Unbehagen an den durch die Nutzung des Netzmediums bedingten oder vermuteten Veränderungen kultureller Traditionen heraus. Viele der Anwendungsmöglichkeiten entziehen sich zudem der Kontrolle der üblichen sozial und politisch einflussreichen Autoritäten. Neben dem Unbehagen der gesellschaftlichen Eliten, Kontrolle über Informationsflüsse zu verlieren und vermehrt einer Individualisierung von Öffentlichkeit ausgesetzt zu sein, ist es aber vor allem die Nutzung der Netze als *Kommunikationsraum*, der kritische Distanz bei vielen bewirkt. Damit werden also vor allem das Miteinander von Menschen und dadurch entstehende Formen von Kommunikationskultur mit widersprüchlichen Bewertungen und Befürchtungen gekoppelt, da Kultur unseren individuellen Alltag bestimmt und Wertvorstellungen sowie gesellschaftliche Normen reflektiert. Damit wird die Frage nach den Veränderungen, die die Netzkommunikation mit sich bringt bzw. mit sich bringen kann, über den individuellen Einzelfall hinaus auch gesamtgesellschaftlich und somit politisch relevant. Verheißt die individualisierte Partizipation am »Netz-Medium« (Nerverla 1998) eine »Personalisierung der Massenmedien« (Esposito 1995) oder sogar eine politische Umwälzung von der »Zuschauer- zur Beteiligungsdemokratie« (Leggewie/Maar 1998)?

Der Blickwinkel auf das Internet bzw. die Netzkommunikation als potentieller Veränderungsfaktor von Kultur und Politik setzt eine Konzeption der

Netze als einen durch *digitale Kommunikation konstituierten Raum* voraus, in dem und durch den Kommunikationskultur (neu) geschaffen wird. Die Beurteilung und Bewertung der (möglichen) Folgen der Nutzung der Netze als »Datenraum« wird dabei durchaus ambivalent betrachtet. Kaum eine mediale Entwicklung erfährt mehr Aufmerksamkeit und wird aktuell polarisierter diskutiert als die gesellschaftlichen Folgen des Internets. Zwei Positionen lassen sich dabei herauskristallisieren, die miteinander im Widerstreit liegen: die »kulturpessimistische« und die »medienenthusiastische« Position. Medienkritischen Sichtweisen befürchten die Vereinzelung des Individuums, einen Verlust von Sprach- und Kommunikationskompetenzen, ja sogar »eine ernsthafte Bedrohung der Sprachfähigkeit des Menschen« (Jäger 1990, 18). Als Vergleichsfolie wird dabei fast ausschließlich die *Face-to-face*-Kommunikation herangezogen, im Abgleich mit dieser wird mediale Kommunikation von den Kritikern unter *defizitären* Perspektiven kategorisiert. Besonders thematisiert werden dabei das Fehlen interpersonaler Nähe, der Mangel an spontanen Austauschmöglichkeiten, der Verlust von non-verbalen und paraverbalen Kommunikationsformen. Aber nicht nur interpersonale Kompetenzen sehen die Kritiker als bedroht an, sondern auch die Entwicklung von Schreib – und Lesekompetenzen. Explizit formuliert dies Böhme (1999, 51):

> »Lesen, das verlangt intuitiv den Sinn eines Textes im Ganzen zu erfassen, um ihn von daher in seinen Eigenheiten zu verstehen. Studenten dagegen geben heute, aufgefordert zur Interpretation eines Textes, Paraphrasen entlang einer Reihe hervorgehobener Stichworte.
> Schreiben, das hieß, eine Idee argumentativ oder erzählend entfalten. Studenten heute, die beispielsweise Seminararbeiten schreiben müssen, geben eine Art Patchwork ab, einen Flickenteppich von Zitaten und aphoristischen Überlegungen. Auch hier: das Resultat der Arbeit mit Computern. Man speichert ab, was man liest, gibt ein, was einem einfällt, und am Ende wird ein Text zusammengeschnitten.«

Böhme sieht die geschilderten Phänomene als »Kompetenzverluste« an und konstatiert eine »Unfähigkeit«, die er dem Computer anlastet: Der Umgang mit Computern wird damit zur Ursache von »Kulturverfall« stilisiert. Inwieweit aber auch neue Formen des Schreibens und Veränderungen von althergebrachten Kulturmustern stattfinden, bleibt in solchen Betrachtungen unberücksichtigt. Die hinter dieser kritischen Position stehende Befürchtung spiegelt die Sorge wider, durch den Gebrauch des Computers seien Kommunikationskulturen bedroht, die grundlegende Fundamente kultureller Identität darstellen. Schreiben und Lesen sind – in den bildungspolitisch bestimmten Rahmengrenzen – Kulturgüter, die als Teil unseres gesellschaftlichen und kulturellen Selbstverständnisses angesehen werden. Wandelprozesse in diesen Bereichen werden hochsensibel beobachtet und Veränderungen von Regeln oder Gebrauchsmustern von Schriftlichkeit werden als tief greifende Umwälzung wahrgenommen. Befürchtungen, die Sprache als eines unserer wichtigsten Kulturgüter könne sich durch die Netzkommunikation zu ihrem Nachteil verändern, gehören bereits heute zu den beliebtesten Aspekten modernen Medienkritik (Thimm 1999, Rieder 1999).

Im Gegensatz zu den medienkritischen Sichtweisen vertreten nicht wenige eine ganz andere, eine explizit medienenthusiastische Position. Sie sehen im Computer ein Medium, mit dem frühere Mündlichkeitskulturen technisch wiederherstellbar sind. Elektronische Gemeinschaften werden in dieser Konzeption als Substrate längst verloren gegangener öffentlicher Orte der Kontaktaufnahme und Kommunikation gewertet, als öffentliche Kommunikationsformen in die Tradition der Salons und Kaffeehäuser des 18. Jahrhunderts eingeordnet und als »elektronische Agora« beschrieben. Einher geht damit die Vorstellung, dass eine kommunikative Kultur, wie sie vor der Einführung der Schrift in traditionellen Mündlichkeitskulturen existierte, technisch wiederherstellbar sei. Damit wird das Netz als Ort der technischen Verwirklichung der Moderne verstanden, als eine Form idealisierter Kommunikationskulturen und Platz von Intimität, die als Gesellschaft das Abbild idealisierter vortechnischer Kulturen widerspiegelt (vgl. Müncker/Roesler 1997).

Diese Vorstellung von Netzkultur als eigenständige Form der Kulturkommunikation stellt sich besonders dann als relevant dar, wenn mit ihr nicht nur eine Modernisierung im Sinne einer Technologisierung, sondern auch eine Veränderung der Kommunikationskultur mit gedacht wird. Der französische Philosoph Pierre Levy hat dies besonders euphorisch formuliert. Im Zeitalter der elektronischen Medien, so Levy (1996: 69)

> »verwirklicht sich die Gleichheit durch die Möglichkeit jedes einzelnen, zum Sender für alle zu werden. Die Freiheit objektiviert sich in verschlüsselten Programmen und im alle nationalen Grenzen überschreitenden Zugang zu den vielen virtuellen Gemeinschaften. Die Brüderlichkeit kommt schließlich durch den weltweiten Zusammenhang zur Geltung.«

Levy sieht den Computer als ein »Beziehungsmedium« an und weist ihm das Potential zu, neue Formen der Kommunikation zu ermöglich und damit auch gesellschaftspolitische Veränderungen im Sinn einer *durch die Medien ermöglichten Kultur* zu bewirken. Damit verweist er auf einen wichtigen Aspekt, nämlich auf die Folgen der Mediennutzung durch die einzelnen Akteure, die durch ihr *individuelles Handeln* Muster in der Kommunikationskultur entstehen lassen bzw. ihre Veränderungen mit bedingen.

Damit stellt sich nunmehr die Frage, wie die Form der medialen Präsenz – die Schrift im Zusammenspiel mit Bild und Ton – als Einflussfaktor auf die jeweils mediumspezifisch entwickelte Kultur einzuschätzen sind.

3. Ausgewählte Aspekte von Medien und Kultur
3.1 Mündlichkeit und Schriftlichkeit

Wenn man wie Levy die These vertritt, dass im Internet Kommunikationsverläufe zu beobachten sind, die der Strukturlogik *mündlicher Kommunikation* vergleichbar sind, so hieße dies, dass die Möglichkeit eröffnet würde, mit medial-schriftlicher Kommunikation Formen und Funktionen *mündlicher Kommunikation* (wie klönen, klatschen, plauschen, flirten u.a.) zu ermöglichen, die bislang ohne *Face-to-face*-Setting oder Telefonkontakt nicht denkbar erschienen. Diesem Phänomen ist – mit einigen Ausnahmen (Wehner 1997, Bolter 1997) – bisher erstaunlich wenig Aufmerksamkeit zugekommen, bislang wurde es lediglich konstatiert.

Dabei steht fest: Wenn wir uns mit kulturellen Aspekten in multimedialen Kontexten beschäftigen, so ist zu konstatieren, dass wir es – zumindest beim heutigen Stand der Technik – als Medium der Kommunikation mit *geschriebener Sprache* zu tun haben. Dies ist insofern bemerkenswert, als es darauf hinweist, dass selten so viele und vor allem so junge Menschen so viel geschrieben haben wie heute. Wir haben es m.E. mit einer neuen Form und neuer Intensität der Konstitution von *Schriftlichkeitskulturen* zu tun. Das Medium Internet schließt (bisher) haptische, sensorische oder olfaktorische Kommunikationsübertragungen aus, ein Großteil der Nutzungsformen beruht auf dem Schriftlichkeitscharakter der visuell vermittelten Darstellung. Wie relevant die Einbeziehung des Gestaltungsmodus Schriftlichkeit ist, wird dann besonders deutlich, wenn man sich einige Besonderheiten elektronischer Schriftlichkeit vor Augen hält. So ist die Möglichkeit zur Transposition der Äußerungsformen in das jeweils andere Realisierungsmedium, also die *medium transferability* vom Schriftlichen zum Mündlichen, bei der Netzkommunikation nicht uneingeschränkt gegeben. Beispielsweise entfaltet das Vorlesen einiger Textstellen (besonders bei Akronymen und *chatslang*, Rosenbaum 1996) keine Wirkung, da der Text auf die Rezeption durch Lesen und nicht durch Hören ausgelegt ist.

In einer Untersuchung von Kleinberger/Günther/Thimm (2000) zur Nutzung und Gestaltung betriebsinterner E-Mail in Schweizer Großbanken fanden sich trotz des eher geschäftsmäßig orientierten Schreibstils Sprachformen, die durch ihren Schriftlichkeitscharakter wirksam werden, wie z.B.:

- »Alles Oster, Ei, Ei, das Wochenende ist vorbei!«
- »Ach, [V.], sei vorerst mal digitalerweise gekuesst« (Reply) »Toll – digitale küsse hinterlassen keine lippenstiftspuren!«
- »Aber klar spendIER ich dIER ein bIER«
- »Kannst Duuuuuuuuuuuuuuuu dasssssssssssssssss machen?«
- »Gimme an answer, do-ooh-ohh«,
- »donde trouve io the worterbuch???«
- »doch naturallemente je look vorwärts a likro the abstrackt that ye schreibst.
- »also ich erwartä euri mässitsch«

Wir können hier m.E. feststellen, dass die Sprachkultur an dieser Schnittstelle eine Medienkultur bedingt und wiederum in Rückwirkung: die Medienkultur eine sprachliche Prägung zur Folge hat. Selten haben sich in der Mediengeschichte damit so enge Verzahnungen zwischen Sprachgestaltung und Medienkultur nachweisen lassen.

Nimmt man den Blickwinkel auf den Schriftlichkeitscharakter als Träger der Entwicklung neuer Medienkultur ein, so wäre das mediale Geschehen im Internet aus dieser Sicht einer *digitalisierten Schriftkultur* zu rekonstruieren. Damit kämen dem Schriftlichen neue Funktionen zu, die nicht mehr schwerpunktmäßig distanzbezogene, sondern auch nähebezogene Aspekte wie Spontaneität, Identitätsarbeit, Emotionalität beinhalten. Wenn man auch schriftlich geäußerten Handlungsmustern den Funktionscharakter nicht absprechen will, so stellt sich z.B. die Frage, ob in der Chat- oder E-Mail-Kommunikation vollzogene Schreibhandlungen dem Mündlichen vergleichbare Akte darstellen.

3.2 Öffentlicher Sprachgebrauch und das Private

Neben den Veränderungen von Schriftlichkeitskonzepten in der Netzkommunikation erscheint ein weiterer Bereich, der an die Kommunikationskultur eng gekoppelt ist, im Wandel befindlich: Die Differenzierung zwischen privater und öffentlicher Kommunikation, also das Verhältnis zwischen *Privatheit* und *Öffentlichkeit*. Kultur ist – sei es als künstlerisches, politisches, oder soziales Konzept verstanden – immer auf die anderen Mitglieder einer Gesellschaft bezogen, da nur die Gruppe entscheidet, was letztlich als Kultur zu verstehen ist. Kultur ist dabei auch mit Normverletzungen und Grenzgängen verbunden. Diese Muster findet man auch in der Netzkommunikation und hier besonders im Bereich dessen, was als private Kommunikation gilt. So existieren einerseits private und romantische Kommunikationsformen zwischen den Teilnehmenden, anderseits auch verletzenden Formen des Umgangs mit anderen. Als Beispiel dafür seien die vielen »Hassseiten« im Internet erwähnt. Ob man nun unter www.exfreunde.de seine Wut auf den Verflossenen loswerden kann, ob man sich über die Kolleginnen und Kollegen in der Firma oder auch das Unternehmen selbst auslässt (unter Firmennamen@thiscompanysucks.com), oder ob man Klatsch und Tratsch über Einzelpersonen ins Netz stellt: auch für solche Formen des Miteinanders stellt das Netz (bisher) nahezu uneingeschränkte Möglichkeiten zur Verfügung.

Dabei ist jedoch ein wichtiger Unterschied anzuführen. Wurden Rachefeldzüge verlassener Liebhaber oder gefeuerter Mitarbeiter bisher normalerweise höchstens einer kleinen Gruppe von Menschen bekannt, so kann das Private heute in einer bisher nicht da gewesenen Form öffentlich gemacht werden, häufig noch dazu, ohne dass die Betroffenen sich dagegen verwahren könnten. Ersichtlich wird an den erwähnten Beispielen, dass sich Grad, Rolle und Kontrolle von Öffentlichkeit auch in Relation zu personalen Kategorien wie Privatheit und Intimität in einem grundlegenden Umbruch befinden.

Bedingt ist dies durch die Funktion des Netzes als *öffentliches Massenmedium*. Internetkommunikation ist *öffentliche Kommunikation*, auch wenn die private Schreibsituation am heimischen Rechner darüber hinwegtäuschen mag. So entsteht sogar eine paradoxe Situation: Zwar ist den »Datenreisenden« (Wetzstein et al. 1995) in den Netzen wohl bewusst, wie wenig ihre Daten und persönlichen Informationen geschützt sind. Andererseits wird in den Netiketten Wert auf die Achtung vor den Daten der Teilnehmenden gelegt und der Anspruch auf die Wahrung von Anonymität immer wieder bestätigt. Spätestens die explizite Veröffentlichung des Privaten oder das erwähnte virtuelle »An-den-Pranger-Stellen« von Unternehmen oder Einzelpersonen, bricht jedoch mit diesem Kodex. Es ist nämlich genau jene ungeklärte und z.T. undurchschaubare Mischung von Anonymität und Öffentlichkeit, die es für Menschen reizvoll erscheinen lässt, ihre Liebes- und Hassgeschichten im Netz mitzuteilen. Das Private und das Öffentliche scheinen im Internet eine neue gemeinsame Dimension gefunden zu haben, die für die Kommunikation medienspezifische Formen des sozialen und kulturellen Miteinanders ermöglicht, mag man sie nun gutheißen oder nicht. Die freiwillige und nur von wenigen als problematisch empfundene Mediatisierung des Privaten in einer als anonym wahrgenommenen Öffentlichkeit darf insofern als ein weiteres wichtiges Charakteristikum der Netzkultur angesehen werden. Dies – so meine These – ist ein Aspekt des Handelns im Netzmedium, das mit neuer Funktionalität gekoppelt ist und die Grenzen zwischen privaten und öffentlichen Mustern verändert.

Auch hier ein Textbeispiel dafür, welche Rolle die Sprache in der Konstituierung dieser Funktion spielt (vgl. Döring 2000). Döring schildert verschiedene Möglichkeiten zur Gestaltung romantischer Beziehungen im Netz. So verarbeitet eine Psychologie-Studentin in ihrem Online-Tagebuch ihre romantische Netzbeziehung mit *MrNorth,* die sie unter dem Nickname *Priscilla* im Netz erlebt hat und auf einer separaten Web-Site für die Netzöffentlichkeit anbietet (Priscilla 1999). Immer wieder lädt Priscilla die Leserschaft ein, auf ihre oft metareflexiven Tagebucheinträge zu reagieren, und publiziert teilweise auch die eingehenden Kommentare, so dass Dialoge entstehen (z.B. zum Thema »Untreue«). Priscilla schreibt von April 1998 bis Mai 1999 fast täglich in ihr Online-Tagebuch und verabschiedet sich dann von der Internet-Welt, die ihr zunehmend als zu vergeistigt erscheint.

»14. Dezember 1998
Wie sehr einen Wörter in Beschlag nehmen können. MrNorth war ja so weit weg von mir, ich kannte ihn nicht – und dennoch dachte ich so oft an ihn. Das schwenkende Fähnchen meines E-Mail-Programms, das mir eine neue Nachricht von ihm anzeigte, wurde zum Schlüsselreiz. Und die Abende, wo wir uns zum Chatten verabredeten, waren die Höhepunkte meiner Tage. Ich weiss gar nicht mehr, worüber wir immer gesprochen haben. Ich

> weiss nur noch, dass ich stundenlang dasass, mit leerem Magen häufig, weil mir die Zeit zu schade war, um noch etwas zu essen zu kaufen, und lachte. Es war unglaublich. Wie absurd es mir vorkam, nachts in dem Büro zu sitzen, weit und breit keine Menschenseele mehr, und laut loszulachen. Wir spielten mit Worten, erfanden gemeinsame Traumwelten, verschrobene Unmöglichkeiten, wir teilten uns in mehrere Personen auf und sprachen zu viert miteinander, wir waren Pferde, Elefanten, Nasenbären, fuhren auf einem Wikingerschiff übers Meer – es war eine unglaublich fantastische Spielwiese, die wir gemeinsam mit Leben erfüllten, eine Welt, wie es sie vorher noch nie gegeben hatte, weder für ihn noch für mich. Und mit dieser Zauberwelt wuchsen auch die Gefühle.« [...]

Diese Ausschnitte zeigen nicht nur eine intensive Auseinandersetzung mit der Sprache, sondern auch, wie stark es die Veröffentlichung des Intimen ist, die den Reiz der Kommunikation von Intimität ausmacht. Ich denke, die Frage nach der Personalisierung der Massenmedien gewinnt an dieser Stelle eine eigene Brisanz und verweist auf die Rolle des Individuums im Hinblick auf die gemeinsame Konstituierung von Öffentlichkeit durch individuelles Handeln.

3.3 Ethnizität

Einen dritten Punkt von Kultur bzw. kultureller Identität möchte ich noch anfügen, der bisher kaum eine Rolle spielte: den der ethnischen Zugehörigkeit und der ethnischen Kulturunterschiede. Dazu nur einige Anmerkungen.

Es darf als sicher angesehen werden, das es nicht nur die einzelsprachlich bedingten Unterschiede sind, die die im Netz versammelte Vielvölkergemeinde auszeichnen, sondern dass die Frage hegemonialer Machtbeziehungen auf die notwendigerweise internationalen und multikulturellen Beziehungen Auswirkungen hat.

Darauf verweist vor allem Zurawski (2000), der eine Netzbefragung zur Problematik von Ethnizität als Kategorie für die kulturelle Selbstidentifikation von Netzusern vorgelegt hat. Die nachstehende Aussage, die er von einer schwarzen Untersuchungsteilnehmerin von den Bermudas erhielt, beschreibt – auf den Punkt gebracht – ein Dilemma des Internets, welches mit seiner Entstehung in den USA zusammenhängt, inzwischen aber eine Dynamik entfaltet hat, die nicht nur auf diese historische Gegebenheit allein zurückzuführen ist:

> »Resources for Black people on the Net are mostly for African-Americans and I am not American«.

Dabei geht es um die Darstellung, Wahrnehmung und die Vermarktung von Kultur und kultureller Identität, welche zu einem Großteil in den Händen einiger weniger Medienkonzerne liegt, aber auch von Eliten ethnischer Gruppen mit beeinflusst werden kann. Oftmals entscheidet dabei nur eine Definition eines Begriffes über den Kontext der Wahrnehmung oder den Diskurs, innerhalb dessen eine Gruppe (dieser Mechanismus ist nicht allein auf ethnische Gruppen beschränkt) sich äußern kann. Ein Verlassen vorbestimmter und nach Begriffen geordneter Diskurse kann durch eine Öffentlichkeit, aber auch durch die Gruppe selbst durch bewusste Nichtbeachtung oder mit Feindseligkeiten beantwortet werden. Mit der Durchbrechung des Prinzips der Kategorisierung erscheint ein Zustand als nicht mehr kontrollierbar und somit gefährlich.

Eines der Hauptprobleme für eine selbst bestimmte und adäquate Darstellung von Kultur und Ethnizität einer Gruppe im Internet ist die Sprache, bzw. der Mangel an geeigneten Möglichkeiten, Sprachen außer Englisch und einigen anderen, meist europäischen, korrekt wiederzugeben. So stellte Zurawski fest, dass viele Maoris das WWW wegen seiner Schwierigkeiten bezüglich der Wiedergabe ihrer Sprache für ungeeignet halten, ihre Kultur korrekt zu repräsentieren. Die Darstellung von Schriftzeichen oder Icons ist klar kulturspezifisch, etwas, was uns in der Regel nicht bewusst wird.

4. Schlussbemerkungen

Wenn wir das »Totalphänomen« Kultur bzw. Medienkultur aus linguistischer Sicht beschreiben wollen, so gilt es m.E., sowohl theoretisch als auch empirisch die übergreifenden Zusammenhänge zwischen der Ebene der sprachlichen Manifestation der Kommunikation, ihrer mit dem Sprachgebrauch verbundenen Verwendungsziele und -zwecke und die dadurch hergestellten (neuen) kommunikativen Bedingtheiten zu berücksichtigen. Mit Hilfe einer handlungstheoretischen Fundierung erscheint es möglich, auch empirische Analysen zur Musterherstellung und Musterentwicklung zu erarbeiten. Die zunehmende Vielfalt der Textsorten im Netz, insbesondere innerhalb von Hypertextumgebungen (vgl. Thimm/Schäfer i.Dr.) verlangt allerdings, dass, vergleichbar den Analysen von Strukturmerkmalen mündlicher Kommunikation, dem Kontextrahmen sowie den singulären Handlungen einzelner Teilnehmer mehr Beachtung geschenkt wird.

Literatur

Böhme, Gernot (1999): Bildung als Widerstand. Was sollen die Schulen und Hochschulen lehren? Ein Versuch über die Zukunft des Wissens. In: DIE ZEIT. 38. S. 51.

Bollmann, Stefan/Heibach, Christiane (Hrsg.) (1998): Kursbuch Internet. Anschlüsse an Wirtschaft und Politik, Wissenschaft und Kultur. Reinbek: Rowohlt.

Bolter, Jay (1996): Das Internet in der Geschichte der Technologien des Schreibens. In: Müncker, Stefan/Roesler, Alexander (Hrsg.): Mythos Internet. Frankfurt: Suhrkamp. S. 37-55.

Döring, Nicola (2000): Romantik im Netz. In: Thimm, Caja (Hrsg.): Soziales im Netz. Sprache, Beziehungen und Kommunikationskulturen im Internet. Wiesbaden: Westdeutscher Verlag. S. 182-206

Esposito, Elena (1995): Interaktion, Interaktivität und die Personalisierung der Massenmedien. In: Soziale Systeme. 1 (2). S. 225-260.

Ehlich, Konrad (1998): Medium Sprache. In: Strohner, Hans/Sichelschmidt, Lorenz/Hielscher, Martina (Hrsg.): Medium Sprache. Forum Angewandte Linguistik. Frankfurt/Berlin: Lang. S. 9-22.

Gräf, Lorenz/Krajewski, Markus (Hrsg.) (1997): Soziologie des Internet. Handeln im elektronischen Web-Werk. Frankfurt: Suhrkamp.

Jäger, Ludwig (2000): Die Medialitätsvergessenheit in der Sprachtheorie. Ein Plädoyer für das Medium Sprache. In: Kallmeyer, Werner (Hrsg.): Sprache und Neue Medien. Berlin: de Gruyter. S. 9-30.

Jäger, Ludwig/Stoffers, Johannes (Hrsg.) (1992): Der Computer als Schiefertafel. Oder: Neue Wege auf dem Weg zur Schrift. Aachen: Alano.

Leggewie, Klaus/Maar, Crista (Hrsg.) (1998): Internet & Politik. Von der Zuschauer- zur Beteiligungsdemokratie. Köln: Bollmann.

Levy, Pierre (1996) : Cyberkultur. In: Bollmann, Stefan/Heibach, Christiane (Hrsg.): Kursbuch Internet. Anschlüsse an Wirtschaft und Politik, Wissenschaft und Kultur. Reinbek: Rowohlt. S. 56-82.

Müncker, Stefan/Roesler, Alexander (Hrsg.) (1997): Mythos Internet. Frankfurt: Suhrkamp.

Neverla, Irene (Hrsg.) (1998): Das Netz-Medium. Kommunikationswissenschaftliche Aspekte eines Mediums in Entwicklung.Wiesbaden: Westdeutscher Verlag.

Ong, Walter (1987): Oralität und Literalität. Die Technologisierung des Wortes. Opladen: Westdeutscher Verlag.

Postman, Neil (1998): Wir amüsieren uns zu Tode. München.

Rieder, Jonny (1999): Reknuddel & cu cygirl. In: com!online, 4. S. 30-32.

Rosenbaum, Oliver (1996): Chat-slang. Lexikon der Internet-Sprache. München/Wien: Hanser.

Saxer, Ulrich (1998): Zur Theorie von Medien-Kulturkommunikation. In: Saxer, Ulrich (Hrsg.): Medien-Kulturkommunikation. Wiesbaden: Westdeutscher Verlag.

Thimm, Caja (1999): Verunstaltet E-Mail unsere Sprache? In: Viag-Interkom Views. 3. S. 56.

Thimm, Caja/Schäfer, Holger (i.Dr.): Politische Kommunikation im Netz: Hyper-Textsorten und politische Semantik im Online-Wahlkampf. (Erscheint in: Diekmannshenke, Hajo/ Meißner, Ingrid (Hrsg.): Politische Kommunikation im historischen Wandel: Ein Überblick. Wiesbaden: Westdeutscher Verlag).

Wehner, Josef (1997): Medien als Kommunikationspartner. Zur Entstehung elektronischer Schriftlichkeit. In: Gräf, Lorenz/Krajewski, Markus (Hrsg.): Soziologie des Internet. Handeln im elektronischen Web-Werk. Frankfurt: Suhrkamp. S. 125-150.

Wetzstein, Thomas/Dahm, Hermann/Steinmetz, Linda/Lentes, Anja/ Schampaul, Stephan/ Eckert, Roland (1995): Datenreisende. Die Kultur der Computernetze. Opladen: Westdeutscher Verlag.

Zurawski, Nils (2000): Ethnizität im Netz. In: Thimm, Caja (Hrsg.): Soziales im Netz. Sprache, Beziehungen und Kommunikationskulturen im Internet. Wiesbaden: Westdeutscher Verlag. S. 209-219.

Transformationen der *Sprech*-Erziehung

Ein Rückblick und ein Vorausblick zur Jahrhundertwende

Hellmut K. Geißner

»Die Zeit drängt« überschrieb Annette Mönnich (1996: 4) ihre Forderung, das »Berufsbild der SprecherzieherInnen« zu klären. Die Crux läge nicht nur darin, welche Erfahrungen jemand »mit Sprecherziehung« gemacht habe, »die Crux liegt in der Berufsbezeichnung selbst.« Im Grunde liegt die Crux auch nicht darin, sondern im Verständnis von *Sprech-* und den daraus abgeleiteten Zielen pädagogischen Handelns. Deshalb ist nach 100 Jahren Sprech-Erziehung zu fragen: Geht es um *Sprechfertigkeit* (1) oder um *Gesprächsfähigkeit* (2), oder ist auch sie nur Teil einer umfassenden *Kommunikationsfähigkeit* (3)?

Diese Fragen verlangen angesichts der bedrohten Lage des Faches eine unvoreingenommene Betrachtung. In der Wirtschaft gehören Analysen zu den Maximen unternehmerischen Denkens und Handelns. Produkte kommen, Produkte verschwinden; Firmen kommen, Firmen verschwinden. Ladenhüter will niemand kaufen, wird niemand produzieren. Selbst der oberflächen-kosmetische Slogan der amerikanischen Lack-Industrie »Save the surface and, you save all« hilft nur solange, bis der Lack endgültig ab ist. Wie eine unbarmherzige Marktanalyse die unverzichtbare Voraussetzung für jede Produktplanung ist, so für jedes change-management eine nichts und niemand beschönigende Situationsanalyse. Das gilt auch für die *Sprech*-Erziehung.

1. *Sprech*-Erziehung als Erziehung zur Sprechfertigkeit?

Vielfach scheint folgende »Stufenfolge« kanonisch: Vom Atem zur Stimme, von der Stimme zum Laut, vom Laut zur Silbe, von der Silbe zum Wort, vom Wort zum Satz, vom Satz zur Rede, zur Dichtung. Dies ist Drachs unbegründete Annahme vom »natürlichen Gang der Spracherwerbung«, dem die pädagogisch inszenierte Sprechentwicklung »nachzugehen« habe. Dieser Gang führe

> »in einheitlich geschlossenem Stufenbau aufwärts: hygienische Sprechtechnik heißt die unterste Stufe, sinnvolles Wortgestalten die nächste, freie Rede und freier Vortrag die höchste, deren jede auf der vorausliegenden sich aufbaut.« (1922: 4)

Mit dieser Auffassung legt Drach selbst das Fundament für ein reduktionistisches Verständnis von Sprech-Erziehung, das in der Feststellung mündet, ihr Ziel sei es

> »das Sprechen des einzelnen planmäßig zur individuell möglichen Höchstleistung [zu] führen«. (ebd.)

Eine theoretische oder wenigstens pädagogische Begründung für dieses folgenschwere Postulat fehlt. Wer das »höchstmögliche Maß« erkennen und lehren will, sollte wissen, woran die Leistungen gemessen werden. Auf der Drachschen Messlatte finden sich u.a. die Markierungen: »hygienisch, technischrichtig, lautrein, zweckmäßig, schön bzw. gepflegt.«

Wer andere »sprechen lehren« will, muss es selber können oder lernen. Deshalb stellt Drach zunächst dar, was »Sprechlehrer« (diesen Ausdruck verwendet er verschiedentlich) lernen müssen und in welcher Stufenfolge: Atmung, Stimmbildung, Lautbildung, vom Laut zum Satz, vom Satz zur Rede, eingeschoben ist ein Kapitel »Ausdruckstypen«. (6-75)

In Einzelheiten gibt Drach den Sprechlehrern erprobte Ratschläge, aber sie können nicht über die fatale Grundannahme hinweghelfen Sprecherziehung sei das »körperlich-technische Fach«. (1922: 111) Es wird nicht besser, wenn er wenig später meint: »Sprechenkönnen ist ein biologischer Vorgang«, deshalb gehe es der Sprecherziehung vor allem um die »körperliche und geistige Sprachhygiene«. (1927: 20) Ein derartiges Verständnis erleichterte Drachs persönliches und der ganzen Sprecherziehung müheloses Hinübergleiten in den NS-Biologismus.

Zunächst glaubte der Meister selbst:

> »Im reichsdeutschen Schulwesen wird der muttersprachliche Sprachunterricht zumeist nach den Richtlinien von des Verfassers Buch ›Sprecherziehung‹ erteilt.« (Drach 1931: 6)

Doch schon nach ein paar Jahren ist seine Euphorie verflogen: »Wer [...] an der Universität die Reiflinge der höheren Lehranstalten, an der Volkshochschule die ehemaligen Volksschüler sprachbildnerisch zu betreuen« habe, frage »sich in jedem Semester mit neuem Grauen, was sie wohl viele Jahre lang in den Lehrstunden getrieben haben mögen, die den anmaßenden Namen führten ›Deutscher Sprachunterricht‹.« Selbst die anschließende Strafpredigt folgt noch dem Stufenbau:

> »Wissen sie über die einfachsten Grundregeln natürlich-gesunden Stimmgebrauches Bescheid? Nein. – Wurden sie angeleitet zu hemmungslos zweckmäßigem Sprechablauf? Nein. – Beherrschen sie im Gebrauchsfall unsere gemeindeutsche Hochsprache? Nein.– Können sie sinnfassend lesen [...]? Nein. – Sind sie geübt im Gedankengestalten freier Rede, im künstlerischen Nachfühlen deutscher Dichtung? Nein. – Was können sie also an eigentätiger Sprachleistung? – Nichts!« (Drach 1937: 6f.)

Erstaunlich ist, dass der Ankläger sich jetzt nicht fragt, woran der pädagogische Misserfolg liegen könnte; dass ihm nicht in den Sinn zu kommen scheint: Mein Konzept ist falsch, es gibt keinen »natürlichen Gang der Spracherwerbung«, der ganze »Stufenbau« ist eine Fehlkonstruktion, die »Stufen« führen ins Niemandsland. Zu der Feststellung des Scheiterns seines pädagogischen Ansatzes kommt die Nichtanerkennung seiner Arbeit innerhalb der Universität. In seinem bestürzenden Abschiedsbrief an die »Philosophische Fakultät der Universität Berlin« schreibt er im Juli 1935:

> »Der Fakultät teile ich hierdurch mit, dass ich an den Folgen einer Operation kürzlich gestorben bin. Die Fakultät hat sich um meine Arbeit für deutsche Sprachpflege bis in die jüngste Zeit nicht gekümmert – ein Abschiednehmen ist also beiderseits überflüssig....« (zit. in Geißner 1997: 132)

An beiden Stellen spricht Drach übrigens nicht von »Sprecherziehung«, sondern von »*sprachbildnerischer Arbeit*« und »*Sprachpflege*«. Beide Dokumente lassen sich verstehen als Zeugnis von Drachs Einsicht in das Scheitern der »Sprech-Erziehung«. Am Scheitern konnte (und kann bis zum heutigen Tag) auch die enge Anbindung an die Deutschdidaktik nichts ändern, die kaum mehr ist als eine unterrichtsbezogene Dienstleistung ausschließlich für künftige Deutschlehrer/innen. Wer an Drachs (wie ich meine: fachpolitisch verhängnisvoller) Auffassung festhalten will, Sprecherziehung sei kein »Unterrichtsfach«, sondern ein allgemeines »Unterrichtsprinzip«, müsste sich allerdings schon längst fragen, warum Sprecherziehung dann nur an die Deutschdidaktik angebunden wird, obwohl doch (so die damalige Begründung) in allen deutschen Schulen alle Lehrenden »in deutscher Sprache unterrichten«?

Es ist nicht unverständlich, dass dieses untaugliche Konzept während der Nazizeit überlebte; denn es passte gut in den allgemeinen Biologismus und eine wehrertüchtigende »Leibeserziehung«. Von wenigen Ausnahmen abgesehen arbeiteten die Fachvertreter an den Universitäten in den »Gliederungen der Partei« mit, an den Hochschulen für Lehrerbildung nahezu alle, spätestens nachdem die Reichs-Studienordnung 1938 Sprecherziehung zum Pflichtfach erhoben hatte.

Nach dem Ende des 2. Weltkriegs wurde das sprecherzieherische Hochziel lange Zeit nicht angetastet: »das Sprechen des Menschen« zur »individuellen Höchstleistung« zu entwickeln. Daran interessiert sind sprechkünstlerisch Tätige (sie benötigen z. B. rhythmische und melodische Vielfalt, wenden sich mit »unalltäglichen« Texten an große Auditorien, wollen überregional ein Publikum faszinieren, das besondere Klangreize und Brillanz erwartet), kaum Angehörige »redender Berufe« (z.B. in Gericht, Kirche, Hochschule und Politik) und gar nicht: »alltägliche« Menschen.

Wenn es diese, wie ich es despektierlich genannt habe, »A-S-L-Sprecherziehung« (lies: Atem-Stimme-Laut) allgemein gegeben hat, dann wurden mit diesen »Fertigkeiten« Nebensachen zur Hauptaktion gemacht. Dann wurden und werden diese Nebensachen nicht selten ausgelobt als »*Grundlagen* des

Sprechens«, obwohl es allenfalls um Grundlagen der »Sprechtechnik« geht. Das »körperlich-technische« Grundverständnis von Sprechen hält sich durch, selbst wenn die »Sprechtechnik« zur »Sprechbildung« umetikettiert wurde und wird.

Dass die Sprecherziehung für die »elementaren Fertigkeiten« den »Terminus ›Sprechbildung‹ benutzt, hat sicher das Missverständnis gefördert [...], dies sei die *ganze* Sprecherziehung« (Naumann 1981: 475). Zur Methodik auf diesem Gebiet sagt er: »Sprechbildung kann gar nicht in einem engen Sinne gelehrt werden, sie genügt sich nicht, sie muss gewissermaßen integriert werden« (Naumann 1993: 108) und Gutenberg pointiert: »Wenn es um Gesprächsfähigkeit geht, dann ist ein sprecherzieherisches Curriculum, das in isolierenden Übungen von Atem-, über Stimm- und Lautbildungsübungen erst zum Sprechen von Texten, zu Gespräch und Rede führt, eben falsch.« (1993: 595)

Genau betrachtet ist diese Sprech*bildung* lediglich eine Lehre der Sprecheran- oder -ausbildung, einer physiologisch-technischen Sprechproduktion, der auf der Hörseite die Schall-Perzeption entspricht. Fast hat es den Anschein, hier werde bewusst die Ambiguität von »Bildung« genutzt, die sowohl die technische Entwicklung (z.B. Kristall-bildung) oder zufällige Entstehung (z.B. Haufen-bildung) bezeichnet als auch das Ergebnis moralischer Vollendung (z.B. Herzens-bildung) oder den Zielwert intensiven Bemühens (z.B. Bildungsideal). An dieser Stelle sei allerdings daran erinnert, dass allein Walter Wittsack (1935) »Bildung« (wie noch heute allgemein üblich) als den umfassenden Begriff verwendete, dem »Erziehung« bestenfalls neben- und »Technik« untergeordnet sind. So begriffen müsste »Sprechbildung« Ziel und Name des ganzen Faches sein, »Sprecherziehung« kümmerte sich um die Entwicklung einzelner »Fähigkeiten« und »Sprechtechnik«, sofern erforderlich, um »elementare Fertigkeiten.«

Auch »Sprechbildung« beseitigt also nicht die Crux; denn es bleibt der Verdacht, es gehe bei einem »Fertigkeitstraining« im Verfolg unaufgedeckter Normen um Vereinheitlichung, letztlich um Uniformierung. Im Namen der »Einheit« (von Vaterland, Bildung, Marktteilnehmer, Medienkonsumenten) werden personale und regionale Besonderheiten »in die Hölle der von Schulmeistern geahndeten *landschaftlich gebundenen Ausdrucksweisen* (kursiv im Original), ›falschen Redewendungen‹ und Aussprachefehlern verstoßen.« Die Vereinheitlichung verschleiert, dass es »im Bereich von Aussprache, Wortschatz und sogar Grammatik [...] einen ganzen Komplex von Unterschieden [gibt] mit einer signifikanten Beziehung zu sozialen Unterschieden.« (Bourdieu 1990: 30f.)

Diejenigen, die den Anspruch der Vereinheitlichung verinnerlichen, (was im allgemeinen weniger eine aus Einsicht erfolgte Anerkennung von Normen bedeutet als das Sichbeugen unter sozialen Zwang) müssen oft »auf Dauer im aussichtslosen Bemühen um Korrektheit bewußt oder unbewußt an den stigmatisierten Merkmalen ihrer Aussprache, ihres Wortschatzes [...] und ihrer Syntax« arbeiten.« (29) Es kommt ihnen meist gar nicht in den Sinn, dass »die korrekte, das heißt korrigierte Ausdrucksweise ihre sozialen Eigenschaften im wesentlichen der Tatsache [verdankt], daß sie nur von Sprechern produziert werden kann, die die *Regeln* für das gehobene Sprechen [...] praktisch beherrschen.« (39)

Auf der anderen Seite kommt es den Lehrenden dieses Sprechens, d. h. den Sprecherzieher/innen, oft gar nicht in den Sinn, dass sie mitwirken an der »inneren Kolonisierung« ganzer Gruppen. Deren Auswirkungen zeigen sich noch in beinahe schon lächerlich zu nennenden Sprechweisen, beispielsweise in der »Überkorrektheit einer allzu gepflegten Sprechweise, die – sofort entwertet durch allzu offensichtliche Bemühtheit – das Kennzeichen der aufgestiegenen Kleinbürger ist.« (42)

Kommt es Lehrenden des Sprechens ganz und gar nicht in den Sinn, darüber nachzudenken, ob ihre Vorliebe für eine »gepflegte Sprechweise« Resterscheinung jener Überkorrektheit sein könnte? Oder nehmen wir unsere mundartlichen Anklänge, unsere kleinen Sigmatismen (wer wirft den ersten Stein?), schon als Zeichen der Freiheit von Normen? Im Unterschied zu den sich jeweils an den höheren sozialen Schichten orientierenden, aufstiegswilligen Kleinbürgern »können sich Bürgerliche, und vor allem Intellektuelle, Formen sprachlicher Unkorrektheiten erlauben.« (91) Soll »Sprechen« einen *gesellschaftlichen* Wert behalten, dann hat es wenig Sinn, blindlings auf die Zukunft einer die individuellen Sprechfertigkeiten pflegenden, traditionellen ›Sprech‹-Erziehung zu setzen.

2. Erste Transformationsstufe: Von der Sprech-Erziehung zur Gesprächserziehung oder: von der Sprechfertigkeit zur »Gesprächsfähigkeit«

Die traditionelle Sprecherziehung konnte nicht einmal die erste Transformationssufe erreichen, solange sie »das Sprechen des Menschen« als ihren Gegenstand betrachtete und nicht »das Miteinandersprechen der Menschen«.

Miteinandersprechen ist die umständliche Explikation von Gespräch und Gespräch der Prototyp der mündlichen Kommunikation. Der Begriff *mündliche Kommunikation* bezeichnet die erste Transformationsstufe, die nach mehreren Anläufen vor mehr als zwei Jahrzehnten erreicht wurde. Im Unterschied zur alten Sprech-Erziehung umfasst »Mündliche Kommunikation« alle Erscheinungsformen des Reziprokprozesses von Hören und Sprechen in gesellschaftlichen Kontexten. Mündlich sind phatische, rhetorische, ästhetische und therapeutische Kommunikation. Daraus ergeben sich Konsequenzen für Didaktik und Methodik, ohne *Hör*-Erziehung ist *Sprech*-Erziehung sinnlos. Der missverständliche Ausdruck *Sprecherziehung* ist folglich aufzugeben. Stattdessen kann nur ein Terminus als angemessen gelten, der die sozial-kommunikativen Tätigkeiten der mündlichen Kommunikation umfasst: *Gesprächserziehung*.

Meine 1982 als »Didaktik und Methodik der mündlichen Kommunikation« dargestellte »Sprecherziehung« (1982) war bereits als angewandte Sprechwissenschaft gegründet auf einer »Theorie der mündlichen Kommunikation« (1981). Für die Humankommunikation heißt Kommunikation: Menschen versuchen im Miteinandersprechen durch den Austausch von übersituativ geltenden Zeichen und Symbolen etwas zu etwas Gemeinsamem zu machen. Da es keine Individualfunktion »Sprechen« gibt, weil es sich nur aus dem Hören anderer entwickelt und nur auf das Gehörtwerden durch andere gerichtet ist, ist *mündliche Kommunikation* der angemessene Begriff zur Bezeichnung dieser reziproken sozialen Tätigkeit. In dieser zwischenmenschlichen Tätigkeit wird also vorausgesetzt, dass die interagierenden Personen wechselseitig Hören und Sprechen können, so dass sie sich darüber verständigen wollen, was zwischen ihnen gemeinsam ist oder wird (wäre oder bliebe es auch etwas Trennendes: *to agree to disagree*).

Genauer betrachtet geht es nicht um die »einfache« Wechselbeziehung von *Hören* (Schallperzeption) *und Sprechen* (Lautproduktion), sondern um die Komplementärbeziehung von *Sprechdenken und Hörverstehen*, die beide als intentionale Vorgänge Handlungscharakter bekommen können, so dass sie schließlich angemessen als *Sprechhandeln und Hörhandeln* bezeichnet werden. (Geißner 1984: 21)

»Zwischenmenschliche Kommunikation ist Gemeinschaftshandlung zwischen Individuen gerichtet auf ein Handlungsziel« heißt es bei Ungeheuer (1969: 204). Wird diese Gemeinschaftshandlung mündlich (oral-aural) vollzogen, dann wird sie »dialogisch« vollzogen. »[D]ie aktuelle Wechselrede, [...] das lebendige ineinander eingreifende, Ideen und Empfindungen umtauschende *Wechselgespräch ist schon an sich gleichsam der Mittelpunkt der Sprache...*«. (Humboldt 1962: III, 81; Hervorh.: H.G.) Fundament ist also nicht das »Sprechen«, sondern das Gespräch.

»Das Gespräch (Dialog) ist die entwickelte, die ausgebildete Form (die Matrix) aller sprachlichen Kommunikationshandlungen.« (Ungeheuer 1974/ 1987: 95) Gespräch (andere sagen »linguistischer«: Diskurs, Konversation) ist unter keinen Bedingungen eine Individualhandlung, sondern aufgrund der prinzipiellen Pluralität der Menschen (Hannah Arendt) notwendigerweise eine Gemeinschaftshandlung.

Das Ziel pädagogischen Handelns ist es, diese Gemeinschaftshandlungen zu ermöglichen, d. h. die Fähigkeiten der Menschen zur mündlichen Kommunikation zu entwickeln und zu festigen. Das entscheidende Lernziel ist folglich die Gesprächsfähigkeit:

> »Gesprächsfähig ist, wer im situativ gesteuerten, persongebundenen, sprachbezogenen, formbestimmten, leibhaft vollzogenen Miteinandersprechen – als Sprecher/in wie als Hörer/in – Sinn so zu konstituieren vermag, dass damit das Ziel verwirklicht werden kann, etwas zur gemeinsamen Sache zu machen, der/die zugleich imstand ist, das Miteinandersprechen und die im Miteinandersprechen gemeinsam gemachte Sache zu verantworten.«

(Geißner 1981: 129; zur Weiterentwicklung vgl. z.B. Metelerkamp 1995 und Geißner 1999)

3. Zweite Transformationsstufe: Jenseits der mündlichen Kommunikation Von der Gesprächserziehung zur Kommunikationspädagogik oder: Von der Gesprächsfähigkeit zur Kommunikationsfähigkeit

Immer deutlicher werden die Grenzen der mündlichen face-to-face-Kommunikation. Wenn »Gespräch« auch noch weiterhin der Prototyp der mündlichen Kommunikation bleibt, der aber von anderen Kommunikationsformen vielfältig transzendiert wird, dann kann Gesprächsfähigkeit nicht länger einziges Lernziel bleiben. Es ist in einer immer größer werden Kommunikationswelt zu transformieren in Kommunikationsfähigkeit.

Das nur sektiererisch zu nennende Beharren auf der phonozentrischen Position absoluter Mündlichkeit ist aufgelöst worden. In der eigenen Lehrpraxis haben die Sprech-Erziehenden längst und in zunehmendem Maße visuelle Verfahren verwendet. Die absolute Position musste aufgegeben werden vor allem für Produktion, Analyse und Interpretation von Sendungen im Hörfunk und Fernsehen sowie in der pädagogischen Arbeit mit Hörfunk- und Fernsehschaffenden. Die Kommunikation audiovisueller Fernseh-»Texte« zieht und öffnet zugleich die Grenzen des Mündlichen. Kommunikative »Kompetenz« ist heutzutage vorrangig »Medienkompetenz« (vgl. v. Rein 1996) Was also geschieht kommunikativ jenseits dieser Grenzen? Konkret: Was geschieht in der Schriftwelt, in der Bilderwelt, in der Schallwelt, in der Cyberwelt? Hier können nur aus der jüngsten der elektronischen Welten ein paar Gedanken folgen.

»Wir sind spätestens mit der Computertechnologie in eine Geschichte der anonymen Kommunikation eingetreten.« (Fassler 1997: 183) Wohin auch immer sich die neuen Möglichkeiten entwickeln werden, sie fordern die Kommunikationspädagogik schon jetzt heraus. Aus gesellschaftlichen und politischen Gründen sind vor allem die Möglichkeiten der rhetorischen Kommunikation wichtig. Eine andere Aufgabe liegt in der »phatischen Kommunikation« der »Chat Rooms«. Hier kann oft eine (für einzelne oder das System) destruktive Tendenz beobachtet werden, die ins sozial Verträgliche gewandelt werden müsste. Schließlich bietet das Internet ganz unterschiedliche Möglichkeiten der »ästhetischen Kommunikation«.

Was in den Vereinigten Staaten bereits gang und gäbe ist, wird hierzulande für die Zukunft erwartet, dass »Internetsurfer in Foren mit Politikern und Experten diskutieren können.« (Frankfurter Rundschau 1999: 14)

Hier tauchen nun mit *Konferenz* und *diskutieren*, auch mit *Diskussionsgruppen* (*newsgroups*) Begriffe auf, die »off-line« in der mündlichen rhetorischen Kommunikation üblich sind. Was bedeuten sie »on-line«? Im allgemeinen bezeichnen sie hier schriftliche Kommunikation. »Schriftliches Diskutieren« gibt es freilich schon, seit es Schrift gibt; Nachrichten werden schriftlich ausgetauscht, persönliche, auch fachliche Beziehungen wechselseitig oft über Jahre hin schriftlich gepflegt, was die vielen publizierten Briefwechsel später kundtun. Doch seit längerem gibt es »schriftliches Diskutieren« auch zwischen ko-präsenten Personen mit Hilfe der »Moderationstechnik«. *Diskussion* heißt in diesem Falle, die Mitglieder einer Großgruppe »schreiben ihre Kommentare, Widersprüche, Ergänzungen usw. auf Karten (...). Sie werden in das Kleingruppenplakat eingehängt.« (Kleber u.a. 1987: 145) Im Internet finden die Konferenzen in »Chat Rooms«, statt, »where visitors held electronic discussions about designated topics.« (Selnow 1997: 165)

Oft aber gibt es keine »Diskussionen« über ausgewählte Fragen, sondern in diesen »Schwatzbuden« wird alles Mögliche abgeladen, nicht nur z.B. ernsthafte persönliche Probleme oder demokratische Überzeugungen, sondern auch demokratiefeindliche Parolen, sektiererische Steckenpferde, blühender nonsense, schlichtweg: Kommunikationsmüll. Diese schriftliche Diskussion im Internet, an der jeder und jede teilnehmen kann, »hat ein demokratisches Potential«, doch es scheint notwendig, die informellen »chat rooms« nicht sich selbst zu überlassen. Erforderlich sind »moderierte Diskussionsräume, in denen sehr sorgfältig und bewusst diskutiert wird – mit Hilfe stets präsenter Betreuer. Jeder demokratische Diskurs braucht Mediation. Sonst verkommt er zum Gequatsche.« (Barber 1998)

Barber und Selnow beschreiben hier völlig neue Aufgaben »elektronischer Moderation und Gesprächsleitung«. Was schon in diesen informellen Diskussionen wichtig ist, wird noch wichtiger in »more formal sessions, such as virtual town meetings, press conferences and other public forums.« Vorstellbar ist sogar, dass das Web zu einer »Cyberspace meeting hall« wird. (Selnow 1997: 166f.)

Bürgerinnen und Bürger können auch jetzt schon über das Internet ins politische Geschehen eingreifen. Das haben sie in den USA während des letzten Wahlkampfes auch getan.1996 gab es mehr als 1.000 politische Websites. (109-113) Doch auch für die Parteien galt »the Web was the only medium that allowed the campaign to speak directly with voters.« (90) Eine Partei konnte per E-mail nahezu gleichzeitig nicht nur eine große Anzahl von Wählerinnen und Wählern informieren, sondern auf eine Umfrage zu einem Programmvorschlag innerhalb eines Tages Hunderte von Antworten auf ihrer »site« finden. Auf diese Weise konnten wenig erfolgversprechende Entscheidungen vermieden, neue Lösungen geplant, z.B. auch Reden vorbereitet werden. Hier ist freilich Wachsamkeit geboten! Entscheidend ist einerseits, dass Umfang und Format einer Nachricht im Web selbst bestimmt werden können und nicht wie im Fernsehen auf 30-Sekunden-Spots eingeschränkt sind, selbst für die Mächtigen. Entscheidend ist andererseits, dass das Web nicht nur für das Großkapital und die Parteien mit dem »großen Geld« erreichbar ist, sondern auch für Leute mit

»kleinem Geldbeutel«. Noch entscheidender ist allerdings: »This is the first medium in history to accomodate direct voter feedback.« (Selnow: XIV)

Mag sein, dass zu Beginn des 21. Jahrhunderts die Bedeutung der menschlichen Stimme in der Computer-Communication zunehmen wird. Die Vorhersage scheint dennoch nicht zu kühn, dass der Löwenanteil der Tele-Kommunikation auch künftig weder angesichtig noch mündlich vonstatten gehen wird, schon weil er weltweit bildlich und bei der Sprachenvielfalt schriftlich, vorwiegend englisch vonstatten gehen muss.

Mündliche Kommunikation war schon immer eingebunden in andere Kommunikationswelten, aber die Entwicklungen in Schrift-, Bilder-, Schall- und vor allem der Cyberwelt haben den Geltungsraum des Mündlichen und das heißt präziser: der face-to-face-Kommunikation auf jeden Fall verändert, wenn nicht sogar eingeschränkt. Es wäre deshalb beschränkt, sich weiterhin phonozentristisch in Mündlichkeit zu ghettoisieren, statt die Möglichkeiten zu leben und zu lehren, die sich mit der Vernetzung der Kommunikationswelten ergeben. Deshalb ist das frühere Lernziel »Gesprächsfähigkeit« zu transformieren in »Kommunikationsfähigkeit«.

Der Weg der alten Sprech-Erziehung ist schon seit langem nicht gangbar. Unter veränderten gesellschaftlichen und politischen Bedingungen war endgültig ihre *erste Transformation* erforderlich zur Gesprächserziehung mit dem Ziel Gesprächsfähigkeit.

Seit den 80er Jahren hat sich in der mündlichen Kommunikation erneut vieles geändert. Die Medienkommunikation wurde ausgebaut. Einerseits entstand mit den elektronischen Medien (Telefon, Fax, Fernsehen) eine *zweite Oralität*, andererseits mit der Erfindung des Personal-Computers und seiner Vernetzung im Internet eine *zweite Literarität*. Dadurch wurden in den literaten Industrieländern die regionalen und nationalsprachlichen Formen mündlicher Kommunikation in ihrer Geltung eingeschränkt. Sie wurden (vor allem zwischen den Schrift-Gesellschaften) von weltweit gültigen Formen der schriftlichen Kommunikation überholt. (Die Konsequenzen für die nicht-literaten Gesellschaften, die jetzt auch noch aus der Cyberwelt ausgeschlossen bleiben, sind kaum vorstellbar.)

Deshalb ist an der Schwelle zum nächsten Jahrtausend eine *zweite Transformation* unausweichlich: Sie erweitert die Lehre von der mündlichen Kommunikation mit dem leitenden Lernziel Gesprächsfähigkeit zu einer offenen Kommunikationspädagogik mit dem globalen Lernziel Kommunikationsfähigkeit.

Die führenden Fachgesellschaften in der westlichen Welt haben sich seit geraumer Zeit auf die neuen Gegebenheiten eingestellt und *speech* aus ihren Namen getilgt: Das gilt für die *International Communication Association*, die *World Communication Association* und auch die *National Communication Association* in den Vereinigten Staaten, seit kurzem auch für eine *European Communication Association.*

Die Differenzierung der Kommunikationsfelder in den westlichen Industrienationen macht deutlich, dass niemand in sämtlichen Bereichen der Kommunikation verantwortlich pädagogisch handeln kann. Auch ein entwickelter Kommunikationsverstand läuft leer ohne entwickelten Sachverstand. Das gilt freilich auch umgekehrt: Bei den kommunikativen Anforderungen in der diversifizierten Arbeitswelt bleibt der Sachverstand blind ohne entwickelten Kommunikationsverstand.

Die aus Sach- und Kommunikationsverstand gebildete bereichsspezifische Komplexität verlangt für das pädagogische Handeln bereichsspezifische Methoden. Diese Forderung gilt nicht nur innerhalb einer fragmentierten Sprachgemeinschaft, zwischen ihren diversen »Sprech-Gemeinschaften«, sondern sie erhält in der interkulturellen Kommunikation neue Dimensionen erhöhter Dringlichkeit. Hierfür sind angemessene Methoden zu entwickeln. Gestützt auf eine Kommunikationstheorie (vgl. Ungeheuer) wird dies die entscheidende Aufgabe der Kommunikationspädagogik.

Literatur

Barber, B. (1998): Die Zeit, Nr. 45. S. 56-59.

Barthel, H. (Hg.) (1996): Logon didonai. Gespräch und Verantwortung. SuS 31.

Bourdieu, P. (1990): Was heißt Sprechen? (dt.) Wien.

Drach, E. (1922): Sprecherziehung. Die Pflege des gesprochenen Wortes in der Schule. Frankfurt a.M.

Drach, E.(1927): Grundlagen der Sprecherziehung. In: Wenz, G. (Hg.): Sprecherziehung. Leipzig. S. 17-29.

Drach, E. (1937): Die Schallplatte im deutschkundlichen Unterricht. Frankfurt a.M.

Faßler, M.(1997): Was ist Kommunikation? München.

Frankfurter Rundschau (1999): Nr.105, 5/99. S. 14.

Geißner, H. (1981, 2. Aufl. 1988): Sprechwissenschaft. Theoorie der mündlichen Kommunikation. Frankfurt a.M.

Geißner, H. (1982, 2. Aufl. 1986): Sprecherziehung. Didaktik und Methodik der mündlichen Kommunikation. Frankfurt.a.M.

Geißner, H. (1984): Über Hörmuster. In: SuS 12. S. 13-56.

Geißner, H. (1995): Die Deutschkunde, die Richtlinien und die Psychotechnik. Erich Drachs Weg ins ›Dritte Reich‹. In: sprechen 1/1995. S. 47-58 (vgl. WuI 126-167).

Geißner, H. (1997): Wege und Irrwege der Sprecherziehung. Personen, die vor 1945 im Fach anfingen und was sie schrieben. St. Ingbert (= WuI).

Geißner, H. (1999): Entwicklung der Gesprächsfähigkeit. In: Brünner, G./Fiehler, R. /Kindt, W. (Hg.): Angewandte Diskursforschung, Bd. 2. Opladen. S. 197-210.

Gutenberg, N. (1993): Sprecherziehung. In: Metzlers Lexikon Sprache. Stuttgart. S. 595.

Gutenberg, N. (1994): Grundlagenstudien zu Sprechwissenschaft und Sprecherziehung. Göppingen.

Hinnenkamp, V. (1994): Interkulturelle Kommunikation. Studienbibliographie. Heidelberg.

Humboldt, W.v. (1963): Werke, 5 Bde. Darmstadt.

Jonach, I. (Hg.) (1998): Interkulturelle Kommunikation. SuS 34.

Klebert/Schrader/Straub (1987): KurzModeration. Hamburg. S. 145.

Krallmann, D./Schmitz, H.W. (Hg.) (1998): Perspektiven einer Kommunikationswissenschaft, 2 Bde. Münster.

Lehtonen, J. (ed.) (1995): Critical perspectives on Communication Research and Pedagogy. St. Ingbert.

McCheney R.W. (1999): Rich Media – Poor Democracy. Communication Politics in Dubious Times. Univ. of Illinois Press.

Metelerkamp, J. (Hg.) (1995): Lernziel Gesprächsfähigkeit. Frankfurt a.M.

Mönnich, A. (1996): Die Zeit drängt. Es geht um das Berufsbild der SprecherzieherInnen. In: sprechen 1/1996. S. 4-7.

Naumann, C.-L. (1981): Sprecherziehung. In: Lexikon zum Deutschunterricht. München (2.Aufl.). S. 475.

Naumann, C.-L. (1993): Sinn und Unsinn der Sprechtechnik für FunkjournalistInnen. In: SuS 28. S. 103-117.

Rein, A. v. (Hg.) (1996): Medienkompetenz – Schlüsselbegriff der Informationsgesellschaft. Bad Heilbrunn.

Selnow, G.W. (1997): Electronic Whistle-Stops. The Impact of the Internet on American Politics. Westport/London.

Slembek, E. (1997): Mündliche Kommunikation – interkulturell. St. Ingbert.

SuS = Sprache und Sprechen.

Ungeheuer, G. (1969, 2. Aufl. 1972): Kommunikation u. Gesellschaft. In: Sprache und Kommunikation. Hamburg. S. 199-206.

Ungeheuer, G: (1974): Kommunikationssemantik. In: Ungeheuer, G. (1987), Bd. I.. S. 70-100.

Ungeheuer, G. (1987): Kommunikationstheoretische Schriften, Bd. I: Sprechen, Mitteilen, Verstehen. (hg. v. G.Juchem) Aachen.

Ungeheuer, G. (1990): Kommunikationstheoretische Schriften, Bd. II: Symbolische Erkenntnis und Kommunikation. (hg. v. H.W. Schmitz) Aachen.

Welch, K. E. (1999): Electric Rhetoric, Classical Rhetoric, Oralism, and a New Literacy. Cambridge: MIT-Press.

Wittsack, W. (1935): Deutsche Sprechbildung. Greifswald. (vgl. WuI. S. 457-459)

WuI = Geißner, H. (1997).

»Wir versuchen manchmal die Politiker so lange zu befragen, bis wir das Zitat bekommen, das wir haben wollen.«

Medienkultur(en) und Textgestaltung

Martin Luginbühl

Die folgenden Ausführungen sind im Rahmen eines seit 1997 laufenden Schweizer Forschungsprojektes zum Thema »Sprachliche Konstruktion der Wirklichkeit durch Medien« entstanden.[1] Wir untersuchen in diesem Projekt, in welchem Masse sich Informationen verändern, wenn sie mediale Adaptionsprozesse durchlaufen. Leitendes Konzept für das Projekt ist die Intertextualität, das sich für die linguistische Beschreibung der in den Medien zu beobachtenden Texttransformationen geradezu anbietet.[2] Wir untersuchen so, wie sich Medientexte zu bestimmten Ereignissen und Themen zu Textketten bilden, verbunden durch eine Vielzahl intertextueller Spuren, die zum Teil markiert und somit für den Leser oder die Leserin transparent sind, zum Teil aber auch verwischt werden.

Neben dieser Produktanalyse, die im Zentrum unseres Projektes steht, haben wir ergänzend dazu auch die Produktions- und die Rezeptionsseite ansatzweise untersucht. Ziel dieser Untersuchungen ist es u.a., deren Ergebnisse in die Textanalyse einfliessen zu lassen. So haben wir mit gut 100 Personen eine Befragung durchgeführt, in der wir diesen verschiedene Medientexte vorgelegt haben und Fragen nach der Autorschaft und der Bewertung gestellt haben.

Im Hinblick auf die Produktionsseite haben wir bei gut einem halben Dutzend Ereignissen Journalistinnen und Journalisten ganztägige Beobachtungen gemacht, und zwar bei Nachrichtenagenturen, beim Radio und beim Fernsehen. Einige Ergebnissen dieser Beobachtungen möchte ich im Folgenden darstellen.

Ziel unserer Beobachtungen war es in erster Linie, die Genese massenmedialer Texte mitzuverfolgen und diese Genese beeinflussende Normen und

---

[1] Es handelt sich dabei um ein vom Schweiz. Nationalfonds unterstütztes Forschungsprojekt. Für zahlreiche Hinweise und Kritik danke ich dem Projektleiter Harald Burger sowie den Projektmitarbeitern Thomas Baumberger und Reto Wilhelm.

[2] Zum theoretischen Hintergrund des Projekts vgl. Burger (im Druck).

Werte benennen zu können.[3] Folgt man einer klischeehaften Vorstellung, so könnte man meinen, Medientexte entstünden, weil ein findiger Journalist ein brisantes Thema »aufgeschnüffelt« hat – wie es eine von uns befragte Person formulierte –, dann clever und unnachgiebig zu diesem Thema recherchiert, um darauf an die Schreibmaschine zu sitzen und einen Text zu verfassen, der schliesslich veröffentlicht wird. Diese Vorstellung, die immer noch häufig anzutreffen ist, wie unsere Umfrage zeigt, muss heutzutage in praktisch allen Belangen revidiert werden. Die Medien recherchieren nur selten von sich aus, sondern verwerten in erster Linie das Material, das ihnen durch PR-Stellen und Agenturen zugetragen wird; Medientexte stammen meist nicht von einer Person, sondern enthalten Formulierungen, die von bereits vorhandenen Texten stammen und einfach übernommen werden; und schliesslich werden die meisten Texte vor der Veröffentlichung noch von weiteren Personen der Redaktion überarbeitet – so ist es etwa gängige Praxis, dass der eigentliche Text eines Zeitungsberichtes von einem Journalisten verfertigt wird, das Lead und die Schlagzeile aber von anderen Personen formuliert werden.[4]

So wie im Konzept der Intertextualität damit gerechnet wird, dass der »Autor« eines Textes als solcher hinter dem Text verschwindet, so kann im Hinblick auf massenmediale Texte davon ausgegangen werden, dass ein einzelner, für die entsprechenden Formulierungen verantwortlicher Autor im Falle von Medientexten meist gar nicht fassbar ist.

Wie bereits erwähnt, haben wir in unseren Beobachtungen von Journalistinnen und Journalisten unserem Forschungsinteresse entsprechend den Fokus auf die Textbearbeitung gelegt. Uns interessierte in erster Linie, aufgrund welcher Überlegungen Texte auf eine bestimmte Art gestaltet werden. Es geht uns hier nicht darum, das Tun der Journalistinnen und Journalisten zu bewerten, sondern darum, in Form einer explorativen Studie unsere Textanalysen durch einen zusätzlichen Aspekt zu ergänzen.

Zu unserem Vorgehen: Wir haben die Journalisten gebeten, während ihrer Arbeit so viel wie möglich laut zu denken. Dieser methodische Zugang hat u.E. etwa im Gegensatz zu Befragungen den Vorteil, dass 1) unter dem Zeitdruck während der Arbeit kaum Zeit zum Rationalisieren bleibt und 2) sich implizite Normen und Vorstellungen hier deutlicher zeigen. Während unserer Beobachtungen haben wir von dem, was gemacht und gesprochen wurde, Notizen gemacht – es handelt sich also bei den folgenden Zitaten immer um wörtliche Mitschriften, die ich hier aber vom Schweizerdeutschen ins Hochdeutsche übersetzt habe. Abschliessend haben wir die beobachteten Personen noch zu einzelnen Punkten, etwa zum beruflichen Selbstverständnis oder zu ihrer Vorstellung des

---

[3] Vergleichbare Untersuchungen liegen meines Wissens nur wenige vor, z.B. Kotthoff (1993).

[4] Vgl. zu diesen Themenkomplexen Bachmann (1997), Barth/Donsbach (1992), Grossenbacher (1986).

Publikums, befragt. Allerdings sind unsere Beobachtungen teilweise unvollständig – so kam es etwa vor, dass wir von einzelnen Journalisten gebeten wurden, sie eine gewisse Zeit lang alleine arbeiten zu lassen, oder die Zeit für eine Nachbefragung stand nicht zur Verfügung etc. Wir verfügen also nicht über repräsentative Ergebnisse, sondern nur über punktuelle Beobachtungen, die u.E. aber dennoch aufschlussreich sind und Anstoss für weitere Forschungen sein können.

Wenn wir nun etwas zu »Medienkultur(en) und Textgestaltung« sagen wollen, so verstehen wir dies als Frage nach dem Einfluss von Rahmenbedingungen, Normen und Praktiken einzelner Redaktionen auf die konkrete Textgestaltung. Es geht also etwa darum, welchen Einfluss der Produktionsablauf oder die redaktionsinterne Kommunikation und die dieser zugrunde liegenden Normen auf die Textgestaltung hat. Dazu gehören aber auch die Vorstellungen, welche die Journalistinnen und Journalisten von ihrem Publikum haben, worin sie ihre beruflich Hauptaufgabe sehen usw.

Um einen Eindruck davon zu geben, wie ein Medientext entsteht, werde ich kurz die Arbeit einer Radiojournalistin von Radio DRS, des staatlichen Rundfunks der Schweiz, schildern. Die Journalistin hatte den Auftrag, über die Zulassung eines gentechnisch veränderten Maises als Nahrungs- und Futtermittel zu berichten. Zu dieser Zulassung fand am Tag unserer Beobachtung um zehn Uhr eine Medienkonferenz des Bundes statt. Die Journalistin ist mit einem Kollegen an der Medienkonferenz anwesend; während den diversen Referaten hört sie mit einem Ohr zu, gleichzeitig überfliegt sie die Presseunterlagen und unterstreicht einige Textstellen. Nach der Konferenz geht sie zusammen mit ihrem Kollegen und einem Vertreter des Bundes in einen Nebenraum. Ihr Kollege teilt ihr vorher noch kurz mit, was er aufzeichnen möchte. Bevor er das entsprechende Statement aufzeichnet, sagt er dem Interviewten noch, was er bitte in zwei bis drei Sätzen sagen solle. Dieser tut das, allerdings dauern seine Ausführungen dem Journalisten etwas zu lange. Dieser bittet den Vertreter des Bundes, alles zu wiederholen, dabei aber den Fachbegriff »Monitoring« wegzulassen, dafür aber den Begriff »Gesundheit« hineinzubringen. Der Interviewte tut dies, worauf der Journalist ins Radiostudio geht und dort seinen Beitrag für die Mittagsnachrichten um 12 Uhr 30 zusammenstellt.

Darauf wird der Vertreter des Bundes noch von der Journalistin interviewt. Sie braucht dieses Interview für einen Beitrag in der Sendung »Rendez-vous«, die unmittelbar nach den Mittagsnachrichten ausgestrahlt wird. Zuvor sagt sie dem Interviewten: »Ich möchte das nahe am Menschen, der ins Geschäft geht und einkauft. Das ist das Rendez-vous-Publikum«. Anschliessend zeichnet sie das Interview auf, am Schluss bittet sie noch um eine separate Worterklärung zum Begriff »klinisch«. Bei den einzelnen Antworten fragt die Journalistin nicht nach, da – wie sie mir später erklärt – in einem längeren Interview die zweite Version einer Antwort oft schlechter sei. Im Notfall könne man immer noch selbst zusammenfassen, was auch die Möglichkeit für Kürzungen und Zuspitzungen gebe. Wenn man nachfrage, erhalte man vertiefte Information, wenn man einfach die nächste Frage stelle, erhalte man mehr Information.

Nun will die Journalistin einen Vertreter der Kleinbauern interviewen, der sich neben einer Menge gelber Luftballons vor dem Veranstaltungslokal platziert hat. Allerdings wird dieser bereits von einer Equipe des Fernsehens interviewt, so dass die Journalistin warten muss. Auch dieser Vertreter wird von der Journalistin zuvor darüber informiert, wie seine Äusserung im Radiobeitrag platziert werden und was sie ungefähr beinhalten solle. Unterdessen ist es 11 Uhr 30; die Journalistin fährt mit dem Rad ins Radiostudio.

Dort bearbeitet sie das Interview, was sich v.a. in Kürzungen niederschlägt. Herausgekürzt werden einerseits (in den Augen der Journalistin) unverständliche Formulierungen – deren Inhalt fasst sie dann selbst zusammen –, andererseits werden Zusatzinformationen herausgeschnitten. Die Worterklärung zum Begriff »klinisch« setzt die Journalistin in einen Satz hinein, in dem dieser Begriff vorkommt. Eine eher kompliziert formulierte Antwort, welche auf die gestellte Frage eigentlich nicht eingeht, belässt die Journalistin im Interview – denn die komplizierte Formulierung sage auf der Metaebene auch etwas aus.

Vier Minuten vor 12 Uhr ruft die Journalistin den Leiter der Sendung »Rendez-vous« an und teilt ihm mit, dass das Interview vier Minuten und 34 Sekunden dauert. Nun beginnt sie, die Einleitung zum Interview zu verfassen. Sie liest dafür sowohl die Pressemitteilung des Bundes als auch eine Agenturmeldung durch. Ebenso zieht sie einen älteren Text einer Schweizer Tageszeitung zum Thema »Gentech-food« bei. Bei der Formulierung der Ansage überlegt sie sich, ob sie nun im Zusammenhang mit Gensoja »genverändert« oder »genmanipuliert« verwenden soll. Sie entscheidet sich für »genverändert«, weil in einem Bericht, der am Morgen desselben Tages als Ankündigung ausgestrahlt wurde, die Gegner der Zulassung dieses Maises relativ breit zu Wort gekommen seien, wie sie sagt. Sie versuche hier abzuwechseln.

Inzwischen ist es 12 Uhr 20. Ein Kollege kommt ins Büro und bittet um die Erklärung eines Fachbegriffes. Sie gibt ihm diese Erklärung und wendet sich wieder der Ansage zu. Sie kürzt einen Satz heraus, in dem es um die Vorgeschichte geht, und zwar mit der Begründung, dass sie zuerst »auf etwas anderes hinaus« wollte, dieser Zugang aber zu kompliziert wäre. Um 12 Uhr 29 ist die Ansage fertig, die Journalistin geht ins Aufnahmestudio. Dort kürzt sie einen Satz aus ihrer Ansage heraus, damit, wie sie mir sagt, keine Wiederholung dessen vorliegt, was im Nachrichtenteil der Sendung bereits gesagt wurde.

Für die Abendnachrichten muss die Journalistin noch einen weiteren Bericht zum selben Thema verfassen. Ich werde dies nun etwas verkürzt darstellen: Die Journalistin schaut als erstes verschiedene Agenturmeldungen durch. Beim Mittagessen bespricht sie mit dem für die Abendsendung zuständigen Journalisten die thematische Gewichtung innerhalb des Beitrags. Sie schlägt ihm dabei verschiedene Kontextualisierungen der Maiszulassung vor, etwa eine bevorstehende Volksabstimmung über Gentechnologie oder das Thema »Lebensmittel«. Auf die Frage, was er denn wolle, antwortet der Journalist: »Man soll wissen am Abend, was Sache ist und die anderen Aspekte auch.« Ebenfalls teilt er mit, der Beitrag müsse etwa drei-drei-viertel Minuten lang werden. Mir gegenüber meint die Journalistin, Gentechnik sei ein Grenzfall für das Radio, weil in diesem Medium die Möglichkeit fehle, »Kästchen« zu machen wie etwa in den Zeitungen.

Darauf bestellt sie beim Archiv des Radios eine Dokumentation zum Thema der genannten Abstimmung und schreibt in ihrem Computer Stichworte für den geplanten Beitrag auf. Sie plant, verschiedene Statements in Form von O-Tönen zusammenzustellen. Eine Präsentation als Gespräch sei hier nicht gut, weil niemand unabhängig sei.

Für die Seite der Abstimmungsbefürworter möchte sie einen O-Ton haben, der von ihrem Kollegen am Vormittag aufgezeichnet wurde. Sie sagt diesem Kollegen, dass sie dieses Band brauche, denn »die Geschichte müsste jetzt etwas anders laufen«, nämlich mit Berücksichtigung dieser Abstimmung.

Unterdessen ist die Dokumentation aus dem Archiv zusammengestellt, sie besteht aus älteren Medientexten zum Thema sowie aus dem Abstimmungstext. Nach der Lektüre aber meint die Journalistin: »Man wird nicht schlauer.«

Anschliessend beginnt sie, telefonisch verschiedene Statements einzuholen. In einem Fall fragt sie ihren Gesprächspartner, wer denn sein direkter politischer Gegner sei, der auch etwas zu diesem Thema sagen könnte – diese Frage wurde übrigens schon am Mittagstisch von verschiedenen Personen diskutiert. Der Gesprächspartner nennt ihr den Namen einer Person, welche die Journalistin anruft und von der sie ebenfalls ein Statement einholt. Bei einem anderen Gesprächspartner bittet sie darum, das Gesagte zu wiederholen, aber kürzer. Er solle nur das Wichtigste sagen. Schliesslich kürzt sie wiederum die einzelnen Statements und verbindet sie mit dem Moderationstext. Dabei äussert sie einmal mir gegenüber: »Das Problem ist, ich weiss nicht, wer recht hat.« Um 17 Uhr 47 rennen wir zusammen in die Aufnahme, kurz nach 18 Uhr wird der Beitrag gesendet.

Die Beobachtungen zeigen Folgendes:

1. Leitender Wert bei der Herstellung von Radiobeiträgen ist es, in kurzer Zeit möglichst informativ zu sein, d.h. etwas auf dem Sender noch nicht Gesagtes zu sagen (Nachrichtenwert Neuigkeit) und dabei gleichzeitig eine kritische Haltung einzunehmen, also nicht einfach den Standpunkt von Interessensvertretern etc. zu übernehmen. Auch zeigen die Beobachtungen im Hinblick auf die Qualität der Information, dass vor allem viel, aber keine vertiefte Information übermittelt werden soll.

Dies zeigte sich auch bei anderen Beobachtungen. So werden regelmässig aus Berichten Informationen herausgekürzt, die bereits einmal gesendet wurden. Meldungen, die in den Mittagsnachrichten gesendet wurden, sind für die RadiojournalistInnen bereits um ein Uhr »abgehandelt« und für die Abendnachrichten wird ein neuer Aufhänger gesucht. Überhaupt, so meinte eine andere

Radiojournalistin mir gegenüber, seien mehr Informationen besser als Redundanz. Dasselbe gilt auch für die Agenturen, wo meist alles irgendwie Redundante aus einem ersten Textentwurf herausgekürzt wird. Beim Fernsehen wird tendenziell ebenfalls vermieden, dieselbe Information mehrmals an einem Tag zu senden. Bei der Berichterstattung über eine Medienkonferenz des Bundes führte dies so zu Problemen, weil in drei Nachrichtensendungen am Abend über diese Konferenz berichtet wurde und der Journalist der letzten Sendung nicht wusste, welchen Aspekt denn er jetzt noch in den Vordergrund rücken könnte – um sich doch noch von den anderen Sendungen abzuheben.

Die JournalistInnen haben trotz gebotener Kürze und Informationsdichte den Anspruch, kritisch zu sein. Dies zeigt sich bei der geschilderten Arbeit der Journalistin etwa dort, wo sie eine ausweichende Antwort absichtlich im Interview stehen lässt. Andere JournalistInnen betonen immer wieder, es sei wichtig, kritische Fragen zu stellen. Allerdings wird in einigen von uns analysierten Texten den Befragten so die Möglichkeit zu einer positiven Selbstdarstellung eher ermöglicht als bei neutralen Fragen, weil sie bei kritischen heftig widersprechen können und sich so zur Kämpfernatur stilisieren.

Die Verständlichkeit soll in erster Linie durch die Vermeidung oder Erklärung von Fachwörtern gesichert werden (vgl. die Einfügung der Worterklärung zu »klinisch«). Zudem werden einzelne Schnaufer, Versprecher etc. herausgeschnitten, um den Text kurz zu halten. Doch schon bei der Befragung werden die Gesprächspartner dazu gedrängt, sich kurz zu halten, und nicht selten wird ihnen im Voraus schon mitgeteilt, was sie sagen sollen – bis hin zur Bitte nach der Verwendung bestimmter Begriffe. Es zeigte sich in vielen Fällen, dass die Journalistinnen und Journalisten bereits vor dem Einholen eines Statements ganz klare Vorstellungen davon haben, was eine bestimmte Person zu sagen hat. Dies zeigt sich etwa auch in der Äusserung eines Fernsehjournalisten, die wir im Titel unseres Beitrags zitieren: »Wir versuchen manchmal die Politiker so lange zu befragen, bis wir das Zitat bekommen, das wir haben wollen.«

2. Gerade diese und ähnliche Beobachtungen zeigen, dass die Journalistinnen und Journalisten oft schon eine bestimmte »Geschichte« im Kopf haben, bevor sie das Material für einen Beitrag zusammenstellen. Manchmal, so sagte mir eine Journalistin, werde eine bestimmte Geschichte auch von einem Sendungsleiter verlangt. So wird die Grundstruktur der Beiträge von den JournalistInnen meist in wenigen Minuten entworfen – begleitet etwa von der sich selbst gestellten Frage »Was ist die Geschichte? – Was ist die Geschichte?« – und dann werden die einzelnen Positionen mit entsprechenden Statements ausgefüllt. Auch bestimmte Kürzungen beim Überarbeiten eines Beitrages werden so begründet, dass sie nicht mehr in die Geschichte passen würden – so weist auch die Äusserung »Ich wollte zuerst auf etwas anderes hinaus« darauf hin, dass eine bestimmte Geschichte erzählt werden soll. Obwohl so aus den einst aufgezeichneten Gesprächen ein intensiv bearbeiteter Text wird, achten die

JournalistInnen dennoch darauf, dass alles »wie ein natürliches Gespräch« klingt. So kann Authentizität inszeniert werden.

Diese Beobachtung konnten wir auch bei Nachrichtenagenturen und beim Fernsehen machen: So meinte etwa ein Agenturjournalist, bevor er einen Text verfasste: »Hier habe ich das Script schon im Kopf.« Und auch die Fernsehleute wissen bereits im Voraus, was sie von einem Gesprächspartner hören wollen – schliesslich muss ja alles auch schnell gehen, denn – wie ein Journalist meinte – »whatever we do, kosten tut alles«. Und: »Wir wollen weder PR noch Abwiegeleien, was wir allenfalls wollen, sind Geschichten.«[5]

Gerade beim Fernsehen spielen die Bilder natürlich eine zentrale Rolle, ob eine Geschichte erzählt wird oder nicht. So wurde etwa bei unseren Beobachtungen ein auf der Bildebene als langweilig taxierter Beitrag über Kofi Annan gekürzt, um mehr Zeit für einen Beitrag über Mobutu und seine Villa am Genfer See zu gewinnen. Ein anderer Bericht wurde zuerst auf die lange Bank geschoben und schliesslich überhaupt nicht realisiert, weil die Bilder, auf die man wartete, nicht eintrafen. Und bei einer Meldung wurden die Agenturbilder in ihrer Reihenfolge so umgestellt, dass die Bildebene zur verbal erzählten Geschichte passte.

»Das Optimum für das Fernsehen« – so meinte ein Journalist – »sind Bilder, die selbstredend sind. Wenn nicht, kann ein Bericht sogar gekippt werden. Ist er trotzdem wichtig, so nehmen wir Archivbilder.« Gerade hier scheint der Wunsch nach Abwechslung auf der Bildebene auch seltsame Blüten zu treiben: Eine Fernsehjournalistin, die einen Bericht über einen angeklagten italienischen Politiker mit Konti auf Schweizer Banken bebildern sollte, suchte im Archiv nicht nur Bilder des Politikers, sondern auch Aussenaufnahmen des Hauptgebäudes einer bestimmten Schweizer Grossbank – weil ihr diese, wie sie mir sagte, nämlich schon lange auf die Nerven ginge.

3. Die Wahl der Textsorte und der Aufbau eines Berichtes werden von den Journalistinnen und Journalisten des Radios kaum in Gesprächen problematisiert. Drängt die Zeit, so wird ein Interview gemacht, bei längeren Berichten werden in einem sogenannten gestalteten Beitrag, d.h. in einem Beitrag mit Statements, Reaktionen wiedergegeben oder ein Aspekt in den Vordergrund gerückt. Wird ein Thema weniger gewichtet, so wird nur eine kurze Sprechermeldung verfasst, also eine kurze Meldung ohne O-Töne. Die Journalisten greifen hier routinemässig auf ein Set von Verarbeitungsverfahren zurück. So gebe es für die Berichterstattung über grössere Ereignisse ein »08/15-Schema«, wie ein Journalist sagte. Bei der Gestaltung der Beiträge spiele aber Attraktivität zunehmend eine Rolle. In der Arbeit schlägt sich dies dann beispielsweise so nieder, dass bei der Befragung verschiedener MeinungsvertreterInnen jeweils nur über die strittigen Punkte gesprochen wird, um dann einen entsprechenden Konflikt im Bericht in den Vordergrund rücken zu können.

---

[5] Vgl. dazu auch Püschel (1992).

Auch beim Fernsehen wurde nach einer Medienkonferenz am Vormittag für die Mittagsausgabe der Tagesschau ein Live-Interview organisiert, weil die Zeit für etwas anderes zu knapp sei.

4. Die Journalistinnen und Journalisten bekunden Mühe mit Themen, die Fachwissen voraussetzen. Dabei werden die Probleme oft auch auf die Möglichkeiten des Mediums selbst abgewälzt. Denn nicht nur Gentechnik ist in den Augen der Macher offenbar ein Grenzfall für das Radio, sondern auch bei einem Beitrag über verschiedene Krankenkassenmodelle klagt eine Journalistin, dass könne man nicht erklären, weil man dann auf eine versicherungstechnische Ebene komme. Sie fokussiert deshalb einen anderen Aspekt in ihrem Bericht. Und ein anderer Journalist, der einen Bericht über die Entwicklung der Sozialwerke verfassen soll, meint, das könne man am Radio nicht zeigen, weil es so viele Tabellen habe. Ähnliches gilt fürs Fernsehen: Beim selben Ereignis, in dem es um die Sozialversicherungen ging, diente der »Bild-Zwang« zur Begründung der Aussage, man könne das am Fernsehen eigentlich gar nicht zeigen.

Dahinter stehen – so unsere Vermutung – wohl in den meisten Fällen viel weniger die Grenzen eines Mediums als diejenigen des Fachwissens der Journalistinnen und Journalisten. Auf den Redaktionen der elektronischen Medien ist es so, dass es innerhalb der Redaktion keine fest zugeteilten Fachgebiete gibt. Wer über ein bestimmtes Thema berichtet, ist nicht der- oder diejenige mit Fachwissen, sondern wer gerade Zeit hat. Oder aber man gilt innerhalb der Redaktion als ExpertIn für ein bestimmtes Thema, weil man einmal einen längeren Beitrag über ein Thema gemacht hat. So beklagte sich etwa eine Journalistin: »Bei uns ist man in drei Minuten Expertin.« Gerade dies führe auch dazu, dass man Gefahr laufe, aus einem PR-Text über ein Thema, bei dem man sich nicht gut auskennt, Bewertungen zu übernehmen.

Die Aussage »Ich weiss nicht, wer recht hat« aus meinem Beispiel der Radiojournalistin ist ein eher seltenes Eingeständnis von fehlendem Fachwissen. Doch auch ein Agenturjournalist meinte einmal während seiner Arbeit: »Das ist mir zu schwierig, mir macht es keinen Spass mehr«

5. Die Kommunikation unter den JournalistInnen konzentriert sich auf drei Themen:
– Die Zeitdauer eines Beitrages wird mitgeteilt – dies ist auch beim Fernsehen ein häufiges Thema, während entsprechend bei den Agenturen über die Anzahl Wörter in einer Meldung gesprochen wird.
– Die thematische Ausrichtung eines Beitrages wird mit einer leitenden Person abgesprochen – wobei hier häufig wieder von einer »Geschichte« die Rede ist. Gerade hier sowie bei Redaktionssitzungen wären u.E. weitere Forschungen sehr gewinnversprechend.
– Ganz selten wird um Hilfe gebeten, etwa wenn ein Fachbegriff nicht verstanden wird.

6. Die Journalistinnen und Journalisten beziehen ihre Informationen in erster Linie aus PR-Texten oder aus Texten anderer Medien, v.a. aus Agenturmeldungen – die übrigens ihrerseits meistens direkt auf PR-Texten beruhen, wie unsere Analysen ergaben. Die von uns beobachteten Radio- und Fernsehredaktionen betreiben so meistens nur für Interviews zusätzliche Recherchen. Dabei werden aber in den allermeisten Fällen Personen interviewt, die sich bereits von sich aus an die Medien gewendet haben und in Interviews dann meist das wiedergeben, was in ihrem Pressecommuniqué zu lesen ist. Der Fall, dass (wie in obigem Beispiel) im Archiv eine Dokumentation zu einem Thema angefordert wird, stellt eine Ausnahme dar.

Bei den Agenturen wird eigentlich nie zusätzliche Recherche betrieben – es werden höchstens Zusatzinformationen aus älteren Agenturmeldungen eingefügt. Die Texte der Agenturen beruhen meist – wie bereits erwähnt – auf Presseunterlagen und Medienkonferenzen – wobei man sich den Inhalt von Presseunterlagen telefonisch von den jeweiligen Akteuren bestätigen lässt. Überhaupt spielt das Telefon eine wichtige Rolle, v.a. in einer von uns beobachteten Lokalredaktion, die aus nur zwei Personen besteht und deshalb die meiste Arbeit vom Büro aus erledigen muss.

Auffallend bei unseren Beobachtungen war, dass andere Medien nicht nur als Informationsquelle genutzt werden, sondern auch dazu, um die eigene Themenwahl und die Gewichtung innerhalb eigener Beiträge gleichsam »abzusichern«. So gleichen die Journalistinnen und Journalisten ihre Beiträge kontinuierlich mit solchen von anderen Medien ab: Der Agenturjournalist konsultiert regelmässig die Meldungen der Konkurrenzagentur und diejenigen im Teletext, zudem hört er stündlich die Radionachrichten. Die Radiojournalistin liest die Agenturmeldungen und verwertet sie, der Chefredaktor der Tagesschau hört als erstes am Morgen die Radionachrichten und die einzelnen Journalisten konsultieren während ihrer Arbeit an einem Beitrag auch immer wieder den Agenturticker.

Dies bedeutet, dass sich so beispielsweise Gewichtungen, aber auch Bewertungen innerhalb des Mediensystems multiplizieren, und zwar beruhend auf dem Mediensystem selbst.

Ich möchte nun noch auf ein paar weitere Aspekte eingehen, die uns für die Textproduktion von Wichtigkeit scheinen, auf die ich aber im oben dargelegten Beispiel nicht ausführlich eingegangen bin.

Was den Umgang mit sprachlichen Bewertungen anbelangt, so gehen die Einschätzungen der JournalistInnen recht weit auseinander. Die Agenturjournalisten vertreten noch eine recht eindeutige Position; so meinte ein Chefredaktor einer Agentur uns gegenüber: »Nachrichtenagenturen berichten ohne Adjektive/Adverbien, d.h. sie berichten neutral«. Dies bedeute, dass Bewertungen wegbleiben oder erkennbar sein sollen. Und auch auf einer anderen Agenturredaktion hiess es: »Neutrale und faire Berichterstattung ist das A und O unserer Agentur«. Dass die Wirklichkeit der Agenturtexte dann weniger hehr aussieht, können wir in unseren Textanalysen zeigen – dies ist allerdings ein anderes Thema. Die Einschätzung von Bewertungen beim Radio ist sehr unterschiedlich. So sei die »Doktrin« eigentlich die, dass man innerhalb eines Beitrages nicht unbedingt ausgewogen sein müsse, aber insgesamt müsse es ausgewogen sein. Der eigene Standpunkt des Journalisten dürfe durchkommen, müsse aber transparent sein. Eine von uns beobachtete Journalistin gestaltete ihren Bericht auch so, dass ihre eigene Meinung erkennbar wurde – nicht zuletzt auch deshalb, weil ihr der Chefredaktor sagte, der Bericht dürfe »Meinungsteile« enthalten, weil kein separater Kommentar verfasst würde. Insgesamt beurteilt diese Journalistin ihren Spielraum aber als relativ eng, da die Form eines Journalbeitrags auf Fakten beschränkt sei. Eine andere Journalistin meint, dass sie ihre eigene Meinung nicht explizit im Bericht haben möchte, höchstens »in der Schlusskurve«. Aber implizit sei diese Meinung natürlich immer dabei, weil sie nicht bewusst sei. Ein anderer Journalist meinte im Hinblick auf den persönlichen Spielraum schlicht: »Das Wort *ich* verwende ich normalerweise nicht.«

Als eher eng wird der persönliche Spielraum erwartungsgemäss bei den Agenturjournalisten eingeschätzt. Doch auch hier wird bei der Arbeit am Text etwa auf einen leserfreundlichen, »knackigen« Stil geachtet – auch wenn offiziell sachlich und einfach formuliert wird.

Ein weiterer Aspekt: Die Vorstellungen der JournalistInnen von ihrem Publikum sind bei den von uns befragten sehr vage. Eine Radiojournalistin etwa meinte, dass ihr Publikum bei den Abendnachrichten aus eher älteren, politisch interessierten Personen bestehe, bei denen man mehr voraussetzen könne als bei anderen. Das Publikum der Mittagsnachrichten sei noch älter. Vieles würde sofort wieder vergessen, wie Hörerreaktionen zeigen würden. *Nicht* zu ihrem Publikum würden Meinungsträger gehören, weil diese fernsehen und nicht Radio hören würden. Eine andere Journalistin beschreibt das Publikum der Mittagsnachrichten folgendermassen: »Diejenigen, die am Kochen sind. Ich weiss es nicht.« Die Agenturjournalisten betrachten die Zeitungen und Radios als ihr Zielpublikum. Den Zeitungsleser beschreiben sie als politisch nicht sehr interessierten Menschen, der wenig Zeitung lese und schnell über das Wichtigste informiert sein wolle.

Fragt man die JournalistInnen nach ihrer Hauptaufgabe, so wird beim Radio stets betont, es gehe um Fakten und verschiedene Positionen, die abgebildet werden sollen. Die Informationsvermittlung soll die Ereignisse aber auch einordnen und so Hilfe zur Meinungsbildung sein. Die Agenturen sehen ihre Aufgaben v.a. darin, als gate-keeper aus den eingehenden Informationen die wichtigen auszuwählen und als »neutrale Beobachter« darüber zu berichten. Sie verstehen sich so – zusammen mit anderen Medien – als Meinungsführer.

Fazit

Zusammenfassend lässt sich festhalten, dass sich die von uns beobachteten Journalistinnen und Journalisten nur sehr selten über die konkrete Gestaltung eines Textes unterhalten. Am fruchtbarsten sind in diesem Zusammenhang Redaktionssitzungen und Gespräche zwischen einzelnen JournalistInnen und deren Vorgesetzten, wenn es um die Absprache über einen geplanten Beitrag geht. Hier wird am ehesten thematisiert, welche Themen wie aufgegriffen werden sollen. Über die Wahl der Textsorte wird aber auch hier meist nicht lange diskutiert – es wird auf vorhandene Routinen zurückgegriffen, die von den Journalistinnen und Journalisten übrigens oft als Sachzwänge betrachtet werden – »Das muss man so machen« oder »Das geht nicht anders« sind oft gehörte Begründungen bei der Frage nach einer bestimmten Textsortenwahl.

Viele unserer weiteren Befunde sind keine grundsätzlich neuen Einsichten. So ist es etwa schon lange bekannt, dass JournalistInnen ihre Texte nach bestimmten Schemata gestalten.[6] Unsere Beobachtungen zeigen aber sehr detailliert, welche Konsequenzen dies für den konkreten Textgestaltungsprozess hat.

Leitende Werte bei der Gestaltung von Berichten sind offenbar Kürze, hohe Informationsdichte, eine mindestens vordergründig vertretene kritische Haltung und die Aufbereitung als kohärente Geschichte – der zuliebe die vorhandenen Materialien schon einmal zurechtgestutzt werden. Dennoch geben viele auf die Frage nach ihrer Hauptaufgabe die »Transportfunktion« an, wobei dann jeweils auch von »Fakten« die Rede ist. Für die Tatsache, dass durch jede Auswahl, durch jede Gewichtung etc. Wirklichkeit konstruiert wird, scheinen die meisten nicht sensibilisiert zu sein. Und vor den RezipientInnen wird der mediale Adaptionsprozess auch so gut wie möglich versteckt. So werden die Radioberichte so zusammengeschnitten, dass sie – bis hin zu den Schnaufern – natürlich klingen sollen. Und auch der hohe Stellenwert von O-Tönen weist darauf hin, dass möglichst Authentizität inszeniert werden soll. Der Umgang mit Bewertungen scheint recht undifferenziert zu sein – und für die RezipientInnen meist schon gar nicht mehr durchschaubar.

Sobald Fachwissen erfordert wäre, stossen viele JournalistInnen rasch an ihre Grenzen – wobei dies dann oft auf die Grenzen des Mediums projiziert wird.

Schlusssätze sind – wie mir auch viele Journalistinnen und Journalisten sagten – schwierig. Trotzdem versuche ich jetzt, »die Schlusskurve zu ziehen«:

Neben hinter der Textgestaltung stehenden Normen und Vorstellungen können durch Beobachtungen bei der massenmedialen Textproduktion auch Hintergründe von Medientexten erschlossen werden, die aus einer Produktanalyse allein nicht ableitbar sind. So erweist sich das Mediensystem als hochgradig selbstreferentiell, indem alle Medien sich an anderen Medien orientieren und

---

[6] Vgl. Bell (1991), Fiske (1987).

sehr häufig sogar vorhandene Medientexte ausschnittweise übernehmen – ohne dies immer zu markieren. Oder anders gesagt: Die Journalistinnen und Journalisten schreiben einander ab.

Literatur

Bachmann, Claudia (1997): Public Relations: Ghostwriting für Medien? Eine linguistische Analyse der journalistischen Leistung bei der Adaption von Pressemitteilungen. Bern u.a. (= Zürcher germanistische Studien 49).

Barth, Henrike/Donsbach Wolfgang (1992): Aktivität und Passivität von Journalisten gegenüber Public Relations: Fallstudie am Beispiel von Pressekonferenzen zu Umweltthemen. In: Publizistik 37.2. 1992. S. 151 – 165.

Bell, Allen (1991): The language of news media. Oxford.

Burger, Harald (im Druck): Intertextualität in den Massenmedien. Erscheint in: Breuer, Ulrich/Korhonen, Jarmo (Hrsg.): Mediensprache und Medienkritik. Helsinki.

Fiske, John (1987): Television culture: popular pleasures and politics. London, New York.

Grossenbacher, René (1986): Die Medienmacher. Eine empirische Untersuchung zur Beziehung zwischen Public Relations und Medien in der Schweiz. Solothurn.

Kotthoff, Helga (1993): »Du Trottel, warum hast Du denn sowas nicht im Club gesagt?« Fernsehdiskussionen, Kontextforschung und Intertextualität. In: Holly, Werner/Püschel, Ulrich (Hg.): Medienrezeption als Aneignung. Methoden und Perspektiven qualitativer Medienforschung. Opladen. S. 173 – 192.

Püschel, Ulrich (1992): »guten abend und die welt hält den atem an.« Berichte nach Skripts in den Fernsehnachrichten über den 19. August 1991 in Moskau. In: Rhetorik 11. S. 67 – 84.

Gesprächsanalytisches Integrationsmodell am Beispiel von § 240 StGB

Ein Beitrag zur nationalen Rechtssprache mit europäischer Perspektive

Karin Luttermann

I. Einführung

Der Gesetzgeber regelt komplexe Lebenssachverhalte allgemein, um gemäß seiner Intention möglichst alle denkbaren Einzelfälle zu erfassen. Früher sprachen Gesetzgeber noch volkstümlich und bildhaft, waren am Einzelfall interessiert. Heutzutage ist die Gesetzessprache weitgehend abstrakt und unpersönlich. Daran entzündet sich Kritik. »Zwischen den Polen der Abstraktheit und Anschaulichkeit stehend, neigt sich die moderne Rechtssprache entschieden jener zu. Sie ist abgezogen und unlebendig.«[1] Die abstrakt-theoretische Systematik werde groß, der konkret-praktische Zusammenhang dagegen klein geschrieben.[2] Daraus folgt für den Bürger eine Schieflage. Als Normadressat muß er das Recht verstehen, um es befolgen und nutzen zu können. Doch oft kann er nur noch mit Expertenhilfe erschließen, was die Rechtsordnung von ihm erwartet.

Der Jurist Rudolf Wassermann schreibt: »Das Volk kennt sein Recht kaum, und soweit es die Paragraphen kennt, erleidet es Schiffbruch, wenn es glaubt, sie auf einen Sachverhalt anwenden zu können.«[3] Keines unserer Gesetze rede eine Sprache, die der Bürger gewohnt sei; sie zu verstehen, bereite ihm enorme Schwierigkeiten.[4] Der Zustand unserer Gesetze widerspreche dem demokratischen Anspruch allgemeiner Verständlichkeit. Nach dem Freiheitsbegriff des Grundgesetzes geht die Staatsgewalt vom Bürger aus (Art. 20 Abs. 2 S. 1 GG). Zur freiheitlichen Rechtsordnung gehört das Wissen um den persönlichen Freiraum. Soll sich der Bürger an Rechtsnormen orientieren, muß er sie verstehen können. Es gibt zwar Ansätze, Gesetze verständlicher zu machen. Durchgreifender Erfolg steht aber noch aus.

---

1 Dölle (1949): 21.
2 Siehe Wassermann (1986): 43.
3 Wassermann (1983): 43.
4 Wassermann (1981): 132.

Angesichts dieser Lage behandelt der Beitrag das Problem auf der Grundlage des Gesprächsanalytischen Integrationsmodells (GIM) exemplarisch für § 240 Strafgesetzbuch (StGB). Das Modell vergleicht die Experten- und die Laienperspektive und prüft, inwieweit Laien den Straftatbestand *Nötigung* verstehen und wo Problemlagen sind (sub IV); vorhandene Ansätze werden einbezogen (sub III). Die Ergebnisse strahlen über das deutsche Recht auf das europäische Recht in einem zusammenwachsenden Europa aus (sub V). Die Verbindung von fehlerhafter Willensbildung und gesetzlicher Grundlage bezeichnet der Verbotsirrtum (§ 17 StGB). Wir beginnen daher mit diesem Tatbestand, der die Forderung nach Verständlichkeit für Strafgesetze bekräftigt (sub II).

II. Verbotsirrtum und Demokratie

Rechtslinguistische Verständlichkeitserhebung im Strafrecht setzt beim Verbotsirrtum an (§ 17 S. 1 StGB). Fehlt dem Täter bei Tatbegehung die Einsicht, Unrecht zu tun, handelt er ohne Schuld, wenn er diesen Irrtum nicht vermeiden konnte. Die Rechtsvorschrift regelt den Verbotsirrtum nach der Schuldtheorie. Die Schuld des Täters ist die Basis für die Strafe. Eine Tat kann nur bestraft werden, wenn die Strafbarkeit vor der Tat bestimmt war (Art. 103 Abs. 2 GG). Ohne Gesetz gibt es keine Strafe. Für die Bewertung der Schuld kommt es auf das Unrechtsbewußtsein an. Die Tatbestandsmerkmale der Vorsatzdelikte sind bei aktuellem und potentiellem Unrechtsbewußtsein anwendbar. Fehlendes Bewußtsein läßt den Vorsatz unberührt. Es schließt jedoch die Schuld unter der Voraussetzung aus, daß der Täter nach den Umständen das Unrecht nicht erkennen konnte. Der Gesetzgeber hält also »den Übergang zur Vorsatzstrafe nicht erst gegenüber dem für erforderlich, der sich gegen das Recht auflehnt; er läßt es vielmehr ohne Verstoß gegen das Schuldprinzip [...] genügen, daß der Täter weiß und will, was er tut, wenn er nur den Widerspruch zum Recht hätte einsehen können.«[5] Er muß also wissen, daß die Tat gegen geltendes Recht verstößt und verboten ist; die Sanktion tritt hinzu. Die Einsicht kann er nur gewinnen, wenn der Gesetzeswortlaut verständlich ist.

Die Verständlichkeitsforderung ist allgemein kein sprachästhetischer Selbstzweck, sondern Teil der Demokratie: Es liegt »in der Idee der Demokratie, daß die Bürger [...] dieses Recht auch verstehen,«[6] um an der Staatsgewalt teilhaben zu können. Dieser Anspruch läuft leer, wenn das Recht »als Geheimwissenschaft oder als bloßes Expertenwissen«[7] fungiert. Das hat das Bundesverfassungsgericht etwa im Urteil zum Schwangerschaftsabbruch betont. Dort war fraglich, ob das Wort »jeder« in Art. 2 Abs. 2 S. 1 GG jeden Lebenden oder auch das noch ungeborene Leben meint. Das Gericht legte die Norm dahin aus, daß »jedes Leben besitzende

---

5 Kühl. In: Lackner/Kühl (1999): § 17 Rn. 1.

6 Öhlinger (1986): 26. Siehe auch Jaspersen (1998): 9ff.

7 Öhlinger (1986): 26.

menschliche Individuum [...] auch das noch ungeborene menschliche Wesen«[8] Recht auf Leben hat. Zur Verständlichkeit führte es aus, daß die Strafnorm sich grundsätzlich an alle Rechtsunterworfenen richte und sie in gleicher Weise verpflichte.[9] Die Straftatbestände seien daher klar und deutlich zu formulieren. Das Gesetz solle sagen, was für den Einzelnen Recht und Unrecht ist.[10] Damit muß also jeder Bürger seine Rechte und Pflichten sehen und sein Verhalten danach ausrichten können. Tatsächlich ist das aber nicht so. Vielmehr bestehen Diskrepanzen zwischen dem, was das Gesetz sagt, und dem, was der Bürger versteht. Verschiedene Verständlichkeitsmodelle versuchen, dieses Problem zu lösen.[11] Zwei Ansätze werden vorgestellt: Hamburger Modell und soziolinguistisches Modell.

III. Herkömmliche Verständlichkeitsmodelle

Das Hamburger Verständlichkeitsmodell[12] ist weithin bekannt und wird auch von Juristen beachtet.[13] Es knüpft an die Lesbarkeitsforschung an und faßt die Verständlichkeit als rein textimmanentes Merkmal. Danach hängt sie allein von der Beschaffenheit des Textes ab und umfaßt vier Dimensionen: Einfachheit, Gliederung – Ordnung, Kürze – Prägnanz und zusätzliche Stimulanz. Jede Dimension hat charakteristische Eigenschaften.[14] Die »Einfachheit« bezieht sich auf die Wortwahl und den Satzbau. Sie ist zu erreichen durch kurze, einfache Sätze, geläufige Wörter, Erklärung von Fachwörtern und Anschaulichkeit. Zur »Gliederung – Ordnung« gehören die Eigenschaften logische und übersichtliche Darstellung mit geordneter Reihenfolge. So bleibt der rote Faden sichtbar, tritt Wichtiges hervor und Unwichtiges zurück. Für die »Kürze – Prägnanz« ist entscheidend, daß die Länge des Textes in einem angemessenen Verhältnis zum Informationsziel steht. Breites Ausholen, überflüssige Erklärungen, Wiederholungen und Füllwörter sollten vermieden werden. Die »zusätzliche Stimulanz« enthält die Eigenschaften anregend, interessant, abwechslungsreich und persönlich. Die Verständlichkeitsmessung erfolgt auf der Grundlage eines konzeptorientierten Ratingverfahrens. Leser bewerten einen Text hinsichtlich seiner Ausprägungen und beziehen jede Dimension auf eine Skala mit fünf Abstufungen.

---

8 BVerfG, Urt. v. 25.2.1975 – 1 BvF 1 – 6/74, Neue Juristische Wochenschrift (NJW) 1975: 575.

9 BVerfG, NJW 1975: 579.

10 BVerfG, NJW 1975: 580. Siehe auch § 35 Abs. 1 der Gemeinsamen Geschäftsordnung der Bundesministerien für die Gesetzgebung (GGO II).

11 Etwa Teigeler (1968); Groeben (1972); Flesch (1973). Überblick bei Biere (1991).

12 Die Psychologen Langer/Schulz von Thun/Tausch (1993) haben es für Breitbandtexte entwickelt und auf Gesetzestexte angewandt.

13 Stellvertretend Jaspersen (1998): 161f.; Müller-Dietz (1998): 37.

14 Langer/Schulz von Thun/Tausch (1993):16ff.

Das soziolinguistische Verständlichkeitsmodell[15] gründet auf einer Interrelation von Text- und Lesermerkmalen. Die Textmerkmale werden also auf den Leser bezogen. Das ergänzt die Verständlichkeitsforschung um den Ansatz, »wer in welchem Zusammenhang welchen Gesetzestext versteht.«[16] Unterschieden wird zwischen Verständlichkeit und Verstehen, d.h. »zwischen Merkmalen, die den Text betreffen und solchen, die den Bürger betreffen.«[17] Danach ist Verständlichkeit ein statischer Wert. Er kennzeichnet textinhärente Merkmale wie etwa Satzlänge, Textaufbau, Textgliederung und Frequenz von Fremdwörtern. Verstehen ist am Kommunikationsprozeß orientiert und meint einen dynamischen Vorgang, die Summe der kognitiven und emotionalen Prozesse, die jeweils in einem Hörer ablaufen. Kern der empirischen Untersuchung sind die Verständlichkeitstests: Lesegeschwindigkeitstest, Wortschatzfragen, semantische Profile, Lückentest, Paraphrasen, Praxisfälle und Tiefeninterview.[18] Die Auswertung zum Grad des Verstehens erfolgt anhand der traditionellen Niederösterreichischen Bauordnung und des Gesetzesentwurfs getrennt nach text- und leserbezogenen Faktoren. Das wesentliche Resultat liegt im erleichterten »kognitiven Zugang«[19] zum Alternativtext. Den Zugang vereinfachen z.B. Skizzen, die schwierige technische Zusammenhänge erläutern. Ebenso ein ausführliches Register, ein Definitionsglossar für Fachtermini, eine verbesserte Thema-Rhema-Gliederung, verkürzte Sätze, mehr Aktivkonstruktionen sowie motivationale Elemente zur Identifikation mit dem Text. Die derzeit gültigen institutionellen Regeln der Textsorte Gesetz begrenzen aber noch eine derartige Neugestaltung. Erst durch Veränderungen innerhalb der Institution Recht seien durchgreifende sprachliche Maßnahmen möglich.[20]

Kritisch hervorzuheben ist, daß das Hamburger Modell die interdisziplinäre Zusammenarbeit zwischen Linguisten und Juristen vernachlässigt. Die Hamburger Psychologen fordern zwar, daß die Disziplinen kooperieren sollten, »um sicherzustellen, daß die neuen Fassungen den Original-Gesetzestexten im Sinngehalt gleichwertig sind.«[21] Sie setzen das jedoch nicht praktisch um, sondern erstellen Alternativtexte, ohne juristisches Expertenwissen einzubeziehen. So bleibt ungeprüft, ob das Original und der verbesserte Text inhaltlich wirklich äquivalent sind. Beim Delikt Diebstahl besteht z.B. keine Inhaltsübereinstimmung. Die Wegnahme wird ausschließlich auf die Eigenzueignung bezogen, die Drittzueignung bleibt außer acht.[22] Strafbar macht sich aber auch, wer die Sache nicht sich selbst, sondern

---

[15] Die Sprachwissenschaftler Pfeiffer/Strouhal/Wodak (1987) haben es für die Niederösterreichische Bauordnung konzipiert.

[16] Pfeiffer/Strouhal/Wodak (1987): 52.

[17] Wodak (1986): 116.

[18] Das Interview erfaßt die sozialen Parameter der Probanden.

[19] Pfeiffer/Strouhal/Wodak (1987): 160.

[20] Siehe Pfeiffer/Strouhal/Wodak (1987): 165.

[21] Schulz von Thun (1976): 432.

[22] Sie war aber auch nach der alten Gesetzesfassung zu berücksichtigen. Siehe Langer/Schulz von Thun/Tausch (1993): 105: »Jemand nimmt einem anderen etwas weg. Dabei ist wichtig,

einer Dritten Person zueignen will. Das soziolinguistische Modell ist zwar fachübergreifend angelegt. Es mangelt aber daran, daß die juristische Perspektive zu gering gewichtet ist. Sie wird als Meßlatte beigezogen: »Unterschiedliche Personengruppen bewältigen die Anforderungen institutioneller Kommunikation verschieden erfolgreich (gemessen an der institutionellen Norm).«[23] Weitere Spezifizierungen folgen nicht. Insbesondere kommt nicht in den Blick, wie Rechtsprechung und Wissenschaft die gesetzlichen Tatbestandsmerkmale auslegen (Institutionenperspektive). Das ist aber notwendig, weil sie den juristischen Wissensrahmen bilden, zu dem das Laienwissen in Bezug zu setzen ist.[24] Diesen Mangel behebt das Gesprächsanalytische Integrationsmodell.

IV. Gesprächsanalytisches Integrationsmodell

1. Ansatz

Die Schwächen der genannten Verständlichkeitsmodelle sind Anlaß, das zur Beschreibung von institutionellen Gesprächen entwickelte Gesprächsanalytische Integrationsmodell für unsere Zwecke nutzbar zu machen. Es umfaßt vier Schritte: Theorie-, Empirie-, Ergebnis- und Vergleichsmuster.[25] Die Schritte sind nacheinander abzuarbeiten. Das Theoriemuster stellt die Expertenperspektive und das Empiriemuster die Laienperspektive dar. Das Ergebnismuster vergleicht das Wissen mehrerer Laien in bezug auf Gemeinsamkeiten und Unterschiede. Das Vergleichsmuster bezieht die Experten- und Laienperspektive aufeinander und benennt Verständnisschwierigkeiten.[26]

Das Integrationsmodell baut darauf, daß die linguistische und juristische Disziplin kooperieren. Im rechtslinguistischen Dialog[27] können aus sprachwissenschaftlicher Sicht Kompetenzüberschreitungen beim Umformulieren von Gesetzestexten abgebaut werden; für Linguisten allein ist nicht immer einlösbar, die Tragweite von Änderungen juristisch genau zu erfassen.[28] Aus juristischer Sicht kann das zu einem gemeinsamen Verständnishorizont von Experten und Laien bei der Gesetzesauslegung und zu einem sensibleren Umgang mit der Sprache insgesamt führen. Wir wenden das Modell nun praktisch auf § 240 StGB an.

---

daß es ihm nicht gehört und daß er die Absicht hat, es zu behalten. Dieses Verbrechen ist Diebstahl.«

23 Pfeiffer/Strouhal/Wodak (1987): 142.

24 Zur weiteren Kritik näher Bamberger/Vanecek (1984): 137ff.; Biere (1989): 41ff.

25 Luttermann (1996): 22ff.

26 In weiteren Schritten sind Verbesserungsvorschläge auszuloten, Gesetze umzuformulieren und durch Probandenbefragung auf Verständlichkeit zu prüfen.

27 Luttermann (1999a).

28 Luttermann (1999 b, c) zeigt das am Beispiel der » lebenslangen Freiheitsstrafe«.

2. Theoriemuster

Im Strafgesetzbuch heißt es zur *Nötigung*: »Wer einen Menschen rechtswidrig mit Gewalt oder durch Drohung mit einem empfindlichen Übel zu einer Handlung, Duldung oder Unterlassung nötigt, wird mit Freiheitsstrafe bis zu drei Jahren oder mit Geldstrafe bestraft« (§ 240 Abs. 1 S. 1 StGB). Wir konzentrieren uns auf die Mittel der Nötigung: *Gewalt* oder *Drohung mit einem empfindlichen Übel*. Das Reichsgericht hatte den Gewaltbegriff ursprünglich auf das Täterverhalten reduziert im Sinne physischer Kraftanwendung.[29] Die Rechtsprechung unternahm Rechtsfortbildung und hat den Schwerpunkt des Begriffs vom Täterverhalten auf die Zwangswirkung beim Tatopfer verlagert.[30] Danach ist *Gewalt* »der physisch vermittelte Zwang zur Überwindung eines geleisteten oder erwarteten Widerstandes.«[31] Der Täter kann körperliche Zwangswirkung auf den Genötigten ausüben oder psychische Zwangswirkung, die physisch empfunden wird.[32] Sie ist als »gegenwärtige Übelszufügung nach ihrer Zielrichtung, Intensität und Wirkungsweise dazu bestimmt [...], die Freiheit der Willensentschließung oder Willensbetätigung eines anderen aufzuheben oder zu beeinträchtigen.«[33] Gewalt in Form der *vis compulsiva*[34] ist auf Willensbeugung des Tatopfers gerichtet. Die *vis absoluta*[35] kann dessen Willen ganz ausschalten. Die *Gewaltanwendung* gegen den Genötigten muß ohne sein Einverständnis erfolgen und wirkt sich unmittelbar aus. Ihm wird z.B. Gewalt angetan, wenn ein Autofahrer ihn durch Linksausbiegen am Überholen hindert. Darüber hinaus kann sich die Gewalt gegen Dritte und Sachen richten. Sie hat mittelbare Auswirkung auf das Opfer. Solche Eingriffe sind beispielsweise das Verschließen der Kinderzimmertür, das der Mutter verwehrt, das Obhutsrecht gegenüber ihrem Kind auszuüben.[36] Oder die Beschädigung von Fenstern und Türen im Winter beim räumungsunwilligen Mieter.

Die *Drohung* grenzt sich dadurch von der *Gewalt* ab, daß sie ein empfindliches Übel in Aussicht stellt, aber nicht zufügt. Der Zwangseffekt wird durch die Ankündigung eines zu befürchtenden Übels bewirkt.[37] Der Täter braucht aber nicht explizit zu drohen. Er kann die Drohung auch schlüssig,[38] versteckt oder bedingt

---

[29] Siehe Tröndle. In: Tröndle/Fischer (1999): § 240 Rn. 6; Wessels/Hettinger (1999): Rn. 384f.

[30] Siehe Tröndle. In: Tröndle/Fischer (1999): § 240 Rn. 6. Überblick zu Phasen und Kritik der Entmaterialisierung des Gewaltbegriffs bei Krey (1989); Kühl. In: Lackner/Kühl (1999): § 240 Rn. 6, 10; Eser. In: Schönke/Schröder (1997): vor § 234 Rn. 6ff.

[31] Tröndle. In: Tröndle/Fischer (1999): § 240 Rn. 5.

[32] Körperlich wird ein psychischer Zwang empfunden, wenn das Opfer ihm nicht, nur mit erheblicher Kraftentfaltung oder in unzumutbarer Weise begegnen kann.

[33] Wessels/Hettinger (1999): Rn. 383.

[34] Etwa durch Erzwingen der Freigabe der Überholspur durch dichtes Auffahren.

[35] Etwa durch Auflegen eines mit Betäubungsmitteln getränkten Wattebauschs.

[36] Dazu Tröndle. In: Tröndle/Fischer (1999): § 240 Rn. 10.

[37] Eser. In: Schönke/Schröder (1997): vor § 243 Rn. 6, 37. Siehe auch Klein (1988): 13ff.

[38] Etwa durch zuvor verübte Gewalt.

aussprechen, soweit er das Übel nur genügend erkennbar macht. Die Verwirklichung soll davon abhängen, daß der Bedrohte nicht nach seinem Willen reagiert. Eine *Drohhandlung liegt vor*, wenn der Drohende den Eintritt des Übels »als von seinem Willen abhängig darstellt.«[39] Also wenn er vorgibt, das Übel selbst realisieren zu wollen oder mit der Übelszufügung durch einen Dritten droht, auf dessen Willen er sich Einfluß zuschreibt.[40] Dabei ist unerheblich, ob er es wahrmachen will oder kann. Es kommt nur darauf an, daß der Bedrohte das für möglich hält oder ernst nimmt. Die Drohung muß »objektiv als ernstlich« erscheinen, d.h. »beim Bedrohten mindestens Zweifel zu erwecken geeignet« sein, ob sie gegen ihn oder einen Dritten verwirklicht werden soll.[41] Ebenfalls spielt keine Rolle, ob der Täter an die Ausführbarkeit glaubt. Er muß nur davon ausgehen, daß es sein Opfer tut.

Mit *Übel* ist jede – über bloße Unannehmlichkeiten hinausgehende – Einbuße an Werten oder Zufügung von Nachteilen gemeint. Es kann in einem Tun oder Unterlassen des Täters bestehen, sofern es den Grad an Empfindlichkeit erreicht.[42] *Empfindlich* ist ein Übel, wenn mit ihm eine erhebliche Werteinbuße verbunden und der drohende Verlust oder der zu befürchtende Nachteil bei objektiver Beurteilung unter Berücksichtigung der persönlichen Verhältnisse des Opfers geeignet ist, einen besonnenen Menschen in der konkreten Situation zum erstrebten Verhalten zu bestimmen. Beispiele dafür sind die Androhung körperlicher Mißhandlung oder Zerstörung bestimmter Wertgegenstände. An der Eignung des Übels fehlt es, den Bedrohten im Sinne des Täterverlangens zu motivieren, wenn von ihm in seiner Lage erwartet werden kann und muß, daß er der Bedrohung standhält. Nach dieser Rechtsaufbereitung kommen wir zum zweiten Schritt des Gesprächsanalytischen Integrationsmodells.

3. Empiriemuster

Die Verständlichkeitsstudie über § 240 StGB basiert auf einem Fragebogen mit neun Fragen.[43] Dabei waren teilweise Mehrfachnennungen möglich. Nachfolgend die Antworten eines Probanden. Er ist nicht unbedingt repräsentativ, veranschaulicht aber im Durchschnitt der Probanden Problemlagen.[44] *Nötigung* steht im »Bürgerlichen Gesetzbuch und Strafgesetzbuch«. Die *Nötigungsmittel* sind »*Gewalt!* und

---

39 Eser. In: Schönke/Schröder (1997): vor § 243 Rn. 31.

40 Tröndle. In: Tröndle/Fischer (1999): § 240 Rn. 16.

41 Kühl. In: Lackner/Kühl (1999): § 240 Rn. 12. Der Dritte braucht keine nahestehende Person zu sein. Der Eintritt muß aber auch für den Drohungsempfänger ein empfindliches Übel bedeuten.

42 Dazu Timpe (1989): 148ff.; Kühl. In: Lackner/Kühl (1999): § 240 Rn.13f. Siehe auch Pelke (1990): 87ff.

43 Siehe Anhang.

44 Die Antworten der anderen Probanden sind hier nicht abgedruckt; sie liegen aber Ziffer IV.4. zugrunde.

Drohung mit empfindlichem Übel«. *Gewalt* bedeutet »körperliche Kraftanwendung, körperlich wirkender Zwang, psychisch wirkender Zwang und psychisch wirkender Zwang, der physisch empfunden wird«. Ein *Beispiel* dafür ist »Prügel für eine falsche Antwort«. Die *Erscheinungsform der Gewalt* ist »Unmöglichmachen der Willensbetätigung«. Die *Anwendung von Gewalt* kann sich gegen »Personen, Tiere und Sachen« richten. *Drohung* bezeichnet das »Inaussichtstellen eines empfindlichen Übels«. Gedroht wird zum *Beispiel* mit »Wenn Du nicht schreibst, dann prügel ich Dich«. Eine *Drohung liegt vor*, »wenn der Täter das Übel verwirklichen will oder kann und wenn der Täter dem Anschein der Ernstlichkeit nach das Übel verwirklichen will oder kann«. *Übel* meint eine »unangenehme/ungewollte Situation«. *Beispiel* dafür ist »Schmerz«. Ein Übel ist *empfindlich*, »wenn es besonders ausgeprägt ist/besonders stark empfunden wird«. Das anschließende Ergebnismuster stellt die empirischen Befunde auf eine größere Grundlage.

4. Ergebnismuster

Am Verständlichkeitstest nahmen 25 Probanden teil. Davon 12 Frauen, jeweils eine Ärztin, Kindergärtnerin, Krankenschwester, Verkäuferin, Schneiderin, technische Zeichnerin sowie zwei Hausfrauen, kaufmännische Angestellte und Schülerinnen. Von den beteiligten 13 Männern waren je einer Bankkaufmann, Diplombetriebswirt, Diplomfinanzwirt, Diplomingenieur, Elektriker, Florist, Kraftfahrer, Landwirt, Maler, Student, Zahntechniker und zwei Programmierer.[45] Darauf basiert das Ergebnismuster. Schauen wir uns einmal die Antworten der Reihe nach an. 17 Probanden rechnen *Nötigung*[46] dem »Strafgesetzbuch« und drei dem »Bürgerlichen Gesetzbuch« zu. Die anderen sind unsicher und antworten mehrmals: »Bürgerliches Gesetzbuch und Strafgesetzbuch«, »Strafgesetzbuch und Strafprozeßordnung« sowie »Bürgerliches Gesetzbuch, Strafgesetzbuch und Strafprozeßordnung«. Das Handelsgesetzbuch erwähnt keiner. Neun Probanden verstehen »Gewalt« und »Drohung mit einem empfindlichen Übel« als *Mittel der Nötigung*[47]. Elf Probanden »Gewalt« und »Drohung(en)«, »Drohung und körperliche Gewalt« und »Drohungen«. Zwei entnehmen dem Gesetzestext »Zwang zur Handlung, Duldung oder Unterlassung« bzw. »psychischen Druck ausüben«. Deutlicher als bisher gehen die Meinungen der Probanden auseinander beim Gewaltbegriff.

Fünf Probanden verbinden mit *Gewalt*[48] »körperliche Kraftanwendung, körperlich wirkenden Zwang, psychisch wirkenden Zwang und psychisch wirkenden Zwang, der physisch empfunden wird«. Jeweils vier denken an »körperlich wirkenden Zwang, psychisch wirkenden Zwang und psychisch wirkenden Zwang, der phy-

---

[45] Die Fragen werden nacheinander abgearbeitet.
[46] 25 Probanden antworten.
[47] 22 Probanden antworten.
[48] 25 Probanden antworten.

sisch empfunden wird« sowie »körperliche Kraftanwendung«. Drei verstehen darunter »körperliche Kraftanwendung, körperlich wirkenden Zwang und psychisch wirkenden Zwang«. Die anderen Probanden assoziieren dagegen mit dem Ausdruck »körperliche Kraftanwendung und körperlich wirkenden Zwang«, »körperliche Kraftanwendung und psychisch wirkenden Zwang«, »körperliche Kraftanwendung und psychisch wirkenden Zwang, der physisch empfunden wird«, »körperlich wirkenden Zwang«, »körperlich wirkenden Zwang und psychisch wirkenden Zwang« oder »körperliche Kraftanwendung, körperlich wirkenden Zwang und psychisch wirkenden Zwang, der physisch empfunden wird«. »Schläge« und »Prügel« sind die am häufigsten genannten Gewalt-Beispiele[49].

Auf die Frage nach der *Erscheinungsform der Gewalt*[50] antworten die Probanden ebenfalls sehr unterschiedlich. Die Mehrheit unterstellt, daß die Gewalt als *vis compulsiva* auf »Beugung des Willens« gerichtet ist. Zehn Probanden tun das ausschließlich. Drei kombinieren die Willensbeugung mit »Ausschalten des Willens« und jeweils zwei mit »Unmöglichmachen der Willensbetätigung« und »Ausschalten des Willens und Unmöglichmachen der Willensbetätigung«. Im Gegensatz dazu ist die vis absoluta von untergeordneter Bedeutung. Fünf Probanden stellen einzig auf »Unmöglichmachen der Willensbetätigung« ab, zwei zudem auf »Ausschalten des Willens«. Für einen Probanden ist die »Willensausschaltung« alleinige Gewaltform. Die Probanden glauben übereinstimmend, daß *Gewaltanwendung*[51] sich gegen »Personen/Menschen« richten kann. Ausschließlich meinen das sieben Probanden. Die anderen ergänzen »Sachen/Gegenstände«, »Tiere und Sachen«, »Tiere«, »sämtliche Lebewesen«, »eine dritte Person«, »Gebäude«, »Kraftfahrzeuge«, »Institutionen«, »Organisation«, »Staat« und »alles«.

Für fast alle Probanden stellt die *Drohung*[52] ein »empfindliches Übel in Aussicht«. Meistzitiertes Beispiel[53] ist das »Androhen von Schlägen/Prügel«.[54] Nach überwiegender Auffassung *bedingt Drohen*[55], daß »der Täter das Übel verwirklichen will oder kann«. Sieben gehen allein davon aus und weitere zehn in Verbindung mit anderen Bedingungen. Sie äußern darüber hinaus: »Wenn der Täter dem Anschein der Ernstlichkeit nach das Übel verwirklichen will oder kann«, »wenn der Täter sich auf den Eintritt des Übels Einfluß zuschreibt und wenn der Täter dem Anschein der Ernstlichkeit nach das Übel verwirklichen will oder kann«, »wenn der Täter sich auf den Eintritt des Übels Einfluß zuschreibt« und »wenn der Eintritt des Übels vom Willen oder Einfluß des Täters unabhängig ist«. Ein Proband setzt voraus, daß »der

---

49 23 Probanden geben ein Beispiel.

50 25 Probanden antworten.

51 22 Probanden antworten.

52 25 Probanden antworten.

53 21 Probanden geben ein Beispiel.

54 Gefolgt vom »Banküberfall«: Wenn der Kassierer sich weigert, das Geld herauszugeben, dann wird er vom Bankräuber erschossen. Der Konditionalsatz ist für die Formulierung weiterer Beispiele typisch.

55 24 Probanden antworten.

Täter sich auf den Eintritt des Übels Einfluß zuschreibt und es dem Anschein der Ernstlichkeit nach verwirklichen will oder kann«. Sechs Probanden legen allein den »Anschein der Ernstlichkeit« zugrunde.

Ähnlich breit gefächert sind die Antworten zum Übelbegriff.[56] *Übel* ist für alle Probanden negativ besetzt. Sie verstehen darunter etwas »Schlechtes«, »Unangenehmes«, »Schädliches«, »Verletzendes« und »Ungewolltes«. Und im weiteren Sinne »etwas Leidbringendes« und »das Wohlbefinden des Betroffenen Beeinträchtigendes«. Für drei Probanden spielt dabei auch das »körperliche und seelische Empfinden« eine Rolle. Primär bezeichnen sie exemplarisch[57] einen »Banküberfall« und »Rufschädigung«[58] als *Übel*. Damit einher geht die Frage nach der *Empfindlichkeit*[59]. Auch hier antworten die Probanden vielfältig. Hauptsächlich ist ein Übel empfindlich, wenn es lange andauert, eine Bedrohung darstellt oder besonders intensiv ist: »Wenn die Beeinträchtigung des Wohlbefindens über den Zeitraum der tatsächlichen Einflußnahme hinaus andauert«, »wenn die Wirkung länger anhält«, »wenn Leib oder Leben bedroht sind«, »lebensbedrohend oder existenzbedrohend«, »wenn es den Betroffenen sehr ängstigt« und »wenn es besonders ausgeprägt ist/besonders stark empfunden wird«. Insgesamt ist für die Probanden die individuelle Situation und Konstitution des Opfers entscheidend. Vergleichen wir jetzt die rechtliche Auslegung mit den empirischen Befunden.

5. Vergleichsmuster

Die Befragung zu § 240 StGB ergibt, daß von 25 Probanden keiner alle neun Fragen juristisch korrekt beantwortet. Am besten schneidet ein Proband mit sieben richtigen Antworten ab. Die meisten haben nur maximal drei Fragen richtig.[60] Bei 13 Probanden stimmen ein oder zwei Antworten nicht.[61] Sechs Probanden antworten auf drei oder mehr Fragen falsch. Die Mehrheit antwortet teils richtig, teils falsch oder mit Fragezeichen. Bei der *Gewalt* sind die Begriffsbedeutung, Erscheinungsformen und Zielrichtung unklar. Bei *Drohen mit einem empfindlichen Übel* sind der Übel- und Empfindlichkeitsbegriff sowie die Bedingungen für Drohen unbekannt.[62] Die Bedeutung von *Gewalt* und *Gewaltanwendung* beantwortet jeweils nur ein Proband zutreffend. Über die *Gewaltformen* wissen lediglich zwei Probanden

---

56 21 Probanden antworten.

57 15 Probanden geben ein Beispiel.

58 Zum Beispiel: »Wichtige persönliche Angelegenheit widerrechtlich in die Öffentlichkeit tragen« , »Rufmord« , »üble Nachrede« .

59 16 Probanden antworten.

60 Fünf Probanden haben eine, 13 Probanden zwei und sechs Probanden drei Antworten richtig.

61 Jeweils sechs Probanden geben keine bzw. eine und sieben Probanden zwei falsche Antwort(en).

62 Dieser Befund ist unabhängig davon, ob die Probanden aus vorgegebenen Antworten auswählen oder frei formulieren.

Bescheid. Fast spiegelbildlich ist das Ergebnis für *Drohen*. Was *Übel* bedeutet und wann es *vorliegt*, kann nur je ein Proband richtig sagen. Die juristischen Parameter für *empfindliches Übel* kennt niemand. Vergleichsweise einfach sind dagegen allein die Fragen nach der *Gesetzeszuordnung* und den *Nötigungsmitteln*. Aber auch hier wissen acht Probanden nicht, daß *Nötigung* im Strafgesetzbuch steht. 16 Probanden können dem Gesetzestext nicht zweifelsfrei die Mittel der Nötigung entnehmen. Bloß mit der *Drohung* haben sie – von einer Ausnahme abgesehen – keine Schwierigkeiten. Gucken wir uns einmal die Bilanz im einzelnen an.

Das Delikt *Nötigung* gehört zum »Strafgesetzbuch«. Definitiv sagen das 17 Probanden. Fünf ergänzen noch »Strafprozeßordnung« und »Bürgerliches Gesetzbuch«. Sie unterscheiden offenbar nicht zwischen dem Straf- und Zivilrecht.[63] Die *Mittel der Nötigung* sind »Gewalt« und »Drohung mit einem empfindlichen Übel«. Neun Probanden wissen das. Die Mehrzahl allerdings spricht verkürzt von »Gewalt« und »Drohung«. Ein Proband legt fälschlicherweise den Nötigungserfolg zugrunde. Und einer die »Unterlassung«, die aber eine Erscheinungsform der Gewalt ist. Die Probanden mutmaßen offen über den *Gewaltbegriff*. Insgesamt gibt es zehn Definitionen. Zutreffend ist: Gewalt bedingt »körperliche Kraftanwendung, körperlich wirkenden Zwang oder psychisch wirkenden Zwang, der physisch empfunden wird«. Diese Bedeutung kennen lediglich zwei Probanden. Vier Probanden meinen, daß Gewalt »körperliche Kraftanwendung« bedingt. Sie wissen offenbar nicht, daß die Rechtsprechung den Gewaltbegriff inzwischen vergeistigt hat. Über die Hälfte rechnet den »psychisch wirkenden Zwang« zur Gewalt. Diese Auffassung steht im Widerspruch zur derzeitigen Rechtsprechung, die auf rein psychischem Einsatz beruhende Zwangseinwirkungen (wieder) ausklammert. Insgesamt zeigen die Antworten den aktuellen juristischen Streit über die Auslegungsgrenze.

Bei der *Erscheinungsform der Gewalt* unterscheiden Juristen zwischen der vis absoluta (»Ausschalten des Willens und Unmöglichmachen der Willensbetätigung«) und der vis compulsiva (»Willensbeugung«). Zwei Probanden kennen diese drei Formen. 16 legen nur eine einzige[64] und sieben zwei Formen[65] zugrunde. Nach herrschender Meinung kann sich die *Anwendung von Gewalt* gegen das Opfer selbst, einen Dritten und Sachen richten. Diese Zielrichtung ist einem Probanden geläufig. Die anderen stellen vor allem auf die Person ab. Zum Teil übersehen sie, daß Schutzgut des Nötigungstatbestandes die Freiheit der Willensentschließung und Willensbildung des Einzelnen ist. Insoweit sind Institutionen, Organisationen und Staat ausgenommen. Die *Drohung* stellt für nahezu alle »ein empfindliches Übel in Aussicht«. Das ist richtig und bedarf keiner weiteren Kommentierung. Eine *Drohung bedingt*, »daß der Täter sich auf den Eintritt des Übels Einfluß zuschreibt und es dem Anschein der Ernstlichkeit nach verwirklichen will oder kann«. Diese

---

[63] Siehe Pfeiffer/Strouhal/Wodak (1987): 148.

[64] Mehrheitlich »Willensbeugung«.

[65] Mehrheitlich »Willensbeugung und Willensausschaltung«.

Bedingung kennt nur ein Proband. 13 Probanden stellen eine[66], neun Probanden zwei andere[67] und zwei Probanden drei[68] Bedingungen auf.

Der *Übelbegriff* im Sinne von »nachteiligem Sachverhalt« und »Einbuße an Werten« ist juristisch vage. Alle Probanden verbinden damit grundsätzlich etwas Negatives. Einige assoziieren damit auch ein »körperliches und seelisches Empfinden«. Das entspricht der älteren Rechtsprechung und Literatur. Sie definiert *Übel* als eine gesteigerte Unannehmlichkeit, die das menschliche, familiäre, berufliche, wirtschaftliche, körperliche oder seelische Empfinden berühren kann. Die *Empfindlichkeit* messen Juristen mittels der Erheblichkeit. Diesen Maßstab legt kein Proband direkt an. Allenfalls indirekt im Sinne von »bleibende (bzw. empfindliche) Schäden erwachsen« und »angreifbar werden«. Die Wertbestimmung erfolgt rein subjektiv. Für die Probanden ist der tatbezogene Einzelfall, die individuelle Situation des Opfers entscheidend (z.B. »Schmerzen verursacht werden«). Das sogenannte »Durchschnittsopfer« legt keiner zugrunde.

V. Ausblick: Nationales und europäisches Recht

Schließend sei hier für die weitere Arbeit die Frage gestellt: Welche Möglichkeiten bietet das Gesprächsanalytische Integrationsmodell für das europäische Recht? Strafrecht ist in der überkommenen Vorstellung ein typisches Instrument, das aus der nationalstaatlichen Souveränität erwächst. Damit wird es landläufig aus der europarechtlichen Betrachtung ausgeblendet. Doch inzwischen greift auch hier die europäische Idee. Unter dem Eindruck von Mißmanagement der früheren Europäischen Kommission unter dem Vorsitz von Jacques Santer ist gerade ein Grundsatzpapier zur Errichtung einer eigenen, unabhängigen Staatsanwaltschaft in der Europäischen Union erschienen.[69] Es sollen Staatsanwaltsbüros für europäische Verstöße bei den nationalen Staatsanwaltschaften angesiedelt werden.

Zusammen mit einschlägigen Entscheidungen europäischer Institutionen sowie etwa der zunehmenden Kooperation der Ermittlungsbehörde Europol zur grenzüberschreitenden Verbrechensbekämpfung wird damit allmählich gemeineuropäisches Gedankengut auch im Strafrecht entstehen.[70] Im Bereich der Wirtschaft ist das schon längst der Fall.[71] Damit hat das Gesprächsanalytische Integrationsmodell ein breites

---

[66] Primär »wenn der Täter das Übel verwirklichen will oder kann«.

[67] Primär »wenn der Täter das Übel verwirklichen will oder kann und es dem Anschein der Ernstlichkeit nach verwirklichen will oder kann«.

[68] »Wenn der Täter das Übel verwirklichen will oder kann, sich auf den Eintritt des Übels Einfluß zuschreibt und es dem Anschein der Ernstlichkeit nach verwirklichen will oder kann«.

[69] Siehe Handelsblatt v. 13.9.1999.

[70] Es wird sich zeigen, bei welchen Delikten im einzelnen. Denkbar sind die Vermögensdelikte wie Untreue, Betrug, Unterschlagung, Bestechung und Bestechlichkeit.

[71] Siehe z.B. Sosnitza (1997).

Anwendungsfeld für die Verständlichkeit von Rechts- und Verwaltungssprachen in Europa. Es kann in der Rechtslinguistik für ein zusammenwachsendes Europa der Sprachen und Kulturen[72] umfassend genutzt werden.

Literatur

Bamberger, Richard/Vanecek, Erich (1984): Lesen – Verstehen – Lernen – Schreiben. Die Schwierigkeitsstufen von Texten in deutscher Sprache. Linz.

Biere, Bernd (1989): Verständlich-Machen. Hermeneutische Tradition – Historische Praxis – Sprachtheoretische Begründung. Tübingen.

Biere, Bernd (1991): Textverstehen und Textverständlichkeit. Heidelberg.

Bundeskriminalamt (Hrsg.) (1989): Symposium: Polizei und Gewalt. Erfahrungen im Umgang mit Gewalt und Folgerungen für künftiges Handeln. 3. Wiesbaden.

De Groot, Gerard-René/Schulze, Reiner (Hrsg.) (1999): Recht und Übersetzen. Baden-Baden.

Der öffentliche Sprachgebrauch (1981): Band 2: Die Sprache des Rechts und der Verwaltung. Bearbeitet von Ingulf Radtke. Stuttgart.

Dölle, Hans (1949): Vom Stil der Rechtssprache. Tübingen.

Flesch, Rudolf (1973): Besser schreiben, sprechen, denken. Düsseldorf.

Fritsch-Oppermann, Sybille (Hrsg.) (1998): Die Rechtssprache: Fachjargon und Herrschaftsinstrument. Rehburg-Loccum.

Groeben, Norbert (1972): Die Verständlichkeit von Unterrichtstexten. Dimensionen und Kriterien rezeptiver Lernstadien. Münster.

Jaspersen, Andrea (1998): Über die mangelnde Verständlichkeit des Rechts für den Laien. Diss. Bad Doberan.

Klein, Agnes (1988): Zum Nötigungstatbestand. Strafbarkeit der Drohung mit einem empfindlichen Unterlassen. Gelsenkirchen.

Krey, Volker (1989): Probleme der Nötigung mit Gewalt am Beispiel von Sitzblockaden und sexueller Gewalt – »Blick zurück im Zorn«. In: Bundeskriminalamt (Hrsg.): S. 35-48.

Lackner, Karl/Kühl, Kristian (1999): Strafgesetzbuch mit Erläuterungen. 23. Auflage München.

Langer, Inghard/Schulz von Thun, Friedemann/Tausch, Reinhard (1993): Sich verständlich ausdrücken. 5. Auflage München.

Luttermann, Claus (1999): Dialog der Kulturen. Vergleichendes Handels- und Kapitalmarktrecht im Sprachspiegel. In: Festschrift für Bernhard Großfeld zum 65. Geburtstag. Heidelberg. S. 771-789.

Luttermann, Karin (1996): Gesprächsanalytisches Integrationsmodell am Beispiel der Strafgerichtsbarkeit. Münster.

Luttermann, Karin (1999a): Übersetzen juristischer Texte als Arbeitsfeld der Rechtslinguistik. In: de Groot/Schulze (Hrsg.): S. 47-57.

Luttermann, Karin (1999b): Gesetzesverständlichkeit als interdisziplinäre Aufgabe. Gedanken am Beispiel von § 211 I StGB. In: Zeitschrift für Rechtspolitik: S. 334-339.

Luttermann, Karin (1999c): Wie lang ist lebenslang? Juristische Definitionssemantik und allgemeiner Sprachgebrauch. In: Deutsche Sprache: S. 236-248.

Müller-Dietz, Heinz (1998): Rechtssprache – Die Macht der Sprache, die Sprache der Macht. In: Fritsch-Oppermann (Hrsg.): S. 19-44.

[72] Luttermann, C. (1999).

Öhlinger, Theo (Hrsg.) (1986): Recht und Sprache. Fritz Schönherr-Gedächtnissymposium 1985. Wien.

Öhlinger, Theo (1986): Sprache und Recht – eine Problemskizze. In: Öhlinger (Hrsg.): S. 25-36.

Pelke, Bernhard (1990): Die strafrechtliche Bedeutung der Merkmale »Übel« und »Vorteil«. Zur Abgrenzung der Nötigungsdelikte von den Bestechungsdelikten und dem Wucher. München.

Pfeiffer, Oskar/Strouhal, Ernst/Wodak, Ruth (1987): Recht auf Sprache. Verstehen und Verständlichkeit von Gesetzen. Wien.

Rödig, Jürgen (Hrsg.) (1976): Theorie der Gesetzgebung. Berlin.

Schönke, Adolf/Schröder, Horst (1997): Strafgesetzbuch. Kommentar. 25. Auflage München.

Schulz von Thun, Friedemann (1976): Können Gesetzestexte verständlicher formuliert werden? In: Rödig (Hrsg.): S. 432-451.

Sosnitza, Olaf (1997): Das Säuglingsnahrungswerbegesetz. Zu Inhalt und Reichweite der wichtigsten Werbeeinschränkungen. In: Zeitschrift für das gesamte Lebensmittelrecht: S. 519-537.

Teigeler, Peter (1968): Verständlichkeit und Wirksamkeit von Sprache und Text. Stuttgart.

Timpe, Gerhard (1989): Die Nötigung. Berlin.

Tröndle, Herbert/Fischer, Thomas (1999): Strafgesetzbuch und Nebengesetze, 49. Auflage München.

Wassermann, Rudolf (1981): Sprachliche Probleme in der Praxis von Rechtsetzung, Rechtspflege und Verwaltung. In: Der öffentliche Sprachgebrauch: S. 128-142.

Wassermann, Rudolf (1983): Recht und Verständigung als Element der politischen Kultur. In: Wassermann/Petersen (Hrsg.): S. 40-63.

Wassermann, Rudolf (1986): Die moderne Gesetzessprache als Ausdruck politischer Kultur. In: Öhlinger (Hrsg.): S. 37-52.

Wassermann, Rudolf/Petersen, Jürgen (Hrsg.) (1983): Recht und Sprache. Beiträge zu einer bürgerfreundlichen Justiz. Heidelberg.

Wessels, Johannes/Hettinger, Michael (1999): Strafrecht. Besonderer Teil/1. Straftaten gegen Persönlichkeits- und Gemeinschaftswerte. 22. Auflage Heidelberg.

Wodak, Ruth (1986): Bürgernahe Gesetzestexte. Soziolinguistische Bemerkungen zur Verständlichkeit von Gesetzestexten. In: Öhlinger (Hrsg.): S. 115-128.

Anhang: Fragebogen

I. Wählen Sie aus den Antworten aus, wo »Nötigung« steht!
   1. Bürgerliches Gesetzbuch
   2. Handelsgesetzbuch
   3. Strafgesetzbuch
   4. Strafprozeßordnung

II. Lesen Sie den Gesetzestext! Was sind die »Nötigungsmittel«?

III. A) Was bedeutet »Gewalt«? Wählen Sie aus den Antworten aus!
   1. Körperliche Kraftanwendung
   2. Körperlich wirkender Zwang
   3. Psychisch wirkender Zwang
   4. Psychisch wirkender Zwang, der physisch empfunden wird

   B) Geben Sie ein Beispiel!

IV. Was ist die »Erscheinungsform« der Gewalt? Wählen Sie aus den Antworten aus!
   1. Beugung des Willens
   2. Ausschalten des Willens
   3. Unmöglichmachen der Willensbetätigung

V. Gegen wen oder was kann sich die »Anwendung von Gewalt« richten?

VI. A) Was bedeutet »Drohung«? Wählen Sie aus den Antworten aus!
   1. Inaussichtstellen eines empfindlichen Übels
   2. Zufügen eines empfindlichen Übels

   B) Geben Sie ein Beispiel!

VII. Wann liegt eine »Drohung« vor? Wählen Sie aus den Antworten aus!
   1. Wenn der Täter das Übel verwirklichen will oder kann.
   2. Wenn der Täter sich auf den Eintritt des Übels Einfluß zuschreibt.
   3. Wenn der Täter dem Anschein der Ernstlichkeit nach das Übel verwirklichen will oder kann.
   4. Wenn der Eintritt des Übels vom Willen oder Einfluß des Täters unabhängig ist.

VIII. A) Was bedeutet »Übel«?

   B) Geben Sie ein Beispiel!

IX. Wann ist ein Übel »empfindlich«?

Ärztliche Kommunikation und Ethik

Johanna Lalouschek

1. Einleitung

Ich möchte hier über ethisches Handeln in der Medizin, und zwar in ärztlichen Gesprächen und in der Arzt-Patienten-Beziehung sprechen. Ich werde mit prinzipiellen Überlegungen zur Ethikdiskussion in der heutigen Medizin beginnen und festhalten, wie und wo der Bereich Ärztliche Kommunikation innerhalb dieser Ethikdiskussion positioniert wird. Anschließend werde ich auf die medizinische Ausbildung eingehen und aufzeigen, welches Wertesystem der gängigen Ausbildung zugrundeliegt und welche ethischen Problemstellungen damit verknüpft sind. Dazu werde ich Datenmaterial aus Forschungsprojekten zur medizinischen Kommunikation heranziehen. Beschließen möchte ich meine Überlegungen mit der Darstellung der aktuellen Möglichkeiten der Vermittlung von kommunikativen Fertigkeiten für MedizinerInnen z.B. im Rahmen von diskursanalytischen Kommunikationstrainings.

2. Ethik und moderne Medizin

2.1 Aktuelle ethische Problemfelder der modernen Medizin

Ethik stellt sich als großes und brisantes Thema der modernen Medizin dar. Diese moderne Ethik-Diskussion wird v.a. durch die technischen Fortschritte der Medizin ausgelöst und die immer größeren technischen Möglichkeiten, die sich in der medizinischen Betreuung oder Diagnostik bieten. So werden erstens neue Fragen aufgeworfen, für die es keinen oder noch keinen gesellschaftlichen Konsens gibt (Stichworte »Humangenetik«, »Klonen«), zweitens wird die medizinische Betreuung zunehmend technisiert und funktionalisiert, womit die Gefahr des Verlustes der humanistischen Aspekte ärztlichen Tuns und der sozialen Qualität der medizinischen Betreuung verbunden ist (Stichwort »Apparatemedizin«).

Ich habe einige der Hauptbereiche, die in dieser Ethikdiskussion immer genannt werden, herausgegriffen, um das Spektrum deutlich zu machen:

2.1.1 Reproduktionsmedizin und pränatale Diagnostik

Um reproduktionsmedizinische Maßnahmen »effizient« zu machen, müssen bei einer künstlichen Befruchtung stets mehr Embryonen »erzeugt« werden als benötigt. Die zentralen ethischen Fragen, die sich hierbei stellen, sind folgende: Gibt es ein moralisches Lebensrecht von Embryonen? Was geschieht mit überzähligen Embryonen, mit für Kinder wie Mütter gesundheitlich problematischen, künstlich induzierten höhergradigen Mehrlingsschwangerschaften? (vgl. Reiter-Theil/Kahlke 1995; Bungert 1998)

Die vorgeburtliche Diagnostik verfügt über immer feinere Methoden, immer häufiger stellt sich die Frage, welche festgestellte Behinderung sozial akzeptabel ist. Gibt es überhaupt noch eine klare Grenzziehung zwischen behindert und nicht-behindert und wie stark wächst der soziale Druck auf Mütter bzw. Eltern, entsprechende Schwangerschaften vorzeitig abzubrechen?

2.1.2 Intensivmedizin und Sterbehilfe

Die ethischen Fragen bewegen sich hier in einem moralischen Dreieck zwischen den technischen Möglichkeiten der Lebenserhaltung, der Frage eines würdevollen Lebens bzw. Sterbens, also des Selbstbestimmungsrechts von Individuuen und der ärztlichen Verpflichtung, nicht aktiv zu töten (Schreiner/Gahl 1995).

Weitere Bereiche der Ethik-Diskussion, die ich hier nur aufzählen möchte, sind Transplantationsmedizin, Forschung am Menschen und Psychiatrie.

Diese wenigen Beispiele machen schon die sozialen Konsequenzen der ursprünglich medizinischen Fragen, die weit über die technischen Problemstellungen hinausgehen, deutlich. Medizin steht an den relevanten Punkten jedes einzelnen (individuellen) Lebens, also von der Geburt (bzw. davor) bis zum Tod, setzt Maßstäbe und definiert zentrale gesellschaftliche Werte und Begriffe. Dies erklärt auch schon einen Teil der gesellschaftliche Brisanz der Ethikdiskussion. Bei allen genannten Punkten geht es um das zentrale Moment ethischen Handelns, festgehalten in der Frage »Ist alles richtig, was machbar ist?«. Medizinisches Handeln impliziert auch moralisch angemessene Entscheidungen, Verantwortung gegenüber der Gesellschaft und Veränderung oder Etablierung von Handlungs- und Entscheidungsnormen.

Es gibt einen immer wieder zitierten Verhaltenskodex für ÄrztInnen, den *Hippokratischen Eid*, der quasi als Grundgesetz ärztlicher Ethik gilt. Wenn man sich etwas näher mit ihm und seiner medizinhistorischen Interpretation beschäftigt, so wird deutlich, dass er für die modernen MedizinerInnen und diese Fragestellungen in bezug auf ethisches Handeln keine Orientierungen mehr bietet (Nickel/Kollesch 1994; Schlosser 1998). Den Ausführungen des Medizinhistorikers Axel W. Bauer folgend, ist der Hippokratische Eid als ein Dokument seiner Zeit, der vorchristlichen Antike, zu betrachten, in dem die ökonomische und standesrechtliche Absicherung der Ärzte festgelegt war. Für moderne MedizinerInnen enthält er nur mehr allgemeine moralische Handlungsorientierungen wie den Patienten und Patientinnen nicht zu schaden und sich der Schweigepflicht zu unterwerfen. Aus diesem Grund ist der Hinweis auf die Gebundenheit der ÄrztInnen durch den Hippokratischen Eid fragwürdig, weil er im Grunde ja nichts anderes aussagt, als dass es ethische und praktische Richtlinien geben muss – für die inhaltliche Füllung kann er heutzutage nicht mehr gelten.

Damit wird aber auch klar, warum diese Diskussion so notwendig ist und es notwendig ist, angemessene ethische Maßstäbe für ärztliches Handeln festzulegen. Es herrscht große Unsicherheit bezüglich angemessenen ethischen Handelns, bezüglich richtiger Entscheidungen, richtiger Beratung – bei hohen Anforderungen an die soziale und moralische Kompetenz von ÄrztInnen.

Ein dritter Bereich der Ethik-Diskussion, auf den ich eingehen möchte, ist der zentrale meines Vortrags:

2.1.3 Arzt-Patienten-Beziehung und Arzt-Patienten-Gespräch

Die zentrale ethische Fragen, die hier gestellt wird, ist: Welche Werte und Normen prägen die Arzt-Patienten-Beziehung in ihrer gesellschaftlichen, kulturellen und ökonomischen Einbettung? (Gahl 1995) Richtet sich also z.B. ärztliches Tun an funktionalen, ökonomischen oder zeitlichen Erfordernissen aus oder an den personalen der PatientInnen, aber auch der ÄrztInnen?

Interessant ist der Stellenwert der Arzt-Patienten-Kommunikation innerhalb der Ethik-Diskussion: Zum Einen wird sie als quasi eigenständiger Teilaspekt innerhalb der Ethikdiskussion geführt und bezieht sich fast immer auf die Standardbehandlungssituation. So führte sie bis vor einiger Zeit eher ein Schattendasein neben den »wirklich heißen« Themen wie Sterbehilfe und Transplantationsmedizin, hat aber gerade in den letzten Jahren an Aufmerksamkeit und Relevanz gewonnen. Gründe dafür sind die steigende Unzufriedenheit der MedizinerInnen mit den Defiziten der medizinischen Betreuung bzw. mit der Berufsausübung, v.a. was die mangelnde soziale Qualität schulmedizinischer Tätigkeit betrifft. Zugleich ist die Akzeptanz von alternativmedizinischen und gesamtheitlichen medizinischen Ansätzen gestiegen und das Ausmaß, in dem diese von PatientInnen in Anspruch genommen werden. Die steigende Bedeutsamkeit zeigt sich auch in der medizinischen Fortbildung, in der sich gehäuft Seminartitel wie »Dialog und Ethik«, »Gesprächskultur«, etc. finden.

Was die ärztliche Kommunikation prinzipiell betrifft, so wird in der Ethik-Diskussion wenig deutlich gemacht, dass es gerade bei den oben genannten »heißen« Themen im jeweiligen Einzelfall immer um sehr komplexe Entscheidungsfindungen zu Behandlungs- und Therapieformen geht, die im Rahmen von ärztlichen Gesprächen mit den Betroffenen und/oder deren Angehörigen stattfinden. Das bedeutet aber, dass von ÄrztInnen heutzutage, aufgrund dieser Situation, neben der sozialen und moralischen Kompetenz auch eine ganz prinzipielle hohe kommunikative Kompetenz oder Gesprächsführungskompetenz in zunehmend komplexen Beratungs- und Entscheidungssituationen gefragt ist. Die Frage ist nun, wieweit diesen Anforderungen in der medizinischen Ausbildung Rechnung getragen wird.

2.2 Werte der Arzt-Patienten-Beziehung

Welche Werte prägen nun die Arzt-Patienten-Beziehung? Dazu muss man eine weitere Unterscheidung einführen: Was unseren Kulturkreis betrifft – so gibt es nicht *die* Medizin, sondern unterschiedliche medizinische Konzepte, die zum Teil miteinander konkurrieren. Üblicherweise wird unterschieden zwischen dem vorherrschenden sogenannten *schulmedizinischen Modell*, einem an biologischen Prozessen und organischen Krankheiten orientierten Modell und *gesamtheitlichen humanistischen Modellen* wie psychosomatischen und psychosozialen Modellen und den Modellen der komplementären und alternativen Heilkunde, die personenorientiert sind.

Die Unterschiede und ihre Implikationen möchte ich am jeweils unterschiedlichen Krankheitsbegriff deutlich machen (Heim/Willi 1986; Helmich et al. 1991, Uexküll/Wesiak 1990):

Im *biomedizinischen (schulmedizinischen) Modell* ist Krankheit eine Störung einer Organfunktion bzw. eine pathologisch veränderte Organstruktur. Der kranke Mensch ist Träger des krankhaften Prozesses und wird in Folge zum Objekt einer Behandlung. Die Diagnose erfolgt über die Erfassung typischer pathologischer Merkmale, die Therapie zielt auf die Behebung der Funktionsstörung.

In der *bio-psycho-sozialen Medizin* wird Krankheit als eine Störung der Regulationsvorgänge zwischen körperlichen, psychischen und sozialen Prozessen aufgefasst. Eine Erkrankung steht mit dem Individuum, seinen körperlichen Prädispositionen, seinen Lebensumständen und seiner psychosozialen Entwicklung in Zusammenhang. Die Diagnose erfordert die Erhebung von biologischen und psychosozialen Daten und »subjektiven Daten«, z.B. die individuelle Bedeutung von Lebensereignissen. Das bedeutet, diese Daten sind nicht bloß ein Augment, sondern von eigenständiger diagnostischer Bedeutung.

Schon aus dieser Gegenüberstellung wird deutlich, dass die unterschiedlichen Konzepte von Krankheit sich unmittelbar auf das jeweilige ärztliche Selbstverständnis und die Qualität, den Verlauf und den Stellenwert des ärztlichen Gesprächs und der Arzt-Patienten-Beziehung auswirken und damit unterschiedliche ethische Implikationen haben. Dient z.B. die Arzt-Patienten-Beziehung und die medizinische Behandlung der Reparatur bzw. Korrektur einer organischen Fehlfunktion oder einer Heilung in einem humanistisch-umfassenden Sinne?

2.3 Medizinische Ausbildung

Es stellt sich nun die Frage, welche Werthaltungen an angehende ÄrztInnen im Studium und in der weiteren praktischen Berufsausbildung vermittelt werden. Nach wie vor ist es so, dass sich die medizinische Ausbildung an den Universitäten an dem schulmedizinischen Modell orientiert, d.h. es wird ein vorwiegend krankheitsorientiertes Verständnis von Medizin vermittelt. Die Fähigkeit, Gespräche mit PatientInnen zu führen, wird als unspezifische kommunikative Fähigkeit vorausgesetzt, ebenso wird den sozialen und emotionalen Anteilen von moderner ärztlicher Tätigkeit wesentlich weniger Bedeutung beigemessen (Lalouschek 1995).

Und diese Ausrichtung ist es, die zu den ganz typischen Defiziten der schulmedizinischen Ausbildung führt. Angehende MedizinerInnen erwerben kaum ein oder kein systematisches Fachwissen und damit keine oder wenig professionelle Handlungskompetenz und Reflexionsfähigkeit zu

- *kommunikativen Phänomenen und Prozessen*, in Interaktion allgemein wie in ärztlichen Gesprächen im Besonderen;

- *Dynamiken der Arzt-Patienten-Beziehung*, also alles, was interpersonale, psychodynamische, emotionale Prozesse und den professionellen Umgang mit ihnen betrifft;

- *ethischen Fragen der Arzt-Patienten-Beziehung*, v.a. zu einem kritischen Bewusstsein darüber, wie sich die geltenden medizinischen Normen und Werthaltungen auf die Arzt-Patienten-Beziehung und die ärztliche Gesprächspraxis auswirken.

Die weitgehenden Überschneidungen dieser Bereiche ist kein Zufall: das erste Defizit wird von *der Linguistik bzw. Gesprächsanalyse* formuliert, das zweite Defizit von dem großen *konkurrierenden Medizinmodell*, also der patientenorientierten, gesamtheitlichen oder psychosomatischen Medizin, das dritte Defizit von der *Medizinischen Ethik*, die oft als Hintergrund Medizingeschichte und Medizinphilosophie hat. Diese weitgehenden inhaltlichen Überschneidungen können m.E. bei einer offenen, interdisziplinär ausgerichteten kommunikativen Fortbildung für StudentInnen und ÄrztInnen nur von Vorteil sein. Auch hat sich in den letzten 15 Jahren, seit ich mich mit medizinischer Kommunikation beschäftige, sowohl in den Ausbildungsordnungen als auch in der Bereitschaft, sich mit diesen Bereichen zu beschäftigen, eine ganze Menge geändert, allerdings lange nicht in dem Maße, in dem es wünschenswert oder zielführend wäre. Auf diese beiden Punkt werde ich abschließend nochmals zurückkommen.

3. Vermittlungsformen, Wertorientierung und Arzt-Patienten-Gespräche

Im Folgenden möchte ich zeigen, wie sich diese Defizite ganz praktisch auf die ärztlichen Gespräche und auf das ärztliche Selbstverständnis auswirken. Beispielhaft ziehe ich dazu Datenmaterial aus Forschungsprojekten zur medizinischen Kommunikation, die in Wien durchgeführt wurden, heran, in denen Anamnesegespräche bzw. Erstgespräche im Krankenhaus untersucht wurden (Hein et al. 1985; Lalouschek/Menz/Wodak 1990; Lalouschek 1999).

3.1 Die Anamnese im Krankenhaus – Lehrbücher und Interviews

Bei der Aufnahme auf eine Abteilung eines Krankenhauses wird mit jedem Patienten und jeder Patientin eine Anamnese bzw. ein Erstgespräch durchgeführt. Dies dient dazu, die beschwerdenrelevanten Informationen zu erheben um fachliche Hilfe anbieten und einleiten zu können. Sie dient weiters den formalen verwaltungstechnischen Erfordernissen, eine Krankenmappe mit der Krankengeschichte anzulegen. Diese Anamnese ist üblicherweise der Erstkontakt der Kranken mit einem Arzt oder einer Ärztin der Station.

Eine vollständige Anamnese umfasst nach gängigen Lehrbüchern die *Erhebung folgender thematischer Bereiche* (Schettler/Nüssel 1984; Hope et al. 1990):

- aktuelle Beschwerden
- Kinderkrankheiten
- frühere Erkrankungen und Krankenhausaufenthalte
- chronische Erkrankungen (Diabetes, Hochdruck, etc.)
- Familienanamnese (relevante Erkrankungen von Eltern und Geschwistern)
- Allgemeinanamnese, zB.
- aktueller Gesundheitszustand (Appetit, Verdauung)
- persönliche Daten (Alter, Größe und Gewicht)
- Medikamentation und Allergien
- Sozialanamnese (Familienstand, häusliche Versorgung)
- Adresse des Hausarztes/der Hausärztin (Arzt-Brief)

Diese thematischen Bereiche entsprechen einer Liste, die abgefragt und in den Anamnesebögen stichwortartig schriftlich festgehalten werden kann.

In den Lehrbüchern findet sich jedoch auch immer wieder der Hinweis, dass eine Anamnese zusätzlich zu dieser »Informationsfunktion« auch »Interaktionsfunktion« hätte. So sei es auch Ziel einer Anamnese, »ein Vertrauensverhältnis mit dem Patienten aufzubauen und Einblick in das Leben des Patienten und seine Persönlichkeit zu gewinnen. Dazu ist es nötig, auf den Patienten einzugehen, die eigene Sprache der Sprache des Patienten anzupassen und dem Patienten zu vermitteln, dass man viel Zeit für ihn hat« (Hope et al. 1990: 22). Dies sind die humanistischen, ethischen Aspekte, einen Kranken als Person wahrzunehmen.

Interessant ist die Trennung von Informationsfunktion und Interaktionsfunktion, die die Spaltung funktional vs. personal widerspiegelt, die das gesamte schulmedizinische System kennzeichnet und durchzieht (vgl. dazu Lalouschek, in Arbeit).

Aus gesprächsanalytischer Perspektive stellen diese letztgenannten Formulierungen quasi ganz selbstverständlich hohe und komplexe Anforderungen an die Gesprächskompetenz von ÄrztInnen. Was bedeutet es etwa in der Praxis, seine »Sprache anzupassen«, wie macht man es, »ein Vertrauensverhältnis aufzubauen«? Hier geht es nicht mehr darum, eine Liste abzufragen, was vor dem Hintergrund eines schulmedizinischen Modells leicht erlernbar und leicht durchführbar, also auch leichter funktionalisierbar ist, sondern es geht darum, eine professionelle und dennoch persönliche Beziehung zu einer anderen Person aufzubauen. Die entsprechenden interaktiven Verfahren beschreiben nun eine andere, nämlich personal ausgerichtete Interaktionsqualität, die aus einem anderen, sprich: personenzentrierten Medizinmodell stammt und nur über langjährige Übung und Erfahrung erwerbbar ist. Im Rahmen eines rein schulmedizinischen Modells ist der diagnostische oder therapeutische Zweck, Einblick in das Leben eines Patienten zu gewinnen, zudem fragwürdig.

In einem unserer Forschungsprojekte (Hein et al. 1985) befragten wir die ÄrztInnen, deren Gespräche mit den PatientInnen wir aufzeichneten, nach den Regeln für Anamnesen:

Im: gibts eigentlich Regeln für so eine Anamnese?

Am: ja ma lernt das während dem Studium – beziehungsweise also vor allem in den Praktika und Famulaturen die ma während des Studiums macht, wie man eine Anamnese abfassen soll. daß ma also beginnt mit den Krankheitn in der Familie, dann die Kinderkrankheitn, frühere Krankheitn, jetzige Krankheitn, ah daß ma da also chronologisch des auflistet, – ah dann daß ma eben Zusatzfragn stellt nach Alkohol, Geschlechtskrankheitn, Nikotin, Gewicht, Stuhlgang und diese Sachn. also es is ein relativ starres Schema – ah wo es allerdings oft so ist daß ma irgendwas vergißt.

Der Arzt in Ausbildung listet fast wortwörtlich entsprechend den Lehrbüchern die inhaltlichen Bereiche einer Anamnese auf. Dies macht deutlich, dass die Anamnese in ihrem oben dargestellten Ablauf in seiner professionellen Wissenstruktur tatsächlich in dieser Form verankert ist. Er bezeichnet sie als ein »relativ starres Schema«, was bedeutet, dass sie für ihn kein lebendiges, dynamisches, von beiden InteraktantInnen gestaltetes Interaktionsgeschehen darstellt. Konsequenterweise kommt der Patient als Person in seiner Darstellung nicht vor.

Eine linguistische Analyse der Transkripte seiner ärztlichen Gespräche zeigt, dass dieser Arzt (und alle seine KollegInnen) seine Anamnesen tatsächlich nach diesem Schema durchführt – mit allen bekannten Problemen: Die PatientInnen unterliegen komplett seiner Gesprächsführung, er kontrolliert und steuert inhaltlich wie zeitlich sehr stark, Gesprächsverlauf und Inhalte sind auf die institutionellen Erfordernisse zugeschnitten.

3.2 Das Anamnesegespräch: Ideal und Realität Strategien des Umgangs mit der Kluft, die zwischen theoretischen Ansprüchen und dem beruflichen Alltag erlebt werden

Die in den Lehrbüchern nachgeschobene personale Komponente des Anamnesegesprächs wird in der Darstellung des Arztes ausgeblendet. Dies ist vermutlich eine der Möglichkeiten, das im beruflichen Alltag dauernd erlebte Dilemma zwischen funktionaler und personaler Medizin zu lösen – und zugleich ist dies wie eingangs schon erwähnt, der zentrale Punkt der Ethikdiskussion: *Personalisierung statt Funktionalisierung.*

Auf manchen Krankenhausstationen gibt es immerhin auch den Ablaufschritt »soziale Anamnese«, in dem die beruflichen und familiären Verhältnisse erfragt werden sollen. Eine Ärztin stellt dies folgendermaßen dar:

> Aw: Bei uns – glaub ich – isses so daß ma – sehr oft vergessen die/ – ah – zu einer guten Anamnese gehört eigentlich auch dazu a Kurzangabe über die sozialen Verhältnisse unter denen er lebt. (...). Auf des wird – glaub ich – vü zu wenig Wert gelegt – wos weiß i – die Leut erzähln einem Sachn *(ausführliche Schilderung einer dramatischen Patienten-Erzählung)* – des schreib ma dann oft gor net nieda – daweil is des jo des a irgendwie sehr intressant – solche Sachn.

Diese Ärztin vermischt nicht nur den Bestandteil »soziale Verhältnisse« mit »persönlichen Schilderungen«, was den völlig unreflektierten Umgang mit diesen Bereichen deutlich macht. In diesem kurzen Ausschnitt wird auch ihre Ambivalenz zwischen Lehrbuchanamnese und beruflicher Praxis deutlich: sie weiß, dass psychosoziale Informationen per definitionem Teil einer guten Anamnese sind, dass ihnen aber, abgesehen von objektiven Daten wie Beruf und Familienverhältnissen, institutionell wenig Bedeutung beigemessen wird, obwohl sie intuitiv weiß, dass diese doch auch »irgendwie sehr interessant« sind. Ihre Lösung liegt darin, wenn solche Erzählungen in Gesprächen mit PatientInnen auftreten, zuzuhören, sie aber nicht aufzuschreiben. Durch mangelnde Niederschrift wird dieser Teil ausgeblendet.

Dies ist, und das muss betont werden, eben nicht nur ein individueller Konflikt, sondern eine der ärztlichen Aufgabe immanente Ambivalenz (Gahl 1995).

Darum gibt es für manche ÄrztInnen auch die Lösung, sogar das ideale vorgestellte Anamnesegespräch konsequenterweise ohne Dilemma zu formulieren:

> Im: wie sieht für Sie das ideale Anamnesegespräch aus?
>
> Aw: naja – es is sicher recht gut und recht angenehm – wenn der Patient schon drauf vorbereitet is daß ma ihn also ausfragen wird über seine verschiedenen früheren Krankheitn

und Operationen. und so weiter. also es gibt zum Beispiel Leute – die kommen schon ins Krankenhaus mit einer wundervollen zusammengestellten Liste – wo also in chronologischer Reihenfolge vom Bruch der kleinen Zehe bis zur Blinddarmoperation und zur Gallenoperation alles schön aufgeschriebm is. das is sehr praktisch – spart viel Zeit. aba – mein Gott – man kanns halt nicht von jedn Patientn erwartn.

3.3 Der praktische Erwerb: Lehr-Lern-Gespräche im Krankenhaus

Im Rahmen unserer Untersuchung beschäftigten wir uns auch mit der Frage, wie der praktische Erwerb von ärztlicher Gesprächsführung im Krankenhaus aussieht. Der folgende Gesprächsausschnitt stammt aus einer solchen typischen Lehr-Lern-Anamnese. Eine Ärztin in Ausbildung hat eine Studentin im praktischen Jahr (Famulantin) unter »ihre Fittiche« genommen. Ein ca. 60jähriger Patient wurde mit heftigen Atembeschwerden eingeliefert. Er wird zu Beginn der Anamnese nicht darüber informiert, dass es sich hier auch um eine Ausbildungssituation handelt, und er wird nicht darüber aufgeklärt, wer Studentin und wer behandelnde Ärztin ist. Nach der Namenserhebung erkundigt lässt sich die Studentin von der Ärztin das routinemäßige Vorgehen, bei wiederkehrenden PatientInnen auf die schon vorhandene, alte Krankengeschichte zu verweisen, bestätigen.

Aw: Turnusärztin
Fw: Famulantin (Medizinstudentin) 004

Aw:	ja, so wie wirs gestern
Fw: soll ich noch dazuschreibm daß die andern Anamnesen im'	

005

Aw: besprochn ham. also Familienanamnese, Kinderkrankheitn, frühere Krankheitn, siehe

006

Aw: alte Kranken geschichte.	
Fw:	*<schreibt 20 sec.>*

Dieser Ausschnitt macht deutlich, wie die inhaltlichen Bereiche einer Anamnese in Bezeichnung und Reihenfolge eingeübt werden.

Im nächsten Ausschnitt ist der Patient am Ende seiner Darstellung der akuten Beschwerden angelangt. Trotz Sauerstoff und Spray konnte er seine Atemprobleme nicht mehr von selbst in den Griff bekommen – ein für chronisch kranke Patientinnen existentiell bedrohlicher Zustand.

019
Fw: aha^{v}
Pm: drum hab ich in der Wohnung auch Sauerstoff und den Spray' aber der nützt a nix mehr.

020
Aw: also die Diagnose bei ihm is chronisch asthmoide Bronchitis, net' –
Fw: mhm^{v}
Pm: greift nicht.

021
Aw: und dann beschreibst da a bisserl die Symptome. chronisch ASTHmoid'
Fw: chronisch was?

022
Aw: – net direkt Asthma.
Fw: asthmoid' aso! hab i net verstandn. < *schreibt 15 sec.*>

Die Studentin begleitet die Darstellung des Patienten mit Hörersignalen (019, 020), die Ärztin geht auf den persönlich bedrohlichen Anteil der Darstellung interaktiv nicht ein. Sie bezieht sich in ihrer Weiterführung (020) lediglich auf den biomedizinisch relevanten Anteil, den sie für die Studentin zusammenfasst und fachsprachlich übersetzt: »chronisch asthmoide Bronchitis«. Dann erfolgt die Anweisung, die Symptome im Einzelnen zu beschreiben. Diese Form des völligen Übergehens relevanter emotionaler Inhalte wäre in jeder Alltagssituation undenkbar.

Die eigentliche Interaktion findet bei dieser Lehr-Lern-Anamnese zwischen der Studentin und der Ärztin statt, ähnlich wie bei manchen Visitengesprächen fungiert der Patient nur als Stichwort- oder Informationslieferant.

Die Frage ist nun, was wird hier gelehrt und gelernt? Es wird gelehrt, die funktionalen Erfordernisse über die personalen zu stellen. Wichtig ist es, die Formalia zu kennen und zu erfüllen und die thematischen Bereiche des Anamneseschemas abzuarbeiten. Die Ärztin fungiert als Rollenvorbild für die Studentin: Ein fachlich angemessenes ärztliches Gespräch umfasst vor allem die korrekte fachsprachliche Übersetzung der Symptome, die ein Patient darstellt; emotional besetzte Inhalte dürfen ausgeblendet oder übergangen werden. Die Situation wird für den Patienten völlig intransparent gestaltet. Dies verträgt sich nicht mit dem Anspruch der Wertschätzung oder dem Zugeständnis der Mündigkeit. Der Patient erhält auch keine Informationen darüber, ob es überhaupt noch eine andere ausführliche oder definierte Gesprächssituation gibt.

Am Auffallendsten ist die »Selbstverständlichkeit« dieses Ereignisses, seine Unauffälligkeit.

4. Conclusio

All diese Überlegungen sind besonders bedeutsam für die kommunikative Aus- und Fortbildung von MedizinstudentInnen und ÄrztInnen, denn man muss sich bewusst sein, in welches Wertesystem man beratend eindringt und interveniert, und mit welchen Möglichkeiten, aber auch mit welchen Schwierigkeiten und Widerständen man zu rechnen hat.

Neben allen noch bestehenden Schwierigkeiten und Abwertungen des Bereichs Kommunikation im Gesundheitssystem gibt es folgende *Pluspunkte*:

4.1 Das schulmedizinische Modell in seiner Reinform ist überholt.

4.2 Die Einstellung zum Gespräch mit PatientInnen hat sich verändert:

Die Unzufriedenheit von PatientInnen und auch ÄrztInnen mit der sozialen Qualität der medizinischen Betreuung und den Arbeitsbedingungen nimmt zu, ebenso wie die positive Bewertung und Inanspruchnahme von gesamtheitlichen und alternativen medizinischen Praktiken, in denen auch andere Formen ärztlicher Gesprächskultur praktiziert werden.

4.3 Die medizinische Ausbildung ist durchlässiger geworden:

Aspekte der medizinischen Kommunikation und der Arzt-Patienten-Beziehung fliessen immer stärker in die Ausbildung mit hinein. Auch wenn dies dennoch noch ein Randphänomen bleibt oder sehr häufig auf freiwilliger Basis geschieht, bedeutet dies, dass ÄrztInnen und Ausbildungsinstitute sensibler werden für Kommunikation und Arzt-Patienten-Beziehung.

4.4 Veränderung der ärztlichen Aufgaben:

Eine krankheitsorientierte Perspektive medizinischer Betreuung geht an den Erfordernissen der heutigen Zeit in vieler Hinsicht vorbei. Die ärztlichen Aufgaben verändern sich von der Heilung eines akuten Krankheitsgeschehens sowohl in Richtung Prävention und Gesundheitsvorsorge als auch in Richtung langjährige medizinische Begleitung von chronisch Kranken und/oder zunehmend alten Menschen mit multiplen Krankheiten und Beschwerden, was es ja früher ohne die entsprechenden pharmakologischen Ressourcen und die schlechteren Ernährungsbedingungen in diesem großen Ausmaß nicht gab. Und dies bedeutet, dass kommunikative Kompetenz und ethische Kompetenz zukünftig eine immer wichtigere ärztliche Aufgabe und Qualifikation werden.

Literatur

Bungert, C. (1998): Embryonenschutz und das Schweigen der Bioethik-Konvention. In: Schlosser, H. D. (Hrsg.): S. 121-138.

Gahl, K. (1995): Beziehung zwischen Arzt und Patient. In: Kahlke, W./Reiter-Theil, S. (Hrsg.) (1995). S. 23-33.

Heim, E./Willi, J. (1986): Psychosoziale Medizin. Gesundheit und Krankheit in bio-psychosozialer Sicht. Bd. 2. Berlin: Springer.

Hein, N./Hoffmann-Richter, U./Lalouschek, J./Nowak, P./Wodak, R. (1985): Kommunikation zwischen Arzt und Patient. Wiener Linguistische Gazette. Beiheft 4.

Helmich, P. et. al. (1991): Psychosoziale Kompetenz in der ärztlichen Primärversorgung. Berlin: Springer.

Hope, R.A. et al. (1990): Oxford Handbuch der Klinischen Medizin. Bern: Huber.

Kahlke, W./Reiter-Theil, S. (Hrsg.) (1995): Ethik in der Medizin. Stuttgart: Enke.

Lalouschek, J. (1995): Ärztliche Gesprächsausbildung. Eine diskursanalytische Studie zu Formen des ärztlichen Gesprächs. Opladen: Westdeutscher Verlag.

Lalouschek, J. (1999): Frage-Antwort-Sequenzen im ärztlichen Gespräch. In: Brünner, G./Fiehler, R./Kindt, W. (Hrsg.) (1999): Angewandte Diskursforschung: Grundlagen und Beispiele. Opladen: Westdeutscher Verlag. S. 155-173.

Lalouschek, J. (in Arbeit): KrankheitsInszenierungen. Die mediale Darstellung von Krankheit in medizinischen Informationssendungen und Talkshows.

Lalouschek, J./Menz, F./Wodak, R. (1990): Alltag in der Ambulanz. Gespräche zwischen Ärzten, Schwestern und Patienten. Tübingen: Narr.

Nickel, D./Kollesch, J. (Hrsg.) (1994): Antike Heilkunst. Ausgewählte Texte aus den medizinischen Schriften der Griechen und Römer (Übersetzung von Axel W. Bauer). Stuttgart: Reclam.

Reiter-Theil, S./Kahlke, W. (1995): Fortpflanzungsmedizin. In: Kahlke, W./Reiter-Theil, S. (Hrsg.): S. 34-43.

Schettler, G./Nüssel, E. (1984): Das ärztliche Gespräch und die Anamnese. In: Schettler, G. (Hrsg). Innere Medizin. Bd.1. Stuttgart: Thieme. S. 1-12.

Schlosser, H. D. (Hrsg.) (1998): Mit Hippokrates zur Organgewinnung? Medizinische Ethik und Sprache. Frankfurt/M.: Lang.

Schlosser, H. D. (1998): »Zu Nutz und Frommen der Kranken«? Von »Hippokrates« zur »Bioethik-Konvention«. In: Schlosser, H. D. (Hrsg.): S. 21-29.

Schreiner, P.W./Gahl, K. (1995): Begegnungen mit Sterben und Tod. In: Kahlke, W./Reiter-Theil, S. (Hrsg.): S. 79-94.

Uexküll, Th.v./Wesiak, W. (1990): Wissenschaftstheorie und Psychosomatische Medizin, ein bio-psycho-soziales Modell. In: Adler, R. et al. (Hrsg.). (1990): Uexküll. Psychosomatische Medizin. 4., neubearb. u. erw.Aufl. München: Urban & Schwarzenberg. S. 5-38.

Textkommentierung in deutschen und englischen wissenschaftlichen Artikeln [1]

Gabriele Graefen

1. Ziel und Vorgehensweise der Untersuchung

Dieser Beitrag ist ein Bericht über eine korpusgestützte Untersuchung von *textkommentierenden Sprechhandlungen*, mit denen ein Autor seinen Text – genauer gesagt dessen Textorganisation – zum Gegenstand macht. Als Datenbasis dienen zwei Korpora, die aus wissenschaftlichen Artikeln in deutscher und englischer Sprache bestehen, zusammengestellt von meinem Kollegen Christian Fandrych (King´s College London) und mir (vgl. auch Graefen 1997). In mehreren Vorträgen haben wir deutlich gemacht, daß wir unsere Arbeit auch als Vermittlungsversuch zwischen deutscher Pragmatik und englisch(sprachig)er Linguistik, besonders der Functional Systemic Linguistics der Halliday-Schule, verstehen.

Eine Sprechhandlung, die wir Textkommentierung nennen, unterbricht den ansonsten durchgängig sachbezogenen propositionalen Aufbau eines wissenschaftlichen Artikels. Solche Sprechhandlungen sind keine obligatorischen Bestandteile von wissenschaftlichen Texten. Wo und wie sie vorkommen, ist eine empirische Frage, ihre Funktion ist pragmatisch aufzuklären. Dabei ist zu berücksichtigen, daß wissenschaftliche Artikel den allgemeinen Bedingungen von textgebundener Kommunikation in einer »zerdehnten Sprechsituation« (Ehlich 1981) unterliegen:

- Sprecher und Hörer sind zeitlich und räumlich voneinander getrennt

- Das, was Autor und Leser voneinander wissen, beruht im Normalfall nicht auf persönlicher Beziehung, sondern darauf, daß beide sozusagen »personae« der wissenschaftlichen Kommunikation sind, Rollenträger im ursprünglichen Sinne des Wortes, der dem antiken Theater entstammt. (Die Leser sind also nicht einfach »anonym«, wie oft gesagt wird!)

---

[1] Eine wesentlich ausführlichere englische Fassung ist für die Zeitschrift »Multilingua« vorgesehen. Dort finden sich auch Literaturverweise, die hier ausgespart wurden.

- Der Text ist eine Verkettung von Sprechhandlungen, auf deren Abfolge und Inhalt der Leser keinen Einfluß hat; es fehlt die Möglichkeit der Hörerrückmeldung und damit der Sprechersteuerung.

Unsere These ist nun, daß das textkommentierende Handeln der deutschen wie der englischen Autoren ein Verfahren der Bearbeitung dieser Distanz ist, ohne sie aber aufheben zu können. An einem ersten Beispiel aus einem chemischen Fachartikel verdeutliche ich den Begriff der Textkommentierung:

> B1: »Wir halten es für vorteilhaft, die Reaktionen von Allyl-Kationen mit 1,3-Dienen in drei Klassen einzuteilen, die *hier* am Beispiel der Umsetzungen planarer, delokalisierter Allyl-Kationen mit cyclischen, konjugierten Dienen *erläutert werden.*« (CYCL a4)

Auch wenn das zitateinleitende »wir« auf Textkommentierung zu deuten scheint, beginnt die textkommentierende Sprechhandlung erst im zweiten Teil des Satzes. Das »wir« bringt die beiden Autoren als Träger einer sach- oder besser: forschungsbezogenen Entscheidung ins Spiel. Im Nebensatz wird dagegen gesagt, was die Autoren in ihrem Text tun. So wie viele andere Textkommentare hat die Sprechhandlung die Illokution einer Ankündigung. Wir haben nun in den 37 Texten unseres deutschen und englischen Korpus solche kommunikativen Einheiten (z.T. längere Passagen) herausgezogen und haben sie sowohl hinsichtlich ihres Handlungscharakters als auch ihrer sprachlichen Merkmale (z.B. der im Zitat kursiv gedruckten) verglichen. Dafür haben wir bewußt für beide Sprachen ein fachlich sehr breites Korpus (Naturwissenschaften und Mathematik bis in die anwendungsbezogenen Disziplinen hinein, verschiedene Sprach- und Kulturwissenschaften) zusammengestellt. Unsere Vermutung war nämlich, daß die disziplinäre Zugehörigkeit Einfluß auf Menge und evtl. Art von Textkommentaren hat. Dagegen glaubten wir nicht, daß Thema und Inhalt von Bedeutung wären. Hauptgegenstand war die Frage, ob es – wie Michael Clyne (1987) aus seinem Korpus ermittelt hatte – relevante Unterschiede zwischen deutschen und englischen Autoren gibt. Clyne hatte aus diesem und anderen Unterschieden abgeleitet, daß englischen Texten bzw. Autoren mehr »reader friendliness« zuzuschreiben sei als deutschen.

Hinsichtlich der Menge und Verteilung der Textkommentierungen ergibt sich in beiden Korpora ein sehr ähnliches Bild: Sowohl bei den englischen als auch bei den deutschen Texten gibt es nur je einen oder zwei, die vollkommen auf Textkommentierung verzichten, ansonsten stellten wir in jedem Korpus einige Texte mit sehr viel, andere mit weniger und einige mit sehr wenig Textkommentierung fest. Beide Korpora weisen also Textkommentierungen in vergleichbarer Quantität auf. Über fachbedingte Unterschiede läßt sich auf der Basis eines gemischten Korpus kaum etwas sagen. Im deutschsprachigen Bereich liegen aber seit kurzem einige Arbeiten von Gläser, Busch-Lauer und Hutz vor, die sich mit sogenannter »Metakommunikation« in Texten bestimmter Fächer beschäftigen. Busch-Lauer stellte fest, daß medizinische Texte so gut wie keine

Metakommunikation enthalten.[2] Auch wir fanden in dem medizinischen Text AIDS keine Textkommentare.

Mit der Diagnose interkultureller Unterschiede ist meines Erachtens sehr vorsichtig umgehen. Unserer Erfahrung nach wird dieses Adjektiv oft viel zu schnell und undifferenziert verwendet, so daß es – angesichts vieler nur tentativer oder gar willkürlicher Pseudodefinitionen von Kultur – nichtssagend zu werden droht. Die naheliegende erste Frage sollte sein, ob vorhandene Unterschiede sich aus den Sprachen bzw. hier aus der jeweiligen Wissenschaftssprache selbst ableiten lassen. Erst wenn diese Frage negativ beantwortet wird, läßt sich überlegen, ob und welche Art von kulturellen Differenzen vorliegen.

Die Unterschiede, auf die ich aufmerksam machen will, beziehen sich nicht auf die Frage, ob dieses Mittel überhaupt genutzt wird, sondern auf bestimmte Typen und auf sprachliche Merkmale von Textkommentaren, die für Englisch und Deutsch verschieden aussehen. Zunächst stellte sich korpusübergreifend heraus, daß es sprachübergreifend 5-6 Arten oder Typen von Textkommentierung mit folgenden illokutiven Merkmalen gibt.

2. Typen von Textkommentierungen

1. Angabe des wesentlichen Ziels oder Themas des Artikels
2. Einleitung / Hinführung zu einem illokutiv oder thematisch neuen Textteil
3. Textorganisierende Ankündigung späterer Sprechhandlungen (advance organizer)
4. Wiederaufnahme früherer Sprechhandlungen
5. Selbsteinschätzung des Autors
6. Integration von Daten und Tabellen in den Text

Clyne hatte in bezug auf die verbale Integration von Abbildungen, Tabellen, Gleichungen und anderen Daten vor 15 Jahren erhebliche Unterschiede zwischen deutsch- und englischsprachigen Artikeln festgestellt. Seine empirische Basis war dabei bekanntlich äußerst schmal (Adamzik 1998), da er nur Texte aus den Fächern Soziologie und Linguistik untersuchte. Unsere Ergebnisse sind schon in bezug auf Datenintegration keineswegs mit dem von Clyne entworfenen Gesamtbild des deutschen Autors kompatibel, da in unserem Korpus deutsche wie englische Autoren gleichermaßen auf die Einbindung der Daten achten. Clynes Vorwurf einer mehr oder weniger großen Nachlässigkeit der Deutschen in dieser Frage läßt sich also für unser Korpus nicht erheben.

Wir haben in bezug auf den letzten Typ aber auf eine Auszählung verzichtet, da die einschlägigen Hinweise und Daten sehr oft auftauchen, stark standardisiert und z.T. auch formelhaft verkürzt sind, außerdem nicht selten in Klammern

---

[2] Ich verzichte hier auf eine Begründung, warum wir »Metakommunikation« nicht als Terminus benutzen.

stehen (»siehe ...«), so daß Zweifel bestehen, ob sie als textuelle Sprechhandlungen gelten können.

Zu Typ 1 gehören nur solche Textkommentierungen, die in der Nähe des Textanfangs auftreten und die – in Ergänzung zur Überschrift – eine präzisierende Angabe zu Ziel und Inhalt des Gesamttextes machen, z.T. eingebettet in eine Abgrenzung zu anderen Arbeiten:

B2: »*Im vorliegenden Aufsatz wird* die regionale Ausbildung im westlichen Molassebecken zwischen Isar und..... *beschrieben.*« (MOLA a5)

Im Englischen gilt so etwas auch manchmal als advance organizer, aber wir haben versucht, diesen Begriff etwas einzuengen und benutzen ihn nur für Typ 3, bei dem es um Ankündigungen von späteren Sprechhandlungen (previews) geht, z.B. in:

B3: »I return to this issue at the end of this article.« (EMA a3)

Typ 1 und 3 kommen im englischen Korpus etwas häufiger vor als in den deutschen Texten, die wiederum stärker den zweiten Typ aufweisen. Charakteristisch für Typ 2 ist, daß die Textkommentierung zugleich als Ein- oder Überleitung zu der angekündigten Handlung dient, was bei Typ 3 nicht der Fall ist. Beispiel:

B4: »Im folgenden Abschnitt sollen nunmehr die wichtigsten dieser Indikatoren dargestellt werden.« (IDEN a15)

Diese Art der Textkommentierung, die den Leser ins Bild setzt, was der Autor als nächstes vorhat, ist bei den deutschen Autoren auffällig beliebt, sie kommt mehr als dreimal so häufig vor wie in den englischen Texten.

Typ 4 und 5 dagegen treten häufiger in den englischen Texten auf. Typ 4 hat die Aufgabe, Aktuelles – wobei »aktuell« auf den Stand des Lesers in der Aneignung des Textinhalts zu beziehen ist – mit früher gegebenen Informationen zu verknüpfen. Das kann z.B. dem Zweck dienen, die zugrundeliegende Gliederung zu rechtfertigen oder wenigstens transparent zu machen.

Explizite Selbsteinschätzungen eines Textes durch den Autor sind im allgemeinen am Textende, in einem rekapitulierenden Teil, positioniert. Ein Beispiel ist:

B4: »*Ich habe zeigen können*, daß die größte Erschwernis ....ist.« (ETHN a40)

Dieser Typ (5) tritt in den deutschen Texten seltener auf. Falls sich dies als repräsentativ erweisen sollte, dann liegt es vermutlich daran, daß Selbsteinschätzungen bei deutschen Schreibern eher verpönt sind, weil solche Äußerungen das ungeschriebene Gesetz des bescheidenen Auftretens verletzen könnten. Falls der Leser nämlich nach der Lektüre nicht mit allem einverstanden ist, könnte er Statements des Typs: »Ich habe hier Folgendes geleistet.« als Anmaßung empfinden. Es scheint fast so, als ob englischsprachige Autoren das für weniger problematisch halten – mit aller Vorsicht, die kleine Korpora gebieten.

Typenübergreifend festzustellen ist nun das sehr regelmäßige Auftreten bestimmter sprachlicher Mittel, die ich im folgenden kontrastiv kurz vorstellen will:

- deiktische (personal-, lokal- und temporaldeiktische)
- paradeiktische (textbezogen gebrauchte adverbiale) Einheiten,
- Sprechhandlungsverben,
- Modalverben.

3. Deutsch-englische Differenzen in einigen sprachlichen Verfahren

3.1 Präsenz des Autors

In der Wissenschaftssprachforschung sind immer wieder Merkmale wie Unpersönlichkeit, Anonymität u.ä. hervorgehoben worden, z.B. mit Harald Weinrichs Diktum »Ein Wissenschaftler sagt nicht Ich«. Ich hatte schon in meiner Arbeit über den wissenschaftlichen Artikel den Eindruck formuliert, daß ein großer Teil der personaldeiktischen Ausdrücke sich in den Textkommentierungen findet. Das hat sich für beide Korpora bestätigt. Die Frage war nun, ob sich auch in bezug auf diese Sprechhandlungen quantitativ belegen läßt, daß deutsche Autoren wesentlich weniger Personaldeixis einsetzen als englische. Um die Frage der (sprachlichen) Präsenz des Autors klären zu können, halten wir es für notwendig, die Unterschiede im Deixisgebrauch mit denen des Genusgebrauchs in Zusammenhang zu bringen. Auch für dieses grammatische Merkmal bestand bisher in der Fachsprachenforschung Einigkeit, daß das Passiv für deutsche Texte charakteristisch sei, englische hingegen wesentlich stärker durch aktivisches Genus gekennzeichnet seien. Dieser Eindruck bestätigt sich in unseren Texten zunächst bei einfacher Auszählung der Genusmerkmale der finiten Verben in Textkommentierungen.

	Aktiv mit personaldeiktischem Subjekt		Aktiv deagentiviert		Passiv	
	deutsch	*englisch*	*deutsch*	*englisch*	*deutsch*	*englisch*
Anzahl Textkommentare	36	56	41	49	94	52

Deutsche Autoren nutzen tatsächlich auch in der Textkommentierung das Passiv mit besonderer Vorliebe, englische stärker das Aktiv. Der Eindruck wird aber deutlich relativiert, wenn man eine von Weingarten (1994) aufgegriffene Differenzierung des Aktiv nach dem Typus des Subjekts hinzunimmt. Fragt man nämlich, inwiefern es sich um »agentive« Äußerungen handelt, verschiebt sich das Bild, denn ein relativ größerer Teil der englischen Aktiv-Konstruktionen ist nicht agensbetont, sondern »deagentiviert« (Weingarten) oder »pseudo-agentiv«. Unsere These ist, daß zu einen Teil die Funktion, die das Passiv in deutschen Sätzen hat, in englischen mit solchen aktivischen Formen ausgefüllt wird. Das beruht möglicherweise auf einem sprachtypologischen Merkmal des Englischen, das Hawkins (1986) beschrieben hat. Während das deutsche Beispiel

> B5: »*Letztlich möchte der Beitrag*, gerade aus dieser Situation ... heraus auch dazu *anregen*,...« (GEOG)

eher ungewöhnlich ist, da das Modalverb ein humanes Subjekt erfordert, ist es im Englischen viel »normaler«, einem Paper oder Text(teil) die Leistungen des Autors zuzuschreiben:

> B6: »*The following excerpt* from a discussion about school prayer *illustrates* nicely this strategy.« (ARG a24)

Das läßt sich auch an ausländischen Studierenden beobachten: DaF-Studenten in München schreiben in einer Hausarbeit lieber die gewunden klingende Formulierung: »In der Arbeit wird auf .... eingegangen.«, als daß sie die Arbeit auf etwas eingehen lassen.

3.2 Modalverben

Es gibt einige Untersuchungen zu Modalverben in wissenschaftlichen Texten, z.B. Butler (1996) über englische. Modalverben werden oft auch unter der neuen Kategorie »hedging« – meiner Auffassung nach eine Pseudo-Kategorie – erfaßt.

Aus Butlers Untersuchung scheinen sich hinsichtlich der Vorkommenshäufigkeiten keine prinzipiellen oder auffallenden Unterschiede zu ergeben, denn *can*, *may* und *must* kommen, auf die Gesamttexte bezogen, ähnlich häufig vor wie *können*, *dürfen* und *müssen*. Eine deutlich andere Aussage ist über die von uns untersuchten Textkommentierungen zu machen. Deutsche machen nämlich in solchen Sprechhandlungen geradezu extensiven Gebrauch von Modalverben, während die englischen Autoren – genau umgekehrt – sehr viel weniger als im sonstigen Text mit Modalverben operieren.

Vereinfacht gesagt: Englische Autoren sagen schlicht, was sie tun, ähnlich wie es im Abstract geschieht. Deutsche Autoren thematisieren dagegen ihren inneren Entscheidungsprozeß. Dazu können Modalverben deshalb dienen, weil sie gemäß funktionalpragmatischer Analyse (ich verweise dazu auf Arbeiten von Ehlich/Rehbein und Brünner/Redder sowie Redder) die mentale Vorgeschichte von Handlungen im Hinblick auf Ziele und Bedingungen dieses Handelns versprachlichen. Das ist deshalb bemerkenswert, weil der Planungsprozeß des Autors zum Zeitpunkt der Rezeption längst abgeschlossen und nur noch im fertigen Produkt (materiell) vergegenständlicht ist. Das betrifft besonders das deutsche *sollen*, mit dem normalerweise die Einwirkung einer von Sprecher und Hörer getrennten Person oder Institution verbalisiert wird. Eine solche Einwirkung ist aber bei den Textkommentierungen – und hier kommt es ungemein häufig vor – nicht gegeben, da die Autoren über die Organisation ihres Textes autonom entscheiden bzw. längst entschieden haben.

Insofern hat die deutsche modalisierende Art der Textkommentierung fast etwas Fiktives. Ich vermute, daß die Funktionalität dieser Art der Ankündigung darin besteht, dem Leser – der die Lektüre jederzeit abbrechen oder umgestalten kann – einen Handlungsspielraum zu gewähren: Ankündigung ebenso wie Einleitung einer im Text realisierten Handlung des Autors können – und dies erkennt der Autor offenbar an – dazu führen, daß der Leser seine Rezeption ändert. So verstanden, bekommen die Modalverben in Textkommentaren eine Plausibilität, die sie auf den ersten Blick nicht haben.

Daraus erklärt sich auch, daß die deutschen Autoren neben den Modalverben noch weitere Möglichkeiten modal abstufender Darstellung nutzen, möglicherweise um der stilistischen Variation willen. Gemeint sind Formulierungen wie:

Auf X sei kurz eingegangen.
Man erinnere sich an X.
Der Hinweis auf X mag hier genügen.
Da wäre X hervorzuheben.

Wir haben diese Mittel mit dem Begriff »Modalität 2. Stufe« zusammengefaßt. Insgesamt ergibt sich das Bild, daß beim Gebrauch der Modalverben ein relevanter quantitativer und qualitativer Unterschied besteht. Wir vermuten, daß der beobachtete Unterschied auf diskurspraktischen und damit im weiteren Sinne sprachtypologischen Unterschieden beruht:

- Während die deutschen Modalverben weitaus stärker zur differenzierenden Handlungsbeschreibung eingesetzt werden, und zwar in der Alltagssprache wie in Fach- und Wissenschaftssprache, bietet das System der englischen Modalverben zunächst einmal weniger Differenzierungsmöglichkeiten, was schon der diachron eingetretene Ausfall von englischen Entsprechungen zu den Beispielen mit *sollen* und *möchte* zeigt. Als Ersatz für *möchte* müssen englische Autoren zurückgreifen auf sprachliche Mittel aus dem Bereich der Höflichkeit wie »I want to«, »I would like to«.

- Der Gebrauch von *können, dürfen, müssen* umfaßt im Wissenschaftsdeutschen viel gleichmäßiger epistemische, also wissensbezogene, und nicht-epistemische Verwendungen[3], in den englischen Texten dominieren dagegen die epistemischen Verwendungen, was sich negativ in der Abwesenheit von Modalverben in Textkommentaren spiegelt, denn in den typischen Illokutio-

[3] Sie werden manchmal als subjektiv/objektiv oder extrinsisch/intrinsisch unterschieden.

nen der Textkommentierung wie z.B. der Ankündigung wäre epistemischer Gebrauch unangemessen.

3.3 Unterschiedliche Textkonzepte (deiktische und paradeiktische Elemente)

Anhand der sprachlichen Mittel, mit denen die Autoren sich auf ihren eigenen Text beziehen, will ich einen weiteren Unterschied deutlich machen, nämlich die beiden möglichen Vorstellungen des Textes als

a) Abfolge von Handlungen bzw. Ereignissen

b) gegliederter Raum, dessen Elemente zweidimensional angeordnet sind.

Die dafür genutzten Mittel sind in der folgenden Tabelle enthalten. Diese setzt sich in der Anordnung der Mittel über grammatische und Feldunterschiede[4] hinweg, um funktionale Besonderheiten deutlich zu machen. Erfaßt werden lokal- und temporaldeiktische sowie paradeiktische (ursprünglich oder hauptsächlich symbolische) Mittel. Auch hier springen wieder einige Ähnlichkeiten ins Auge, z.B. für den lokaldeiktischen Ausdruck *here/hier* haben wir dieselbe Zahl von tokens ermittelt. Ordnet man die lokal und temporal bzw. sequentiell fungierenden Verweismittel aber in der Weise, wie es in der Tabelle Seite 121 getan wird, ergibt sich, daß die deutschen Autoren insgesamt sehr viel öfter (71 textbezogene Adverbien und Konjunktionen gegenüber 27) und mit mehr verschiedenen sprachlichen Mitteln auf den Text als Sprechhandlungsfolge verweisen, während die englischen Autoren häufiger mit *above* und *below* operieren. *Oben* und *unten* taucht dagegen in unserem deutschen Korpus erstaunlich selten auf.

Natürlich können aus einer solchen Verteilung nur sehr vorsichtige Schlüsse gezogen werden. Es scheint, daß den englischen Autoren die Idee einer räumlichen Anordnung der Elemente des Textes näher liegt, während die deutschen Autoren in unserem Textkorpus häufiger mit der Vorstellung einer sequentiellen Anordnung arbeiten. Beides ist möglich und sinnvoll, es soll daher keinerlei qualitative Wertung der Konzepte angedeutet werden. Es ist aber die Frage, ob man hier – sollte sich das dargestellte Bild als repräsentativ erweisen – von einem wissenschaftssprachlichen Unterschied im weitesten Sinne des Adjektivs reden könnte. Damit würde man das Verhältnis Autor – Text, soweit es regelmäßig in einer bestimmten Weise versprachlicht wird, als Bestandteil der deutschen respektive der englischen Wissenschaftssprache auffassen. Es wäre dann ein Merkmal der englischen Wissenschaftssprache, daß Textstellen eher lokalisiert werden, also der Text als ein statisches, geordnetes Umfeld aufgefaßt wird.

---

4 Zum Begriff des Feldes vgl. Ehlich (1991)

englische Mittel	Häufigkeit	deutsche Mittel	Häufigkeit
now	3	nun, nunmehr	13
then	2	dann	2
later	2	später	3
first	3	zunächst	5
		soeben	2
earlier	2	bereits, bisher, bislang	6
in the next section	4	im nächsten ...	4
to begin by	1	als nächstes	1
		im letzten/vorigen...	6
(in the) following	8	folgend, es folgt	7
as follows	1	im folgenden	15
after	1	vor / nach	2
		ehe / nachdem	2
		schließlich, zum Schluß	3
insgesamt	**27**		**71**
here	18	hier	18
above	12	oben	2
below	9	unten	1
		andernorts, hierher	2
insgesamt	**39**		**23**

Deiktische und paradeiktische Elemente zur Textorganisation

Dies wäre der Existenzweise des Textes als fertiges Produkt früheren sprachlichen Handelns auch vollkommen angemessen.

Wie kommt nun die davon abweichende deutsche Behandlung zustande? Die Berechtigung der dynamischen Vorstellungen ergibt sich – ähnlich wie bei den Modalverben – nur aus der Perspektive des Lesers, dessen Rezeption natürlich ein Prozeß ist, der eine chronologische Bezugnahme erlaubt. Daher können temporal-sequentielle Verweismittel seine Orientierung steuern. Das kann bedeuten, daß deutsche Autoren stärker als englischsprechende die Sichtweise des Lesers auf den Text übernehmen. Das könnte sich auch im Nachdenken über die Textgestaltung niederschlagen.

3.4 Illokutive Selbstqualifizierung des Autors (Sprechhandlungsverben)

Der letzte Unterschied, den ich noch kurz demonstrieren will, betrifft den Gebrauch von Sprechhandlungsverben, die ich oben schon als ein typisches Element textkommentierender Handlungen eingeführt hatte. Es zeigt sich beim Vergleich von Verb-types und ihren tokens in den beiden Korpora, daß die deutschen Autoren solche Verben extensiv als Mittel der illokutiven Selbstqualifizierung gebrauchen. Das bedeutet: Sie legen großen Wert auf eine differenzierte und im Handlungscharakter unmißverständliche Darstellung dessen, was sie tun.

In den englischen Texten werden Sprechhandlungsverben im Prinzip ebenso eingesetzt. Aber sie treten in den deutschen Texten häufiger (158 vs. 128) und auch in mehr Varianten (81 vs. 45 types) auf, um die eigene Textorganisation zu besprechen. Da Austin davon ausging, daß das Englische weit über 1000 illokutiv qualifizierende Verben (Sprechaktverben) besitzt, kann man diesen Unterschied kaum als sprachtypologischen deuten. Falls er sich auch in größeren Korpora zeigt, könnte er z.B. dafür sprechen, daß Art und Menge der in der Wissenschaftskommunikation möglichen Sprechakte im Englischen stärker begrenzt sind als im Deutschen; es könnte sich aber auch ergeben, daß deutsche Autoren mit diesem Mittel der Handlungsqualifizierung bewußter umgehen.

4. Ergebnisse

Ich habe die Textkommentierung als ein wichtiges Mittel der Textorganisation in Wissenschaftstexten behandelt. Dabei habe ich auf folgende Differenzen zwischen deutscher und englischer Textkommentierung hingewiesen:

1. In der Textkommentierung ist die sprachliche Präsenz des Autors in Form personaldeiktischer Ausdrücke weniger problematisch und tritt tatsächlich häufiger auf als im Text selbst. Zwar realisieren deutsche Autoren aufgrund der Bevorzugung des Passiv diese Möglichkeit seltener als englische Autoren, die ihre Rolle als Schreiber und Organisator mit *I* oder *we* verbalisieren. Agensabgewandtheit ist aber kein Resultat ausschließlich des Passivgebrauchs, sondern es gibt sehr viele Handlungsbeschreibungen, die nicht agentivisch sind, in den englischen Texten mehr als in den deutschen.
2. Mit Hilfe von Modalverben wird die Textorganisation von den deutschen Autoren als Planungsvorgang thematisiert, während die englischen Kommentierungen vom fertig vorliegenden und organisierten Text ausgehen, so daß modale sprachliche Mittel im deutschen Korpus sehr häufig, im englischen sehr wenig vorkommen.
3. Deutsche und englische Autoren verraten durch ihren unterschiedlichen Gebrauch lokal oder temporal-sequentieller Verweismittel verschiedene Konzeptualisierungen ihres Textes. Deutsche konzipieren den Text eher als Ereignischronologie, englische Autoren tun das deutlich weniger, dafür präferieren sie lokal verweisende Ausdrücke.
4. Die Autoren der deutschen Korpustexte nutzen das Inventar der Sprechhandlungsverben häufiger und differenzierter.

Ich habe weiter versucht, eine Erklärung für diese Differenzen zu finden. Diese Suche bezog sich zunächst auf die Sphäre der jeweiligen Wissenschaftssprache. Es hat sich herausgestellt, daß dafür der Begriff der Wissenschaftssprache so weit zu fassen ist, daß er bestimmte kommunikative Praktiken der Sprechergemeinschaft beinhaltet. Als solche unterschiedlichen Praktiken habe ich den jeweiligen sprachlichen Umgang mit dem eigenen Text erfaßt, wobei die englischen Textproduzenten stärker die sachlich-materielle Gestalt des Textes im Auge haben, die deutschen dagegen mehr vom mentalen Umgang des gedachten Lesers mit dem Text ausgehen. Dieser Unterschied ist plakativ formuliert: Die Differenzen sind keine absoluten, sondern a) graduell, b) korpusbezogen zu verstehen. Als solche machen sie aber Tendenzen deutlich und lassen – bei allen quantitativen Vorbehalten – Rückschlüsse auf die Art der mentalen und verbalen Textorganisation durch die Autoren zu.

Seit Michael Clyne lastet sozusagen der Verdacht auf deutschen Wissenschaftlern, daß sie stark inhaltsbezogen (quasi selbstverliebt) und wenig leserfreundlich schreiben, wenn nicht gar rücksichtslos gegen den Leser sind. Wir sehen nun in der Textkommentierung der deutschen Autoren eine ausdrückliche Bezugnahme nicht nur auf den Text, sondern eigentlich auf den Verarbeitungsprozeß des Lesers, dessen Erwartungen und Inferenzen an den betreffenden Stellen gesteuert werden. Ähnlich wie das Abstracting dem Leser seinen alltäglichen Umgang mit einer ständig wachsenden Menge von Publikationen erleichtert, fungieren Textkommentierungen so, daß sie die konkrete Detailarbeit des Lesers beeinflussen. Wir interpretieren nun unsere Daten so, daß Clynes Einschätzung der deutschen Wissenschaftler unberechtigt ist oder auch nicht mehr berechtigt ist, denn wir vermuten, daß vieles von dem, was als »interkulturelle Differenz« von deutscher und englischer Wissenschaftskommunikation thematisiert worden ist, als Resultat der allgemeinen Anglisierungstendenzen und der Intensivierung von wissenschaftlichem Austausch im Verschwinden begriffen ist. Es ist daher gut vorstellbar, daß die Praxis der Textkommentierung generell bei deutschen Autoren zugenommen hat und erst neuerdings vergleichbar häufig ist. Gerade auf diesem Hintergrund der Angleichung werden m.E. die von uns festgestellten Unterschiede besonders interessant.

Literatur

Adamzik, Kirsten (1998): Methodische Probleme kontrastiver Textsortenstudien. In: Danneberg, Lutz/Niederhauser, Jürg (Hrsg.): Darstellungsformen der Wissenschaften im Kontrast. Aspekte der Methodik, Theorie und Empirie. Tübingen: G. Narr.

Brünner, Gisela/Redder, Angelika (1983): Studien zur Verwendung der Modalverben. Tübingen: Narr.

Busch-Lauer, Ines-A. (1997): Schreiben in der Medizin. Eine Untersuchung anhand deutscher und englischer Fachtexte. In: Eva-Maria Jakobs/Dagmar Knorr (Hrsg.): Schreiben in den Wissenschaften. Frankfurt/M. u.a. S. 45-61.

Butler, Christopher S. (1990): Qualifications in science: Modal meanings in scientific texts. In: Nash, Walter (Hrsg.): The writing scholar. Studies in Academic discourse. Newbury Park: Sage. S. 137-170.

Clyne, Michael (1987): Cultural differences in the organization of academic texts. In: Journal of Pragmatics 11. S. 211-247.

Ehlich, Konrad (1983): Text und sprachliches Handeln. Die Entstehung von Texten aus dem Bedürfnis nach Überlieferung. In: Assmann, A./Assmann, J. (Hrsg.): Schrift und Gedächtnis. München: Fink. S. 24-43.

Ehlich, Konrad (1992): Scientific texts and deictic structures. In: Stein, Dieter (Hrsg.): Cooperating with written texts. Berlin: Mouton de Gruyter. S. 201-229.

Ehlich, Konrad (1991): Funktional-pragmatische Kommunikationsanalyse. Ziele und Verfahren. In: Flader, Dieter (Hrsg.): Verbale Interaction. Stuttgart: Metzler. S. 127-143. English translation by Suzanne Larsen: Functional-Pragmatic Communication Analysis – Goals and Processes. Munich: mimeogr.

Graefen, Gabriele (1994): Wissenschaftstexte im Vergleich: Deutsche Autoren auf Abwegen? In: Brünner, G./Graefen, G. (Hrsg.): Texte und Diskurse. Opladen: Westdeutscher Verlag. S.136-157.

Graefen, Gabriele (1997): Der Wissenschaftliche Artikel. Textart und Textorganisation. Frankfurt a.M.: P. Lang.

Hawkins, John A. (1986): A Comparative Typology of English and German. Unifying the Contrasts. London & Sydney.

Weingarten, Rüdiger (1994): Zur Stilistik der Wissenschaftssprache: Objektivitäts- und Handlungsstil. In: Brünner, G./Graefen, G. (Hrsg.): Texte und Diskurse. Opladen: Westdeutscher Verlag. S. 115-135.

Lesen in der Fremdsprache – ein sprachabhängiger oder ein sprachunabhängiger Prozess?

Swantje Ehlers

1. Einleitung

Nachdem die fremdsprachliche Leseforschung lange Zeit auf den Grundlagen und Prinzipien der Muttersprachenforschung aufgebaut hat und tendenziell fremdsprachiges Leseverhalten gemessen am Kompetenzmodell des guten profizienten muttersprachigen Lesers als defizient qualifiziert hat, sind in den vergangenen Jahren zunehmend Fragen nach der Differenz zwischen L1- und L2-Lesern und den Spezifika fremdsprachigen Lesens in den Vordergrund gerückt. Diese Fragen sind von pädagogischer Bedeutung vor allem für Lerner mit unterschiedlichem sprachlichen und kulturellen Hintergrund, die ein hohes Interesse haben, in einer Fremdsprache lesen zu lernen. Die unterschiedlichen Erwerbssituationen, mit denen wir in zwei- und mehrsprachigen Kontexten konfrontiert sind, fordern eine genaue Bestimmung des Verhältnisses von Mutter- und Fremdsprache und von Transferleistungen zwischen den Sprachen.

Das fremdsprachige Lesen ist nicht nur eine verschlechterte Version muttersprachigen Lesens, sondern es ist durch eine eigene Dynamik und ein eigenes Zusammenspiel von Einflussfaktoren charakterisiert. Gegenüber dem L1-Lesen kommt eine Reihe zusätzlicher Variablen ins Spiel, die die Performanz des fremdsprachigen Lesens beeinflussen. Dazu gehören die Lesefähigkeit, die vor allem ein erwachsener Lerner bereits mitbringt, das Schriftsystem, die Erwerbsphase, Alter, Häufigkeit des Sprachkontakts, Dominanz von sprachlichen Eigenschaften von Ausgangs- und Zielsprache und die Erziehungsumgebung. Was die Dynamik von Prozessen betrifft, so ändern sich die Differenzen in den verschiedenen Prozessen zwischen L1 und L2 im Laufe der Zeit. Verhoeven (1990) konnte in einer vergleichenden Studie mit türkischen Kindern in den Niederlanden den positiven Effekt von frequenten Wörtern gegenüber unvertrauten Wörtern und von einsilbigen versus zweisilbigen Wörtern auf die Worterkennung nachweisen. Zu Anfang waren die Effekte bei den holländischen Kindern stärker, aber nach fünf Monaten schulischer Unterweisung waren die Unterschiede zwischen den Gruppen gleich.

Ein anderes Beispiel, das die Dynamik von Prozessen zeigt: Die mündliche

Sprechfertigkeit im Holländischen bei türkischen Kindern, die in Holland leben, lag hinter denen der holländischen Kinder zurück (Verhoeven 1991). Aber die Differenzen in den phonologischen, lexikalischen, syntaktischen und textuellen Fertigkeiten blieben im Alter von 5-9 Jahren gleich.

2. Einfluss der zuerst erworbenen Lesefähigkeit: Interdependenzhypothese

Die Beobachtung, dass flüssige Sprecher nicht unbedingt lesen können, warf die Frage auf, was das Spezifische am Lesen ist. In einer Vielzahl von Studien (u.a. Bernhardt 1993; Coady 1979; Hudson 1982) wurde der Einfluss einer in der Muttersprache (MS) erworbenen Lesefähigkeit auf das Lesen in der Fremdsprache untersucht. Die Studien ergaben, dass gute MS-Leser auch gute Leser in der Fremdsprache sind und sie den schwachen MS-Lesern auch in der Fremdsprache überlegen sind und Lesefähigkeiten von einer Sprache zu einer anderen transferieren. Mögliche Leseprobleme in der Fremdsprache hängen danach mit schlechten MS-Lesefähigkeiten oder mit einem fehlenden Transfer zusammen. Die Annahme, dass schlechtes Leseverhalten in der Fremdsprache mit schlechten Lesefähigkeiten in der Muttersprache oder mit fehlendem Transfer zusammenhängt, wird vor allem aus Forschungen zum Bilingualismus (Cummins 1979, 1984, 1991; McLaughlin 1987) gestützt.

Es wurde zunächst in Finnland und später von Cummins die These von der Interdependenz von Erst- und Zweitsprache aufgestellt. Sie besagt, dass L1- und L2-Lesen auf einer gleichen zugrunde liegenden Fähigkeit beruht und prinzipiell Lesefertigkeiten transferieren von einer Sprache zu einer anderen. Oder anders formuliert: Die Kompetenz in L2 ist funktional abhängig von der L1-Kompetenz zum Zeitpunkt der ersten Auseinandersetzung mit der Zweitsprache.

Die von Cummins entwickelte Interdependenzhypothese bildet einen theoretischen Rahmen, um unterschiedliche Effekte beim Lesenlernen in der bilingualen Erziehung zu erklären. Beobachtet wurden im Rahmen von Immersionsprogrammen eine hohe zweitsprachige Lesekompetenz ohne Verlust an erstsprachiger Kompetenz bei Kindern, die einer Majoritätengruppe angehören, und eine verringerte Leseflüssigkeit bei Kindern von Minoritäten sowohl in der Zweit- als auch in der Erstsprache.

Bei finnischen Minoritätenkindern in Schweden, deren Unterrichtssprache die Zweitsprache war, wurde ein Sprachverlust in der Mutter- wie in der Zweitsprache festgestellt (subtraktiver Bilingualismus). D.h. die maximale Unterweisung in der Zweitsprache bei Verlust der Muttersprache führt nicht zu einer Verbesserung in L2. Das Scheitern von Submersionsprogrammen kann man auch in der BRD feststellen, wo türkische Schüler sich in ihrer Lesefähigkeit im unteren Leistungsbereich bewegen (Lehmann et al. 1995).

Empirisch stützt sich die These von einer allgemeinen Lesefähigkeit vor allem auf die hohe Korrelation zwischen der Leseperformanz in der Erst- und

Zweitsprache und die Beobachtung, dass finnische Einwandererkinder in Schweden im Alter von zehn Jahren bessere Performanzen in der Zweitsprache zeigten als die jüngeren bzw. die Kinder, die in Schweden eingeschult wurden. Daraus schloss Cummins, dass es eine kognitive Profizienz gibt, die der Lesefähigkeit in allen Sprachen zugrunde liegt und den Transfer von Lesefähigkeit ermöglicht. Unter kognitiver Profizienz wird konzeptuelles Wissen, das mit Wörtern verbunden ist, verstanden. Allerdings sind noch weitere Einflussfaktoren auf Transferleistungen mit einzubeziehen: die Lehrsituation und die Frage der Dominanz von Majoritäten und Minoritäten innerhalb einer Sprachkultur. Prinzipiell kann nach der Interdependenzhypothese von Cummins der Transfer in beiden Richtungen von Erst- und Zweitsprache verlaufen. In der Praxis zeigte sich jedoch vor allem ein Richtungsverlauf von der Minoritäten- zur Majoritätensprache (Cummins 1991: 82), der mit dem Status der beiden Sprachen zusammenhängt. Angehörige einer kulturellen Majoritätsgruppe kommen in der Regel aus höheren sozialen Schichten; deren Kinder erwerben im Elternhaus bereits durch häufige Eltern-Kind-Interaktion und Zuhören von Geschichten eine konzeptuelle Grundlage, die es ihnen ermöglicht, Lesen zu lernen und durch Lesen ihre Konzepte zu erweitern und auszudifferenzieren. Ihre sprachliche Umgebung fördert den Erwerb sprachlichen Wissens (Vokabeln und Konzepte), das sie in die Leseerwerbssituation in der Schule mitbringen und das zu einer zweitsprachigen Lesekompetenz ohne Verlust in der Erstsprache führt. Kinder von Minoritäten kommen dagegen häufig aus sozial unterprivilegierten Schichten und sind in ihrer sprachlich-kognitiven Entwicklung benachteiligt, weil im Elternhaus zu wenig Lesematerial zur Verfügung steht. Sie machen außerdem durch verstärkten Medieneinfluss und das Umfeld außerhalb des Elternhauses eine geringere Erfahrung mit der Erstsprache, so dass sie nicht die Konzepte verfügbar haben, die sie fürs Lesenlernen in der Zweitsprache brauchen. Aufgrund der soziopolitischen Realität können sich bei dieser Gruppe die von Cummins postulierten Voraussetzungen für Transfer nicht entwickeln (z.B. Spanier in den USA): Sie haben weder genügend Gelegenheit, eine kognitive Profizienz in der Erstsprache zu erwerben, noch eine Motivation in bezug auf die Zweitsprache zu entwickeln. Unter solchen Bedingungen erfolgt kein Transfer von der Zweitsprache auf die Erstsprache; im Fall der Spanier also kein Transfer vom Englischen zum Spanischen.

Die These von einer allgemeinen sprachübergreifenden Lesefähigkeit ist entwickelt worden, um unterschiedliche Effekte in der bilingualen Erziehung zu erklären, die durch ein Zusammenspiel von Erziehungskontext (Immersions-/ Submersionsprogramm), sozialen und linguistischen Faktoren sowie kulturellem Hintergrund der Lerner zustande kommen. Bei der Interdependenzhypothese handelt es sich um einen Theorierahmen, in dem es um die Bestimmung der funktionalen Rolle der Muttersprache für die kognitive Entwicklung des Kindes in bilingualen Kontexten geht. Der Erwerb einer konzeptuellen Basis ist Voraussetzung für den Leseerwerb. Dieser Erklärungsrahmen sollte nicht ohne weiteres generalisiert werden für das Lesen in monolingualen fremdsprachlichen Lernkontexten mit Erwachsenen. Bei erwachsenen Lernern ist bereits eine kognitive und sprachliche Struktur vorhanden und es besteht eine Erfahrung mit Schriftlichkeit und geschriebenen Texten.

3. Erwerb von Literalität

Für das Verständnis der Interdependenzhypothese muss genauer geprüft werden, welche Teilkomponenten eigentlich Literalität umfasst und welche Vorbedingungen für den primären Schriftspracherwerb erforderlich sind.

1. Eine Teilkomponente besteht in der Fähigkeit, Phoneme und Grapheme einander zuzuordnen. Das wiederum setzt die mündliche Fertigkeit voraus, gesprochene Sprache in kleinere Einheiten, sogenannte Phoneme, zu untergliedern und diese Phoneme eben geschriebenen Einheiten, Graphemen, zuzuordnen. Ein Transfer zwischen Sprachen konnte eine Studien von Durgunoğlu et al. (1993) nachweisen. Sie haben einen Vergleich zwischen Leseprozessen in der Erst- und Zweitsprache bei Bilingualen mit Spanisch als Muttersprache durchgeführt und stellten fest, dass die Fähigkeit, gesprochene Sprache in Phonemeinheiten zu segmentieren und Phoneme Graphemen zuzuordnen, nicht nur die Worterkennung in der Erstsprache, sondern auch die in der Zweitsprache fördert und zu einer effizienteren Worterkennung führt. Hier wird eine metasprachliche Fähigkeit in der Muttersprache ausgebildet, die nicht sprachspezifisch ist, sondern, zumindest bei alphabetischen Systemen, auf der Bewusstheit beruht, dass in gesprochener Sprache phonologische Teilkomponenten sich erkennen lassen und zwischen Geschriebenem und Gesprochenem eine Korrespondenz besteht. Dieses phonologische Bewusstsein transferiert in diesem Fall auf die Zweitsprache Englisch und führte bei den Bilingualen zu einer schnelleren Worterkennung. Was neu in der Zweitsprache erworben werden muss, sind Phoneme und andere Orthographiemuster.

2. Eine weitere Teilkompetenz von Schriftspracherwerb ist die Fähigkeit, Zeichen als Wörter einer Sprache zu identifizieren und ihnen eine Bedeutung zuzuordnen. Dazu braucht ein Kind Konzepte, damit Wörter zugänglich und sinnhaft sind. Hier spielt die Vorlesepraxis im Elternhaus eine ganz zentrale Rolle, weil dadurch das Kind vertraut gemacht wird mit geschriebener Sprache im Unterschied zur mündlichen Sprache und Konzepte erwerben kann.

3. Eine weitere Komponente ist die Fähigkeit eben zwischen Mündlichkeit und Schriftlichkeit zu unterscheiden. Eine Voraussetzung, die zum Schriftspracherwerb hinführt und auch Weichen für die Lesesozialisation insgesamt stellt. Erfolgt der Schriftspracherwerb bei Kindern von Minoritäten in der Zweitsprache, dann gibt es eine Diskrepanz zwischen verfügbaren Konzepten und den neuen

Wörtern und sind die Leistungen entsprechend reduziert. Eine vierte Komponente ist die Entwicklung eines metasprachlichen Bewusstseins. Sie ist ebenfalls eine Voraussetzung dafür einen Schriftcode zu erwerben.

Sind diese Fähigkeiten in der Muttersprache ausgebildet, dann kann der Erwerb von Lese- und Schreibfähigkeit in der Zweitsprache darauf aufbauen. Die Fähigkeit, Bedeutungen aus Gedrucktem zu extrahieren, transferiert in dem Fall von der Muttersprache auf die Zweitsprache.

4. Erwerb von Biliteralität

Die sprach- und erziehungspolitische Empfehlung für Majoritätskinder geht dahin, das Lesenlernen in der Zweitsprache von Beginn an zu fördern. Leseerwerb in der Erstsprache sollte danach einsetzen. Dagegen ist es für Kinder von Minoritätsgruppen aufgrund ihrer kulturellen Orientierung produktiver, Schrift- und Lesefähigkeit zuerst in der Muttersprache zu erwerben. Wenn der Erwerb von Lesefähigkeit und Schriftlichkeit zuerst in der Muttersprache erfolgt, dann findet ein positiver Transfer von der Mutter- auf die Zweitsprache statt. Der Leseerwerb mit vertrauten kulturellen Konzepten der Ausgangssprache und -kultur wirkt sich positiv auf die Lernentwicklung und Transferleistung aus (Verhoeven 1990). Submersionsprogramme, in denen eine gesteigerte Erfahrung mit L2 und ein Verlust von L1 stattfindet, führen nicht zu einer Verbesserung von L2-Lesen.

Außer den sprachlichen Faktoren spielen in der bilingualen Erziehung soziale Faktoren eine beherrschende Rolle. Dazu gehören: die Frage der Zugehörigkeit zu einer Minderheit oder Mehrheit, der soziale Status, die Zielsetzung von bilingualer Erziehung und die Freiwilligkeit. Der soziale Faktor ist eine intervenierende Variable zwischen Sprachleistung und Schulprogramm. Zu den Bedingungen für Transferleistungen gehören außer kognitiv-akademischen Fähigkeiten die kulturelle Orientierung, die Frage also, ob eine Identifikation mit der Majoritätskultur und der Majoritätssprache vorliegt, und der motivationale Faktor.

Die These von einer allgemeinen sprachübergreifenden Lesefähigkeit ist entwickelt worden, um unterschiedliche Effekte in der bilingualen Erziehung zu erklären, die durch ein Zusammenspiel von Erziehungskontext, sozialen und sprachlichen Faktoren sowie kulturellem Hintergrund der Lerner zustande kommen. Bei der Interdependenzhypothese handelt es sich um einen Theorierahmen, in dem es um die Bestimmung der funktionalen Rolle der Muttersprache für die kognitive Entwicklung des Kindes in bilingualen Kontexten geht. Der Erwerb einer konzeptuellen Basis ist Voraussetzung für den primären Schriftspracherwerb. Dieser Erklärungsrahmen sollte nicht ohne weiteres generalisiert werden für das Lesen in fremdsprachlichen Lernkontexten mit Erwachsenen, weil hier andere Lernbedingungen, andere Voraussetzungen gegeben sind. Vor allem weil der erwachsene Zweitsprachenlerner bereits eine Erfahrung mit Schriftlichkeit, mit geschriebenen Texten mitbringt und in seiner Muttersprache eine kognitive und sprachliche Verankerung erfahren hat.

Sind Defizite in der muttersprachlichen oder fremdsprachlichen Entwicklung zu verzeichnen, dann ist das nicht auf eine mangelnde Kompetenz von Lernern zurückzuführen, sondern auf eine fehlende Übereinstimmung zwischen Lernervoraussetzungen, Erziehungsumgebung und Elternhaus. Die Balance zwischen diesen Faktoren und der Erwerb einer funktionalen Biliteralität sind abhängig von folgenden methodischen Entscheidungen:

1. Anteile der Mutter- und Zweitsprache im schulischen Kontext und ihre zeitliche Verteilung;
2. die Sprache als Fach- oder Unterrichtssprache;
3. Erwerb von Literalität in der Muttersprache zuerst und/oder parallel mit Schriftspracherwerb in der Zweitsprache;
4. gemeinsames Lernen von Minderheiten- und Mehrheitenkindern.

5. Transfer von Lesefähigkeiten unter fremdsprachigen Lesebedingungen

Die Beobachtung, dass jemand, der im Mündlichen flüssig eine Fremdsprache spricht, noch lange keine geschriebenen Texte lesen kann, hat dazu geführt, anzunehmen, dass das Lesen eine eigene Fähigkeit ist, die mit dem Wissen über das Lesen zu tun hat und die nicht sprachspezifisch ist. Mehrere Forscher (Bernhardt 1993; Hudson 1982; Sarig 1987 zum Beispiel) gehen davon aus, dass eine solche Lesefähigkeit, die in der Muttersprache entwickelt wurde, auf die Fremdsprache transferiert, und haben eine Reihe von Untersuchungen durchgeführt, um diese These zu stützen. Die These konkurriert mit einer zweiten These, die besagt, dass man eine bestimmte Sprachkompetenz in der Zweitsprache braucht, um überhaupt lesen zu lernen und erfolgreich in einer zweiten Sprache lesen zu können. Das ist die sogenannte Schwellenhypothese, die vor allen Dingen von Clarke (1979) vertreten wurde und auch im Laufe der Jahre weiter ausdifferenziert worden ist. Die Frage ist: Gibt es ein Konstrukt Lesefähigkeit, das abtrennbar ist von der Fremdsprachenkompetenz?

Dazu muss ich ergänzen, dass es bei der Operationalisierung von Lesefähigkeit in diesen Untersuchungen vorrangig um sogenannte höherstufige Fertigkeiten und Prozesse geht, im Unterschied zu den im Vorhergehenden erwähnten bilingualen Kontexten, in denen es um den primären Schriftspracherwerb geht und wo Grundfertigkeiten des Lesens im Vordergrund stehen. Höherstufige Lesefertigkeit heißt z.B. sein Hintergrundwissen einzubringen um bestimmte Leseaufgaben zu lösen oder den sprachlichen und außersprachlichen Kontext mit einzubeziehen für die Lösung von Leseaufgaben. Da die Frage, ob es eine allgemeine und sprachunabhängige Lesefähigkeit gibt, die das Lesen in der Fremdsprache beeinflusst, davon abhängt, was unter Leseverstehen verstanden wird und wie es operationalisiert wird, ist fraglich, ob in den verwendeten Tests zur Prüfung von Lesefähigkeit überhaupt Lesefähigkeit geprüft wurde.

Gegenüber den bevorzugt verwendeten Tests *Multiple Choice* und *Cloze-Verfahren* ist kritisch einzuwenden:

Der *Multiple Choice*-Test ist ökologisch nicht valide (Sternberg 1991) und misst keine konstruktiven Prozesse der Bedeutungsbildung. Hinzu kommt, dass bei Fehlern die Schwierigkeiten auch im mangelnden Verständnis der Fragen und nicht unbedingt auf fehlendes Textverständnis zurückzuführen sind. Die Fragen selbst bringen außerdem noch zusätzliche Informationen ins Spiel, die im Nachhinein das Textverständnis verändern können. MC-Tests prüfen eher untere Fertigkeitsstufen als höhere.

Der MC-Test steht außerdem im Widerspruch zu modernen Lesetheorien, nach denen Leser ihr Verhalten flexibel ihren Zielen, Interessen, den Anforderungen der Texte und der Aufgabenstellung entsprechend anpassen, was der MC-Test nicht prüft.

Gegenüber dem *Cloze*-Verfahren ist einzuwenden, dass es keine makrostrukturellen Prozesse erfasst, sondern eher allgemeine Sprachkompetenz. Es ist nicht sicher, dass ein Leser den engeren, umliegenden Kontext nutzt, um eine Lücke zu füllen (Wolf 1993). Außerdem erzeugen *Cloze*-Verfahren testbezogene Strategien, wie z.B. Raten.

Die These von einer allgemeinen Lesefähigkeit stützt sich vor allem auf Korrelationen in der Leseperformanz in der Mutter- und Fremdsprache. Danach sind gute Muttersprachenleser auch gute Fremdsprachenleser und umgekehrt. Aber bis auf wenige Ausnahmen (Verhoeven 1990) wurde nicht der Prozess des Lesens in der Ausgangs- und Zielsprache verglichen, so dass unklar ist, wie Leser jeweils zu ihren Interpretationen gelangen und ob es sich wirklich um identische Prozesse handelt.

Wenn unter allgemeiner Lesefähigkeit die Fähigkeit verstanden wird den Kontext zu nutzen, Vorhersagen zu treffen und Wissen zu gebrauchen, so sind diese Fähigkeiten in den Testverfahren nicht getestet worden, so dass nach wie vor offen ist, was eigentlich unter einer allgemeinen und sprachunabhängigen Lesefähigkeit zu verstehen ist, d.h. das Konstrukt fremdsprachige Lesefähigkeit muss noch weiter in seinen Teilkomponenten aufgefächert werden.

6. Effekte von begrenztem Sprachwissen

Lerner erwerben durch mündliche Interaktion ein Sprachwissen, bevor sie Lesen lernen in einer Fremdsprache. Welchen Einfluss ein begrenztes fremdsprachliches Wissen auf das L2-Lesen hat und worin sich niedrig- und hochprofiziente L2-Leser voneinander unterscheiden, ist ein weiterer Gegenstand von Forschungen (Clarke 1980, Cziko 1978, Devine 1987). Fremdsprachige Leser unterscheiden sich von muttersprachigen Lesern in folgenden Dimensionen:

1. Orthographiekenntnisse
Sie beeinflussen vor allem die Worterkennung. Je nach sprachlichem Hintergrund (alphabetische oder logographische Systeme) werden unterschiedliche Verarbeitungsstrategien angewandt. Die phonologische Verarbeitung ist ebenfalls wichtig für die Worterkennung. In diesem Zusammenhang spielt die phonemische Bewusstheit eine zentrale Rolle. Sie ist vor allem beim beginnenden Leser ein starker Vorhersager für Leseerwerb.

2. Vokabelkenntnisse
Vom Umfang des Wortschatzes hängt die semantische Verarbeitung ab, d.h. die Fähigkeit kontextabhängige Bedeutungen von Wörtern zu erkennen. Bei erwachsenen Lernern besteht vor allem eine große Diskrepanz zwischen konzeptuellem Wissen und vorhandenen Vokabelkenntnissen in L2.

Außerdem kommen noch andere Differenzen ins Spiel, wie unterschiedliche Wortbedeutungen (Konnotationen und Denotationen) und Ähnlichkeiten zwischen L1- und L2-Wörtern (Kognaten).

3. Morphosyntaktisches Wissen
Kenntnisse über die L2-Morphosyntax sind ein Hauptfaktor, der gute und schlechte L2-Leser voneinander trennt (Koda 1993). Syntaktische und semantische Signale der Fremdsprache steuern die Satzverarbeitung.

4. Diskurswissen
Diskurswissen ist eine weitere Variable, die das L2-Textverstehen beeinflusst. Die verschiedenen Textstrukturen (in Narrationen, argumentativen Texten und Sachtexten) sind sprachspezifisch (Carrell 1984).

Unterschiedliche Aspekte von Fremdsprachenkompetenz haben unterschiedliche Effekte auf das Leseverstehen. Nach gegenwärtigem Stand ist es so, dass im fremdsprachlichen Kontext die Sprache eine Hauptdeterminante ist gegenüber der Lesefähigkeit. Es müsste allerdings der Einfluss des fremdsprachlichen Wissens genauer erforscht werden um zu prüfen, welche Aspekte von Sprachwissen einen Effekt auf das Lesen in der Fremdsprache haben. Zu vermuten ist, dass von Sprache zu Sprache und mit steigendem Lernniveau einzelne Sprachaspekte ein unterschiedliches Gewicht erhalten. Ich gehe darauf später noch näher ein.

Die Prüfung des Einflusses der Sprachkompetenz auf das Lesen in der Fremdsprache wird in den Testverfahren als Grammatikkenntnisse und Vokabelwissen operationalisiert. Aber die Frage, wie weit sprachunabhängige Prozesse oder sprachabhängige Prozesse die Leseperformanz in der Fremdsprache bestimmen, kann aufgrund der Unzulänglichkeit der empirischen Studien nicht abschließend beantwortet werden.

Die Unzulänglichkeit besteht darin, dass
1. nicht alle drei Variablen, nämlich muttersprachige und fremdsprachige Lese-

fähigkeit und die Fremdsprachenkompetenz in das Experiment mit einbezogen wurden;
2. die beiden unabhängigen Variablen muttersprachige Lesekompetenz und Fremdsprachenkompetenz nicht unbedingt bei denselben Subjekten (innerindividuell) getestet wurden und im Vergleich dazu zwischen fremdsprachigen und muttersprachigen Lesergruppen (intraindividuell);
3. nicht immer sichergestellt wurde, dass mit vergleichbaren Texten und Aufgaben in beiden Sprachen gearbeitet wird um mutter- und fremdsprachige Leseperformanzen zu vergleichen;
4. dass eine größere Bandbreite in der Profizienz bei muttersprachigen Lesern, also gute und schlechte Leser, als auch der Fremdsprachenkompetenz (Anfänger-Fortgeschrittene) getestet wird, da sich im Laufe des Spracherwerbs die Einflussfaktoren ändern.

7. Transfer von sprachspezifischen Strategien

Wie eingangs erwähnt, gibt es einen anderen Ansatz innerhalb der Fremdsprachenforschung, der davon ausgeht, dass beim Lesen in der Fremdsprache sprachspezifische Strategien zur Anwendung kommen. Ich werde darauf jetzt kurz eingehen und einige Beispiele bringen.

Im Rahmen von sprachvergleichenden Studien wurde nachgewiesen, dass beim Lesen in der Fremdsprache Satzverarbeitungsstrategien zur Anwendung kommen, die den Merkmalen der Muttersprache entsprechen. Zum Beispiel die Wortstellung im Englischen, Inflexionsmorpheme oder Kasusmarker für thematische Rollen im Deutschen oder semantische Merkmale, wie Belebtheit des Nomens, im Italienischen. Harrington (1987) prüfte z.B. die Satzinterpretationsstrategien von japanischen Lernern, die Englisch als Zweitsprache haben und jeweils Muttersprachler, also Japanisch und Englisch, die ihre Muttersprache verarbeiten. Er fand heraus, dass die japanische Gruppe beim Verarbeiten der englischen Sätze Verarbeitungsstrategien verwendeten, die denen entsprachen, die sie in ihrer Muttersprache japanisch benutzen. In einer Studie konnten MacWhinney u.a. (1984) zeigen, dass sich Muttersprachler des Englischen, Deutschen und Italienischen bei der Entscheidung, welches Nomen in einem Satz der Aktor bzw. das grammatische Subjekt ist, entsprechend den Besonderheiten ihrer Sprache im Englischen auf die Wortstellung (SVO-Stellung), im Italienischen auf Kasusmarker und im Deutschen auf Kasusmarker und das Belebtheitsmerkmal stützten.

Ein Experiment mit Deutsch-Englisch-Bilingualen, das Kilborn und Cooreman (1987) durchgeführt haben, zeigte, dass sich mit steigender Profizienz im Englischen die Performanzen denen von Englisch-Monolingualen angleichen. Ob erstsprachenspezifische Strategien einen Einfluss auf die Zweitsprache ausüben oder nicht, hängt von dem sich ändernden Niveau der Zweitsprachenkompetenz ab und davon, wie dominant die miteinander konkurrierenden sprachlichen Merkmale in den beiden Sprachen sind.

McDonald/Heilenman (1991) berichten von einer Anpassung von Englisch-Französisch-Bilingualen an Strategien, die der Zweitsprache angemessen sind. Sie befolgten nicht die Wortfolge-Strategie, um das Agens eines Satzes zu bestimmen, sondern gebrauchten Signale, die typisch sind für die französische Sprache: pronominale Übereinstimmung, Verbkongruenz und semantische Merkmale. McDonald/Heilenman modifizieren aufgrund ihrer Beobachtung die allgemein vertretene Hypothese vom Transfer erstsprachiger Strategien auf die Zweitsprache. Ihrer Meinung nach werden Strategien transferiert, die erfolgreich sind in der Zweitsprache. Hingegen erfolgt eine Übernahme zweitsprachiger Strategien, wenn die erstsprachigen zu Fehlinterpretationen in der Zweitsprache führen. Das erklärt auch, warum z.B. Italiener ihre muttersprachigen Strategien, sich auf semantische Merkmale zu stützen, mit Erfolg auf die Interpretation englischer Sätze anwenden können, da im Englischen außer der Wortfolge als weitere Merkmale Verbkongruenz und Kasusinflektion des Pronomens die Agensrolle indizieren. Umgekehrt misslingt bei Englischsprachigen ihre an der Wortstellung orientierte Interpretation bei der Übertragung auf andere Sprachen, so dass sie sich den Besonderheiten der Zweitsprache anpassen. Ob also ein Transfer erfolgt oder Lerner sich zielsprachenspezifische Strategien aneignen, hängt von der Dauer der Lernerfahrung mit der Zweitsprache und von der Angemessenheit von Strategien in den Sprachen ab.

Auch Liu/Bates/Li (1992) fanden in ihrer Untersuchung mit Chinesisch-Englisch- und Englisch-Chinesich-Bilingualen ein Transfermuster, das die Komplexität der Interaktion verschiedener Variablen, wie Alter und Häufigkeit des Sprachgebrauchs, spiegelt. Beide Gruppen zeigten einen schnellen Übergang zu den jeweiligen Zielsprachenstrategien (Wortfolge und Belebtheitsmerkmal für die Identifizierung des Agens.

Die unterschiedlichen Transfereffekte, die sie bei Subjekten mit unterschiedlicher Flüssigkeit in der Zweitsprache beobachten, führen sie auf das Alter zurück, in dem die Lerner das erste Mal mit der Zweitsprache konfrontiert waren. Anfänger (Chinesisch-Englisch- und Englisch-Chinesisch-Bilinguale) zeigten mehr Vorwärts-Transfer, während die Fortgeschrittenen, die zuerst Englisch im Alter von 6 bis 10 Jahren lernten, eine Differenzierung im oben definierten Sinne zeigten. Rückwärts-Transfer wurde bei Chinesen gefunden, die Englisch vor dem vierten Lebensjahr kennenlernten.

Eine Reihe von Untersuchungen hat sich mit Satzverarbeitungsstrategien in der Zweit-/Fremdsprache befasst (Bates/MacWhinney 1981; Miao 1981; Harrington 1987; Kilborn/Cooreman 1987; McDonald/Heilenman 1991; Sasaki 1991; Liu/Bates/Li 1992; MacWhinney 1992). In einem Experiment mit Chinesisch- und Englischsprachigen, die Chinesisch als Fremdsprache lernten, beobachtete Miao (1981) eine Bevorzugung lexikalisch-semantischer Signale bei den Chinesen, während die Englischsprachigen beim Verstehen von Chinesisch als Fremdsprache abhängiger waren von syntaktischen Merkmalen. Nach

McDonald (1987) erfolgt der Gebrauch von Muttersprachenstrategien in der Anfangsphase des Spracherwerbs, aber mit zunehmender Profizienz nähern die Verarbeitungsstrategien sich denen der Zielsprache an.

Die Studien geben ein differenziertes Bild von unterschiedlichen Transfereffekten, die nicht nur mit sprachspezifischen Merkmalen zusammenhängen, sondern noch mit anderen Faktoren wie Kompetenzniveau, Alter der ersten Erfahrung mit einer zweiten Sprache oder Effizienzkriterien beim Gebrauch der Zweit-/Fremdsprache. Als weitere Performanzfaktoren sind noch affektive und soziale zu erwähnen, die gerade in bi- und multilingualen Kontexten von Bedeutung sind.

Literatur

Bates, E./MacWhinney, B. (1981): Second language acquisition from a functionalist perspective: pragmatic, semantic and perceptual strategies. In: H. Winitz (ed.): Annals of the New York Academy of Science Conference on Native and Foreign Language Acquisition. New York: Academy of Sciences. S. 190-214.

Bernhard, E. B. (1993): Reading Development in a Second Language. Theoretical, Empirical, and Classroom Perspectives. Norwood, New Jersey: Ablex Publishing Corporation. 2nd edition.

Carrell, P. L. (1984): Schema Theory and ESL Reading: Classroom Implications and Applications. In: The Modern Languae Journal 68. S. 332-343.

Clarke, M. A. (1979): Reading in Spanish and English: Evidence from Adults ESL Students. In: Language Learning 29 (1). S. 121-149.

Clarke, M. A. (1980): The Short Circuit Hypothesis of ESL Reading – or When Language Competence Interferes with Reading. In: The Modern Language Journal 64 (1). S. 203-210.

Coady, J. (1979): A Psycholinguistic Model of the ESL Reader. In: R. Mackay et al. (eds.). S. 5-12.

Cummins, J. (1979): Linguistik interdependence and the educational development of bilingual children. In: Review of Educational Research 49. S. 222-251.

Cummins, J. (1984): Bilingualism and special education: Issues in assessment and pedagogy. Clevedon, Avon: Multilingual Matters.

Cummins, J. (1991): Conversational and Academic Language Proficiency in Bilingual Context. In: AILA Review 8. S. 75-89.

Cziko, G. A. (1978): Differences in First and Second Language Reading: The Use of Syntactic, Semantic and Discourse Constraints. In: Canadian Modern Language Review 34. S. 479-489.

Devine, J. (1987): General Language Competence and Adult Second Language Reading. In: J. Devine et al. (eds.): S. 73-86.

Devine, J./Carrell, P.L./Eskey, D.E. (eds.) (1987): Research in Reading in English as a Second Language. Washington: TESOL.

Durgunoğlu, A. Y./Nagy, W./Hancin-Bhatt, B. J. (1993): Cross-Language Transfer of Phonological Awareness. In: Journal of Educational Psychology 85 (3). S. 453-465.

Ehlers, S. (1998): Lesetheorie und fremdsprachliche Lesepraxis aus der Perspektive des Deutschen als Fremdsprache. Tübingen: Narr.

Harrington, M. (1987): Processing transfer: Language-specific processing strategies as a

source of interlanguage variation. In: Applied Psycholinguistics 8. S. 351-377.
Hudson, T. (1982): The Effects of Induced Schemata on the Short Circuit in L2 Reading: Non-Decoding Factors in L2 Reading Performance. In: Language Learning 32 (1). S. 1-31.
Kilborn, K./Cooreman, A. (1987): Sentence interpretation strategies in adult Dutch-English bilinguals. In: Applied Psycholinguistics 8. S. 415-431.
Koda, K. (1993): Transferred L1 Strategies and L2 Syntactic Structure in L2 Sentence Comprehension. In: The Modern Language Journal 77 (3). S. 490-499.
Lehmann, R. H./Peck, R./Pieper, I./von Stritzky, R. (1995): Leseverständnis und Lesegewohnheiten deutscher Schüler. Weinheim/Basel: Beltz.
Liu, H./Bates, E./Li, P. (1992): Sentence interpretation in bilingual speakers of English and Chinese. In: Applied Psycholinguistics 13. S. 451-484.
Mackay, R./Barkman, B./Jordan, R.R. (eds.) (1979): Reading in a second language. Hypotheses, Organisation, and Practice. Rowley/Mass.: Newbury House.
MacWhinney, B. E./Bates, E./Kliegl, R. (1984): Cue validity and sentence interpretation in English, German, and Italian. In: Journal of Verbal Learning and Verbal Behavior 23. S. 127-150.
MacWhinney, B. E. (1992): Competition and transfer in second language learning. In: Harris, R. J. (ed.): Cognitive processing in bilinguals. Amsterdam: North-Holland. S. 371-390.
McDonald, J. L. (1987): Sentence Interpretation in Bilingual Speakers of English and Dutch. In: Applied Psycholinguistics 8. S. 379-415.
McDonald, J. L. /Heilenman, L. K. (1991): Determinants of cue strength in adult first and second language speakers of French. In: Applied Psycholinguistics 12. S. 313-348.
McLaughlin, B. (1987): Theories of second-language learning. London: Edward Arnold.
Miao, X. (1981): Word order and semantic strategies in Chinese sentence comprehension. In: International Journal of Psycholinguistics 8 (3). S. 109-122.
Sarig, G. (1987): High-Level Reading in the First and in the Foreign Language: Some Comparative Process Data. In: J. Devine et al. (eds.): S. 105-120.
Sasaki, Y. (1991): English and Japanese interlanguage comprehension strategies: An analysis based on the competition model. In: Applied Psycholinguistics 12. S. 47-73.
Sternberg, R. J. (1991): Are we reading too much into reading comprehension tests? In: Journal of Reading 34 (7). S. 540-545.
Verhoeven, L. (1990): Acquisition of reading in a second language. Reading Research Quarterly 25. S. 90-114.
Verhoeven, L. (1991): Acquisition of Biliteracy. In: AILA Review 8. S. 61-74.
Wolf, D. F. (1993): Issues in Reading Comprehension Assessment: Implications for the Development of Research Instruments and Classroom Tests. In: Foreign Language Annals 26 (3). S. 322-331.

Das Korpus romanischer Zeitungssprachen und sein Online-Einsatz in der Lehre

Elisabeth Burr

1. Einleitung

Die Linguistik dieses Jahrhunderts basiert insgesamt gesehen auf einer grundsätzlich dualistischen Sichtweise von Sprache. Dieser Dualismus betrifft nicht nur die funktionellen Oppositionen, die zumeist als binäre Oppositionen gesehen werden, sondern ganz besonders die Sprache selbst. Die vor allem seit Saussure übliche Unterscheidung zwischen *langue* und *parole* liegt auch heute noch den meisten Ansätzen zugrunde. Unterstützung erfährt sie nicht zuletzt durch Chomskys Unterscheidung zwischen *competence* und *performance*.

Die beiden Pole werden allerdings nicht als gleichwertig erachtet. Im Gegenteil, im Zentrum des Interesses steht vor allem die *langue* bzw. Kompetenz. Ihrer Erfassung und Beschreibung gelten die entwickelten Modelle und die um sie geführte Diskussion. Dell Hymes beurteilt dies so: »A major characteristic of modern linguistics has been that it takes structure as primary end in itself, and tends to depreciate use« (Hymes 1972: 272). Grundlage dieser Modelle ist, wie Michael Stubbs an in der modernen Linguistik einflußreichen Werken aufzeigen kann, eine verschwindend kleine Menge von sprachlichen Daten, die zudem in der Mehrzahl der Fälle aus erfundenen Sätzen besteht:

> »[...] it is so easy to be blind to the very small amount of data on which contemporary linguistics is based, and this is fundamental to the whole intellectual organisation of the discipline: the theories which linguists develop, the types of corroboration they claim, the methods they use, and the ways in which students are trained.« (Stubbs 1993: 10).

Wallace Chafe, der sich mit den Methoden auseinandersetzt, die bei der Untersuchung von Sprache angewandt werden können, kommt zu einem ähnlichen Schluß: »The techniques that have most dominated the field of linguistics [...] have been techniques focused on artificial rather than naturally occurring data.« (Chafe 1992: 85) und Maurice Gross beschreibt die gängige Vorgehensweise wie folgt:

> »Currently, rules or syntactic theories are being elaborated for a small number of examples of a given phenomenon, and then the occasional discovery of new examples and counter-examples functions either to reinforce or to invalidate theories.« (Gross 1994: 215).

Fragen der empirischen Evidenz – und im Sinne von Roger G. van de Velde auch der empirischen Adäquatheit dieser Modelle – werden nicht nur auf die Regionen der Performanz, sondern oft sogar in den Aufgabenbereich anderer Wissenschaften geschoben. Eine Theorie der Performanz wird erst gar nicht entwickelt (cf. Velde 1979: 24) und noch weniger eine Theorie des Sprechens insgesamt.

2. Linguistische Lehre

Diese Sicht hat Auswirkungen auf die Lehre der Linguistik an den Universitäten. Wenn ich diese im folgenden betrachte und ihnen meine eigenen Überlegungen entgegensetze, so gehe ich davon aus, daß es der Linguistik prinzipiell darum geht, Sprache als kulturelles Objekt zu verstehen, zu beschreiben und zu interpretieren.

2.1 Theoriegestützte Linguistik

In den Seminaren zur Linguistik allgemein und zu der der romanischen Sprachen im besonderen wird Sprache allerdings zumeist allein unter theoretischen Gesichtspunkten betrachtet, d.h. es werden bestehende Theorien, von Forschenden durchgeführte Untersuchungen und Beschreibungen in Form von Grammatiken und Wörterbüchern diskutiert. Da die meisten linguistischen Theorien, wie bemerkt, auf einer geringen Zahl isolierter, zumeist erfundener Sätze gründen, die meisten Untersuchungen sich auf funktionelle Aspekte des abstrakten Sprachsystems oder deren Realisierung in der ebenfalls abstrakten Norm konzentrieren und Grammatiken und Wörterbücher aus dem Kontext gerissene Abstraktionen darstellen, spielt die einzige reale Manifestation der Sprache, nämlich das Sprechen – und mit Sprechen meine ich sowohl das gesprochene als auch das geschriebene Sprechen – in solchen Seminaren eine verschwindend kleine Rolle.

2.2 Datengestützte Linguistik

Nach Wilhelm von Humboldt kann aber Sprache als solche nur in der »verbundenen Rede« untersucht werden, Grammatiken und Wörterbücher kommen dagegen höchstens ihrem toten Gerippe gleich. Selbst eine vergleichende Studie von nicht sehr umfangreichen und nicht gut gewählten Proben natürlichen Sprechens ermöglicht nach Humboldt mehr Einblick in das Wesen der Sprache als das Studium von Grammatiken und Wörterbüchern:

»Die Sprache liegt nur in der verbundenen Rede, Grammatik und Wörterbuch sind kaum ihrem todten Gerippe vergleichbar. Die bloße Vergleichung selbst dürftiger und nicht durchaus zweckmäßig gewählter Sprachproben lehrt daher viel besser den Totaleindruck des Charakters einer Sprache auffassen, als das gewöhnliche Studium der grammatischen Hülfsmittel. [...] Freilich führt dies in eine mühevolle, oft ins Kleinliche gehende Elementaruntersuchung, es sind aber lauter in sich kleinliche Einzelheiten, auf welchen der Totaleindruck der Sprachen beruht, und nichts ist mit dem Studium derselben so unverträglich, als bloss in ihnen das Grosse, Geistige, Vorherrschende aufsuchen zu wollen.« (Humboldt 1827-1829/1963: 186).

Charles J. Fillmore kommt übrigens zu einem ähnlichen Schluß: »every corpus that I've had a chance to examine, however small, has taught me facts that I couldn't imagine finding out about in any other way.« (Fillmore 1992: 35). Was Humboldt und Fillmore hier vertreten, kann mit einem Terminus von John Sinclaire und seiner Schule (see f. ex. Sinclair 1992) als *data-driven* linguistics, als datengestützte Linguistik bezeichnet werden.

2.3 Theorie- und datengestützte Linguistik

Natürlich gibt es auch Seminare, die Theorie und Daten integrieren und wo Studierende ihre Arbeiten auf empirische Untersuchungen stützen. Das Hauptziel ist dabei aber zumeist nicht, vorgefundene Theorien und Modelle auf der Grundlage von systematisch erhobenen Daten kritisch zu hinterfragen, sondern Daten im Rahmen einer bestimmten Theorie zu analysieren und in *a priori* konstruierte Modelle zu pressen. Gelernt werden soll demnach nicht etwas über das natürliche Sprechen, sondern über die Theorie.

Aus dieser Perspektive ist es nur logisch, wenn erwartet wird, daß Untersuchungen auf der Grundlage von Grammatiken, Wörterbüchern, Beispielsammlungen oder relativ kleinen Auszügen von gedruckten oder transkribierten Texten durchgeführt werden und die Datenerhebung lesend und manuell erfolgt. Dieselbe Perspektive ist auch der Grund, warum computer-gestützte Untersuchungsmethoden bisher, wie eine von mir im Rahmen von ACO*HUM durchgeführte Studie zu den Internetseiten einer Vielzahl geisteswissenschaftlicher Institute an deutschen Universitäten zeigt, in aller Regel in den Seminaren nicht diskutiert und noch weniger unterrichtet werden und kein Vergeuden von Energie darin gesehen wird, wenn Studierende im Rahmen von Abschlußarbeiten zwar die von ihnen selbst durchgeführten Sprachaufnahmen unter Zurhilfenahme eines PCs transkribieren, dann aber ihre Daten anhand einer ausgedruckten Version der Transkription manuell erheben und analysieren.

3. Computergestützte linguistische Lehre

All dies befähigt die Studierenden aber weder, Sprache als kulturelles Objekt zu verstehen, das sich allein im Sprechen manifestiert, noch kritisch mit bestehenden Theorien und Ergebnissen von Untersuchungen umzugehen. Dazu bräuchten sie nämlich eine systematische Kenntnis von den wirklichen Daten.

In meinen Augen liegt jedoch der generelle Sinn eines Studiums gerade im Erwerb von Fähigkeiten, die einen fundierten und kritischen Umgang mit existierenden Theorien und Modellen erlauben. Auch linguistische Theorien und Modelle sind ja nicht neutral, sondern Ausdruck einer bestimmten Konzeption von Sprache oder von denjenigen, die sie sprechen. Zudem basieren diese, wie eingangs bemerkt, bisher zumeist auf einer minimalen Datenbasis.

Davon abgesehen baut mein Versuch, synchronische Romanische Linguistik computergestützt zu unterrichten, auf der Überlegung auf, daß ein Studium der romanischen Sprachen immer schon nicht nur spezifische Kenntnisse von der jeweiligen Sprache, sondern auch Schlüsselqualifikationen vermittelt hat, die über das Fachgebiet hinaus von Bedeutung sind. Solche Schlüsselqualifikationen sind: Kenntnisse in der Beschaffung, Verarbeitung, Analyse und Darstellung von Information.

Da es nun neben den traditionellen Informationsquellen und Methoden der Informationsbeschaffung, -verarbeitung, analyse und -präsentation ein neues Medium gibt, wo Information gespeichert und präsentiert wird, einen neuen Typ von Information und neue Werkzeuge zu ihrer Verarbeitung und Analyse, müssen diese Komponenten unserer Realität im Linguistikstudium neben die bisher genutzten treten, und zwar nicht nur, weil, wie Henry Rogers ausführt: »Good teachers have a responsability to use the most advantageous tools available« (Rogers 1998: 63), sondern auch deshalb, weil die Studierenden, die wir heute unterrichten, ihre spezifischen Kenntnisse von den kulturellen Objekten romanische Sprachen und die von ihnen erworbenen Schlüsselqualifikationen nur werden einsetzen können, wenn sie einen Job finden und weil sie einen Job, der ihnen entspricht und sie befriedigt, nur dann finden können, wenn sie, neben allem anderen, kritisch, konstruktiv und selbstbewußt mit den Informationstechnologien umgehen können.

Ich werde nun zunächst das Korpus der romanischen Zeitungssprachen, das dieser Lehre zugrundeliegt, vorstellen. Da die Untersuchungsmöglichkeiten, die ein solches Korpus bietet, maßgeblich vom Markup abhängen, mit dem es angereichert wurde, werde ich auch darauf kurz eingehen. Anhand einer Lehrveranstaltung und einigen Ergebnissen, die Studierende bei dem Versuch erzielten, mit Hilfe von Korpusuntersuchungen Theorie und Empirie zu integrieren, werde ich dann zum Schluß einen Einblick in die Lehrmethode und ihre Auswirkung auf das Lernverhalten der Studierenden und den Ablauf der Lehrveranstaltung zu geben suchen.

3.1 Das Korpus romanischer Zeitungssprachen

Das Korpus der romanischen Zeitungssprache wurde in zwei Phasen für meine eigenen Forschungen erstellt.[1] Da seine Erstellung auf einer bestimmten Theorie von der Sprache und vom Wissen der Sprechenden basiert, die es von anderen Korpora unterscheidet, muß ich diese zunächst charakterisieren. Das Korpus soll, das sei vorweggenommen, keinen *common core* repräsentieren, sondern sich an der Komplexität des natürlichen Sprechens und des Wissens der Sprechenden orientieren.

3.1.1 Das Wissen der Sprechenden in einer heterogenen Sprachgemeinschaft

Die Theorie, um die es hier geht, wurde von Dell Hymes (1972) und Eugenio Coseriu (1988) entwickelt. Beide gehen gerade nicht davon aus, daß Sprachen homogene Einheiten sind, sondern betrachten sie als aus vielen verschiedenen Varietäten zusammengesetzte Entitäten. Unter Sprechen verstehen sie eine sehr komplexe, auf Wissen gründende Aktivität. Die Sprechenden, von denen sie ausgehen, leben in einer realen und deshalb heterogenen Sprachgemeinschaft und besitzen ein sozio-kulturell determiniertes Wissen von mehreren Varietäten und Sprachen. Dell Hymes beschreibt die Situation so: »[...] in much of our world, the ideally fluent speaker-listener is multilingual« und weiter »Even an ideally fluent monolingual of course is master of functional varieties within the one language.« (Hymes 1972: 274). Da diese nicht auf eine gemeinsame Grammatik zurückgeführt werden können, wird das Konzept eines *common core* abgelehnt.

Betrachten wir zum Beispiel die Situation in Italien oder Spanien, so existieren hier Dialekte, die von anderen Sprechenden des Italienischen oder Spanischen nicht einfach verstanden werden. Zudem ist der Gebrauch eines bestimmten Dialekts nicht auf seine Ursprungsregion begrenzt, sondern er funktioniert aufgrund von Migration in anderen Regionen oft als sozio-kulturelle oder situative Varietät und kann schon deshalb nicht als regional peripher betrachtet werden. Der Gebrauch von Dialekten ist auch nicht auf niedere Schichten oder Ungebildete beschränkt, er kann also auch nicht als Sprache sogenannter peripherer Klassen vernachlässigt werden. Das heißt, wenn wir dieser Realität bei der Erstellung von Korpora Rechnung tragen wollen, dann müssen wir, Dell Hymes folgend, mit der Tradition brechen, die eine Sprache mit einer Kultur gleichsetzt und von ganz bestimmten Funktionen ausgeht (cf. Hymes 1972: 289).

Darüber hinaus müssen wir auch beachten, daß die Sprechenden nicht nur die von ihnen selbst gesprochenen Sprachen oder Varietäten kennen, sondern auch eine zumindest rudimentäre richtige oder falsche Kenntnis von anderen Sprachen

[1] Vgl. hierzu Burr (1993 a u. b, 1994, 1996, 1997).

und Varietäten oder zumindest von den Traditionen ihres Imitierens haben.[2] Auch wenn solche Imitationen Elemente enthalten, die von denjenigen, die das Konzept eines *common core* vertreten, nicht in Korpora aufgenommen werden würden, so sind sie doch ein integraler Bestandteil der Sprache der imitierenden Gemeinschaft und nicht der imitierten Sprache. Aus einem Korpus, das sich am realen Wissen der Sprechenden orientieren soll, können also auch die sogenannten Nachahmungssprachen nicht ausgeschlossen werden.

Nicht vergessen dürfen wir zudem, daß das sprachliche Wissen der Sprechenden nicht der Synchronie der Sprache oder der Varietät entspricht, sondern zu jeder Zeit auch Elemente enthält, die wie *thou* im Englischen oder *gebet* und *nehmet* im Deutschen etwa im gegenwärtigen Sprachzustand nicht funktionieren, sondern funktionelle Einheiten eines früheren Sprachzustands repräsentieren, d.h. zur Diachronie der Sprache gehören. Andere Fakten können von den Sprechenden auch in einer diachronen Perspektive bewertet werden, obwohl sie tatsächlich in der aktuellen Synchronie funktionieren. So mögen zum Beispiel einige Sprechende des Italienischen sagen, daß *udire* heute nicht mehr gebraucht wird und durch *sentire* ersetzt worden ist, andere mögen dagegen in *sentire* immer noch eine Innovation sehen.[3] Da aber für die Sprache normalerweise die Sprechenden,

---

2 Italienische Gemeinschaften zum Beispiel, die nicht Toskanisch sprechen, imitieren diesen Dialekt mit Hilfe eines übertriebenen Gebrauchs der sogenannten *gorgia*. In Spanien kann der *seseo* und *yeísmo* ähnlich eingesetzt werden und um das Deutsch nachzuahmen wird an jedes italienische oder englische Wort ein *-en* angehängt. So entstehen dann Formen wie *spaghetten*, *mangiaren* etc. Nachahmungen von Sprachen kommen auch in der Literatur vor. Vgl. hierzu etwa *All's Well That Ends Well*, Akt IV, Szenen I & II von Skakespeare. Diese Nachahmungen müssen nicht unbedingt den normalen traditionellen Realisierungen einer bestimmte Varietät oder einer bestimmten historischen Sprache entsprechen. Stattdessen enthalten sie oft sogar Elemente, die in der in Frage stehenden Varietät oder Sprache gar nicht existieren oder sogar unmöglich wären (cf. Coseriu 1988: 148-152). Im Deutschen gibt es zum Beispiel Ausdrücke wie *uno momento*, *picco bello*, *dalli dalli*, *alles paletti*, die Italienisch sein sollen, aber gerade kein Italienisch sind, da sie entweder im Italienischen so nicht existieren oder sogar gegen die Regeln des Italienischen verstoßen.

3 Ein solches diachronisches Bewußtsein gibt es nach Coseriu vor allem in Sprachgemeinschaften, die eine schriftlich fixierte literarische Tradition besitzen. In solchen Gemeinschaften können wir veraltetet Formen sogar bewußt gebraucht, um uns auf einen älteren Sprachzustand oder einen bestimmten historischen Moment zu beziehen. Formen und die für sie geltenden Normen bleiben also auch dann noch präsent, wenn sie nicht mehr zur aktuellen Synchronie der Sprache gehören. So gehört in England etwa die Sprache der St. James's Bible, der Stücke von Shakespeare oder der Romane von Dickens zumindest teilweise zum aktuellen sprachlichen Wissen der Sprechenden. Veraltete Formen können sogar wiederbelebt werden und gehören dann auch wieder zur aktuellen Synchronie (cf. Coseriu 1988: 135-137). Das von Coseriu angeführte Beispiel des spanischen Suffix *-ì* kann zur Verdeutlichung hier genügen. Dieses Suffix wurde einmal zur Bildung von Adjektiven für mit dem Orient in Beziehung stehenden Personen oder Dingen verwendet, es wurde dann aber für lange Zeit unproduktiv. Im 20.

ihre Haltung zu sprachlichen Phänomenen und die Anwendung ihres Wissens ausschlaggebend sind und nicht Linguisten und Linguistinnen (cf. Coseriu 1988: 134-135), kann ein Ausschluß solcher Elemente aus einem Korpus, das sich an den Sprechenden orientiert, nicht gerechtfertigt werden.

3.1.2 Das Korpus

Da das Korpus romanischer Zeitungssprachen also mit dem Ziel erstellt wurde, von den Sprechenden auszugehen, ist dieses Korpus ausdrücklich heterogener Natur. Das heißt, die Ausgaben der verschiedenen Zeitungen sind so in das Korpus eingegangen, wie sie sich dem Publikum am Tag ihres Erscheinens präsentierten. Eine Abweichung davon stellen lediglich die im Korpus fehlenden Anzeigen dar. Die Integrität aller in den gedruckten Zeitungsexemplaren enthaltenen Texte wurde gewahrt. Auch die Phänomene, die im Falle eines *common core*-Korpus das Bild stören würden, wie etwa die in allen Zeitungen enthaltenen dialektalen Elemente oder das Katalanische in der spanischen Komponente oder Elemente, die zur Diachronie der Sprachen gehören, wurden nicht aussortiert. Die einzelsprachlichen Subkorpora stellen also keine homogene Sprache dar, sondern sind ein Porträt der tatsächlichen Kombination von stilistischen und sozio-kulturellen Varietäten in den einzelnen Zeitungen und bilden damit das komplexe sprachliche Wissen ab, das vom Publikum der jeweiligen Zeitung erwartet wird.

Dieses Wissen insgesamt ist allerdings selbst noch eine Abstraktion, denn nicht alle lesen die ganze Zeitung und nicht alle lesen die gleichen Teile. Das heißt, wir müßten noch, um dem Wissen der verschiedenen Schichten näher zu kommen, zwischen ihnen und den einzelnen Teilen der Zeitung anhand der existierenden demographischen Daten eine Relation herstellen. Eine solche herzustellen ist aufgrund des Markup, mit dem das Korpus angereichert wurde, jederzeit möglich.

3.1.3 Die Zusammensetzung des Korpus

Das Korpus setzt sich insgesamt zusammen aus zwei Komponenten: einem Korpus italienischer Zeitungen, die in der Zeit um die »Deutsche Einigung« 1989 veröffentlicht wurden, und einem Korpus französischer, italienischer und spanischer Zeitungen, die zur Zeit der Europawahlen 1994 erschienen sind. Die folgenden Tabellen geben die Zusammensetzung und den Umfang der beiden Komponenten und ihrer Subkomponenten wieder.

Jahrhundert wurde es für die Bildung von Adjektiven wie *pakistaní* etc. wiederbelebt (cf. Coseriu 1988: 137).

Korpus »Italienische Zeitungssprache 1989«	
Zeitung	**Wortformen**
Corriere della Sera	
Gesamt:	**258.287**
19.10.1989	170.129
20.10.1989	79.030
21.10.1989	91.099
Il Mattino	
Gesamt:	**171.501**
20.10.1989	82.102
21.10.1989	89.399
La Repubblica	
Gesamt:	**174.958**
20.10.1989	88.961
21.10.1989	85.997
La Stampa	
Gesamt:	**119.771**
20.10.1989	69.964
21.10.1989	49.807
Größe des Korpus	**724.517**

fig. 1: Korpus 1989: Größe der Subkorpora und ihrer Komponenten

»Korpus romanischer Zeitungssprachen 1994«	
Zeitung	**Wortformen**
Le Monde	
Gesamt:	**236.236**
12./13.06.1994:	89.786
14.06.1994:	70.936
15.06.1994:	75.514
Corriere della Sera	
Gesamt:	**303.641**
13.06.1994:	102.976
)6.1994:	102.441
15.06.1994:	98.224
La Vanguardia	
Gesamt:	**261.133**
13.06.1994:	86.468
14.06.1994:	94.251
15.06.1994:	80.414

fig. 2: Korpus 1994: Größe der Subkorpora und ihrer Komponenten

3.1.4 Das Markup-System

Jede Komponente der beiden Korpora wurde mit dem im folgenden aufgeführten Markup-System im COCOA-Format angereichert (fig. 3, Seite 146). Dieses hält zunächst bibliographische Informationen, dann die Struktur der Zeitung und schließlich die intendierte Art des Sprechens innerhalb der Texttypen fest.[4] Aufgrund dieser Kodierung ist eine ganze Reihe von Unterscheidungen hinsichtlich der Schichten des Publikums und der sprachlichen Varietäten möglich.

Im älteren italienischen Korpus wurden zudem alle finiten Verbformen mit einem Zahlenkode entsprechend den Kategorien Tempus, Modus und Aspekt, die sie aufgrund einer bestimmten Theorie realisieren, kodiert. Der Kode legt zunächst einmal fest, daß analytische Formen (stavo#$I210a011cantando) wie synthetische ($I130a003canteranno) Formen jeweils als Einheit betrachtet werden (#). $I210a011 gibt an, daß es sich um eine Verbform im Modus Indikativ (I), die die inaktuelle Ebene (2) und die parallele (10) Perspektive realisiert, die im Aktiv (a) erscheint und eine Verbalperiphrase vom Typ *stare + Gerundium* (01) in der ersten Person (1) ist. Bei $I130a003 handelt es sich dagegen um eine Verbform im Indikativ (I), die die aktuelle Ebene (1) und die prospektive Perspektive (30) realisiert, die im Aktiv erscheint (a), keine Verbalperiphrase ist (00) und in der 3. Person steht (3).[5]

Aufgrund dieses hier vorgestellten Markup ist es möglich, anhand des Korpus nicht nur die Varietäten, aus denen das Korpus sich zusammensetzt, sondern auch grammatische und stilistische Phänomene zu untersuchen. Da die Zeitungen im romanischen Korpus zudem alle zur gleichen Zeit erschienen sind, lassen sich auch synchronische Vergleiche zwischen den drei romanischen Sprachen anstellen. Das italienische Korpus erlaubt, da es aus zwei zu unterschiedlichen Zeiten zusammengestellten Subkorpora besteht, darüber hinaus auch diachronisch ausgerichtete Untersuchungen.

3.1.5 Das Korpus unter TACTWeb

Das Projekt eines computergestützten Linguistikunterrichts wurde 1990 begonnen und durchlief bisher eine Reihe von Phasen, in denen unterschiedliche Software zum Einsatz kam (*OCP*, *Logiciel St. Chef*, *DBT* und *Tact 2.1*). Die damit gemachten Erfahrungen führten zu der Erkenntnis, daß eine computergestützte linguistische Lehre einer interaktiven und zugleich hardwareunabhängigen Analysemöglichkeit bedarf. Eine solche konnte schließlich mit Hilfe von

---

[4] Die Entwicklung des Systems wurde im Rahmen der Erstellung des »Korpus der italienischen Zeitungssprache 1989« begonnen. Dabei wurden die in der italienischen Presse üblichen Namen für die Werte der Variablen übernommen.

[5] Für eine genaue Darstellung des zugrundeliegenden Verbalsystems und der Kodierung vgl. Burr (1993: 75-110,157-161, 467-468).

Einheit	**Variable**	**Beispiel**
Zeitung	<Z>	<Z La Vanguardia>
Ausgabe	<E>	<E 130694>
Sparte	<S>	<S Politica>
Ausgewiesenheit des Textes	<A>	
signiert		<A firmato>
anonym		<A non firmato>
Autor/Autorin	<N>	<N Tapia Juan>
Seite	<C>	<C 01>
Sprache	<L>	<L Inglese>
Textart	<T>	
Vorzeile		<T Occhiello>
Schlagzeile		<T Titolo>
Untertitel		<T Sottotitolo>
Zwischenüberschrift		<T Catenaccio>
Zusammenfassung		<T Sommario>
Ankündigung		<T Civetta>
Artikel		<T Articolo>
»Aufmacher«		<T Spalla>
Leitartikel		<T Fondo>
Glosse		<T Corsivo>
Kolumne		<T Rubrica>
Kritik		<T Critica>
Interview		<T Intervista>
Nachricht		<T Notizia>
Kurznachricht		<T Breve>
Kurzmeldung		<T Flash>
Leserbrief		<T Lettera>
Liste		<T Elenco>
Fernseh-, Kinoprogramm		<T Programma>
Filminhalt		<T Film>
Wetterbericht		<T Tempo>
Bildunterschrift		<T Foto>
Buch-, Film-, Liedtitel, etc.		<T Nome>
Art des Sprechens	<P>	
fortlaufender Text		<P Prosa>
Zitat von schriftlichen Quellen		<P Citazione>
Zitate von mündlichen Quellen		<P Discorso>
Frage im Interview		<P Domanda>
Antwort im Interview		<P Risposta>

fig. 3: Das Markup-System

TACTWeb und der Einspeicherung eines Teils des zu Datenbanken kompilierten Korpus in das Internet geschaffen werden. Für eine online-Analyse stehen damit nun unter http://www.uni-duisburg.de/FB3/ROMANISTIK/PERSONAL/Burr/humcomp/home.htm die folgenden Teilkorpora zur Verfügung:

Zeitung	**Ausgabe**	**Wortformen**
Il Corriere della Sera	20.10.1989	79.030
Il Mattino	20.10.1989	82.102
Le Monde	15.06.1994	75.514
Il Corriere della Sera	15.06.1994	98.224
La Vanguardia	15.06.1994	80.414

fig. 4: Online-Korpuskomponenten

3.2 Ein Beispiel

Mein Vorgehen bei der computergestützten Lehre der Linguistik will ich zum Schluß noch an einem Beispiel illustrieren. Es handelt sich dabei um ein Seminar zu »Tempus, Aspekt, Modus (Französisch, Italienisch & Spanisch)«, das ich im Wintersemester 1998/99 an der Universität Siegen angeboten haben.

3.2.1 Das Vorgehen

Da nur das »Korpus italienische Zeitungssprache 1989« eine Kodierung der finiten Verbformen aufweist, mußten das französische und spanische Subkorpus von den Studierenden selbst im Sinne der von ihnen durchzuführenden Analyse aufbereitet werden, d.h. sie mußten die Realisierungen bestimmter Verbalkategorien kodieren. Modell stand dabei das oben dargestellte Kodierungssystem. Die kodierten Teilkorpora wurden dann, in Datenbanken transformiert, jeweils unter dem Namen der oder des Studierenden über das Internet von der TACT-Web-Korpusseite aus zugänglich gemacht. Sie sind auch weiterhin dort verfügbar.

Der erste Teil des Seminars war der Einführung in das Thema und der Einarbeitung in die von TACTWeb gebotenen Analysemöglichkeiten gewidmet. Dabei mußten die Studierenden, neben der Vorbereitung des Korpus für die empirische Untersuchung, eine Reihe von Aufgaben erfüllen. Zunächst war eine thematisch relevante Bibliographie zu erstellen und nach einer ersten Lektürephase ein Projektvorschlag einzureichen. Der mündliche Seminarbeitrag bestand aus einem Bericht über die bisherige Forschung zu der jeweiligen Kategorie/zu den jeweiligen Kategorien. Zur Diskussion gestellt wurden dabei auch die vorläufige Struktur der späteren schriftlichen Hausarbeit sowie mögliche Untersuchungsschritte. Da die empirische Untersuchung integrativer Bestandteil der Lehrveranstaltung sein sollte, konzentrierte sich der zweite Teil des Seminars v.a. auf die Durchführung der eigentlichen Analyse. Das Seminar wurde mit einer schriftlichen Hausarbeit abgeschlossen, die neben der bisherigen Forschung auch die Analyseschritte und die bei der empirischen Untersuchung erzielten Ergebnisse diskutieren sollte.

3.2.2 Einige Ergebnisse

Beim Vergleich des synthetischen mit dem periphrastischen Futur (*aller faire*) im französischen Subkorpus kommt eine Studentin aufgrund ihrer genauen Analyse aller Belegstellen im Korpus zu dem Schluß, daß mit ersterem eine Verbalhandlung im allgemeinen neutral dargeboten, mit letzterem dagegen eine persönliche Beteiligung oder Nähe ausgedrückt wird. Das folgende Beispiel ist hierfür besonders indikativ:

»Selon M. Balladur, ceux qui plaident pour le protectionnisme oublient une vérité simple, l'Europe *va croître* au mieux de 3% l'an, alors que l'Asie *connaîtra* une croissance de 8% à 10%.« (Le Monde 15.06.1994)

Die Untersuchung zum Gebrauch des *Perfecto simple* und *Perfecto compuesto* in den Sparten *Política*, *Internacional*, *Deportes* des spanischen Teilkorpus, die eine Studentin des 2. Studienjahrs durchgeführt hat, liefert als Antwort auf die Frage, ob *perfecto compuesto* in Zitaten mündlicher Quellen häufiger gebraucht wird als im fortlaufenden Text, das folgende Ergebnis:

Art des Sprechens	**perfecto compuesto**	**perfecto simple**
fortlaufender Text:	23%	77%
Zitat mündlicher Quelle:	67%	33%

Ein weiterführender Untersuchungsschritt zu den Unterschieden zwischen den drei Sparten ergibt:

Sparte	**perfecto compuesto**	**perfecto simple**
Deportes:	18	20
Política:	27	3
Internacional:	kaum Zitate	

Die Studentin interpretiert dieses Ergebnis folgendermaßen: In der Sparte *Política* geht es am 15.06.1994 vor allem um die Europawahlen. Dabei kommen viele Politiker und Politikerinnen zu Wort, die die Wahlergebnisse und die möglichen Folgen kommentieren. Der Tempusgebrauch steht damit in Zusammenhang, d.h. er drückt, wie die folgenden beiden Beispiele zeigen, die temporale und emotionale Nähe der Ereignisse aus:

»Los ciudadanos han hablado.«

»Se ha abierto una etapa nueva.« (La Vanguardia 15.06.1994)

Eine weitere Untersuchung fragt nach dem Zusammenhang zwischen dem Gebrauch von *Passato remoto* und der diatopischen Variation.[6] Sie kommt u.a. zu dem Ergebnis, daß sich der diatopische Unterschied nicht am Anteil von *passato remoto* Formen an der Gesamtzahl finiter Verbformen (*Mattino* 2% - *Corriere* 3,2%) festmachen läßt, sondern sich v.a. im Bereich der Kopula zeigt. Sie erscheint nämlich im *Mattino* zumeist im *passato remoto* (*fu/fummo/furono*) im *Corriere* dagegen im Imperfekt (*era/eravamo/erano*):

»[...] per non dire di quel Morse che fu la bandiera dei successi Ignis.« (*Il Mattino* 20.10.1989)

»Morse, in fondo, era soprattutto un gran tiratore.« (*Il Corriere della Sera* 20.10.1989)

4. Lernen und Lehren

Wie der obige Einblick zeigt, lassen sich computergestützte Lehre und traditionelle Seminare positiv integrieren.[7] Ein unter TACTWeb verfügbares Korpus weckt zudem, da es erlaubt, zunächst einmal mit Abfragen und den dabei erhobenen Daten zu spielen, das Interesse der Studierenden am Funktionieren von Sprache. Dabei lernen sie schnell, ihre Suchen genauer zu definieren, Hypothesen aufzustellen und nach Beweisen zu suchen.

Gleichzeitig lernen sie, was Korpora eigentlich sind, was das Anreichern mit Markup bedeutet und welche Untersuchungen dadurch überhaupt erst möglich werden bzw. welches die Grenzen sind. Dadurch, daß Untersuchungen an einem solchen Korpus jederzeit relativ schnell wiederholt bzw. anders aufgebaut werden können, werden sie animiert, weiterführende Fragen auch dann noch zu stellen, wenn ihre Untersuchung schon weit fortgeschritten ist, können also auch erst später Bedachtes noch für ihre Untersuchung nutzen. Zudem erlauben ihnen die systematisch erhobenen Daten und die darin zutage tretenden Regelmäßigkeiten, zumindest ansatzweise, Theorien und von anderen durchgeführte Untersuchungen kritisch zu hinterfragen.

---

[6] Im Gemeinitalienischen gibt es nach einhelliger Meinung drei regional bedingte Tempussysteme, die sich vor allem anhand des *passato remoto* unterscheiden. Um die Untersuchung diatopischer Unterschiede zu erlauben, gingen in das »Korpus italienische Zeitungssprache 1989« Zeitungen aus unterschiedlichen Gegenden Italiens ein. Denkbar wäre, daß in *Il Mattino* (Neapel) mehr *passato remoto*-Formen erscheinen als in *Il Corriere della Sera* (Mailand).

[7] Eine solche Integration wird von Aimée Morrison (1999) in ihrem sehr interessanten Beitrag auch für die literaturwissenschaftliche Lehre gefordert.

Auch auf die Seminarsituation wirkt sich dieses Vorgehen positiv aus. Aufgrund der in den Sitzungen selbst unternommenen Untersuchungen kommt es nämlich generell zu viel mehr Kommunikation unter Studierenden und Lehrenden. Auch wächst das Interesse an den Referaten, am Stellen von Fragen und an der Diskussion. Das wiederum fördert den Wissenstransfer. Die Lehrende hat zudem mehr Zeit zur Betreuung einzelner Studierenden, erhält eher Einblick in Lesegänge, Probleme und in den Fortschritt des empirischen Projekts.

Das Allerwichtigste ist aber, wie mir scheint, daß die Studierenden zum einen erfahren, daß Sprechen uns als »verbundene Rede« entgegentritt und nicht in Einzelelementen, zum anderen Schlüsselqualifikationen erwerben, die sie in vielen Betätigungsfeldern einsetzen können.

Literatur

Burr, Elisabeth (1993a): Corpus of Italian newspapers. Oxford: Oxford Text Archive U*-1723-D.

Burr, Elisabeth (1993b): Verb und Varietät. Ein Beitrag zur Bestimmung der sprachlichen Variation am Beispiel der italienischen Zeitungssprache (= Romanistische Texte und Studien 5). Hildesheim/Zürich/New York: Olms.

Burr, Elisabeth (1994): Italian Newspaper Corpus (ita03). In: ECI/MCI: European Corpus Initiative Multilingual Corpus 1. CD-ROM: \data\eci1\.

Burr, Elisabeth (1996): A Computer Corpus of Italian Newspaper Language. In: Research in Humanities Computing 4. Selected Papers from the ALLC/ACH Conference, Christ Church, Oxford, April 1992. Oxford: Clarendon Press. S. 216-239.

Burr, Elisabeth (1997): Wiederholte Rede und idiomatische Kompetenz. Französisch, Italienisch, Spanisch. Habilitationsschrift, Gerhard-Mercator-Universität GH Duisburg, Fachbereich 3: Sprach- und Literaturwissenschaften (Manuskript 455 Seiten. – Erscheint als TBL, Gunter Narr).

Chafe, Wallace (1992): The importance of corpus linguistics to understanding the nature of language. In: Svartvik, Jan (ed.): Directions in Corpus Linguistics. Proceedings of Nobel Symposium 82. Stockholm, 4-8 August 1991 (= Trends in Linguistics. Studies and Monographs 65). Berlin/New York: Mouton de Gruyter. S. 79-97.

Coseriu, Eugenio (1988): Sprachkompetenz: Grundzüge der Theorie des Sprechens (= UTB 1481). Tübingen: Francke.

Fillmore, Charles J. (1992): »Corpus linguistics« or »Computer-aided armchair linguistics«. In: Svartvik, Jan (ed.): Directions in Corpus Linguistics. Proceedings of Nobel Symposium 82. Stockholm, 4-8 August 1991 (= Trends in Linguistics. Studies and Monographs 65). Berlin/New York: Mouton de Gruyter. S. 35-60.

Gross, Maurice (1994): Constructing Lexicon-Grammars. In: Atkins, Sue B.T./Zampolli, Antonio (eds.): Computational Approaches to the Lexicon. Oxford: Oxford University Press. S. 213-263.

Humboldt, Wilhelm von (1827-1829/1963): Über die Verschiedenheiten des menschlichen Sprachbaus. In: Humboldt, Wilhem von: Schriften zur Sprachphilosophie (= Werke in fünf Bänden III). Darmstadt: Wissenschaftliche Buchgesellschaft. S. 144-367.

Hymes, Dell H. (1972): On Communicative Competence. In: Pride, J. B./Holmes, Janet (eds.): Sociolinguistics (= Penguin Modern Linguistics Readings). Harmondsworth: Penguin. S. 269-293.

Morrison, Aimée (1999): Teaching Humanities Computing ... A Graduate Student Perspective, http://www.humanities.ualberta.ca/amorrison/otherwork/cosh-coch99.htm.

Rogers, Henry (1998): Education, in: Lawler, John/Dry, Helen Aristar (eds.): Using Computers in Linguistics. A Practical Guide. London: Routledge. S. 63-100.

Sinclair, John (1991): Corpus, Concordance, Collocation. Oxford: Oxford University Press.

Stubbs, Michael (1993): British Traditions in Text Analysis. From Firth to Sinclair. In: Baker, Mona/Francis, Gill/Tognini-Bonelli, Elena (eds.): Text and Technology. In Honour of John Sinclair. Philadelphia/Amsterdam: John Benjamins. S. 1-33.

Velde, Roger G. van de (1979): Probleme der linguistischen Theoriebildung einer empirischen Textwissenschaft. In: Bergenholtz, Henning/Schaeder, Burkhard (eds.): Empirische Textwissenschaft. Aufbau und Auswertung von Text-Korpora (= Monographien Linguistik und Kommunikationswissenschaft 39). Königstein/Ts.: Scriptor. S. 10-27.

Individuelle und geschlechtsspezifische Unterschiede in der prosodischen Gestaltung deutscher Lese- und Spontansprache

Benno Peters

Einleitung

Die hier beschriebene Untersuchung basiert auf einer rechnergestützten Analyse der prosodischen Etikettierung des »Kieler Korpus«, einer akustischen Datenbank für gelesene und spontane Sprache (IPDS 1994, 1995, 1996, 1997). Es bestehen enge Verbindungen zu drei Bereichen der Forschung:

- Intonationsmodelle
- Datenerhebung und -aufbereitung
- Kommunikations- und Diskursanalyse

Intonationsmodelle

Um prosodische Parameter zu analysieren brauchen wir Kategorien der intonatorischen Gestaltung gesprochener Sprache. Ich arbeite mit dem Kieler Intonationsmodell KIM (Kohler 1991). In KIM wird die Phonologisierung distinktiver Melodiemuster angestrebt und deren Beziehung zur Semantik, Pragmatik und Syntax von Äußerungen erfaßt. Ich werde später einige Kategorien des Modells näher erläutern.

Datenerhebung und -aufbereitung

Das Kieler Institut für Phonetik und digitale Sprachverarbeitung verfügt über die größte segmentell und prosodisch etikettierte Datenbank des gesprochenen Deutschen. Die in Kiel erhobenen und etikettierten Daten beinhalten sowohl gelesenes Material als auch spontansprachliche Daten. Die Lesesprache umfaßt vier Satzlisten und zwei kurze Geschichten, die von etwa 25 Sprechern und Sprecherinnen vorgelesen wurden. Die Sprachdaten des spontansprachlichen

Korpus wurden im Rahmen des Terminabspracheszenarios erhoben. Hierbei handelt es sich um Dialoge, in denen zwei Versuchspersonen sich anhand spezieller Terminkalender für verschiedene Aktivitäten verabreden. Der Stil der Unterhaltungen ist eher förmlich. Gesprochen wird Hochdeutsch, z.T. norddeutscher Prägung. Die Dialoge dauern zwischen 7 und 30 Minuten.

Die segmentelle Etikettierung der Daten wird nicht als enge Transkription vorgenommen, sondern ist phonetisch-phonematisch orientiert und wird im Transkriptionsalphabet SAMPA erstellt (Kohler 1995a). Die prosodische Etikettierung wird unter Verwendung des auf KIM basierenden PROLAB-Symbolinventars (Prosodic Labeling) durchgeführt (Kohler 1995b). Die Kategorien des Intonationsmodells bekommen rechnerverarbeitbare Symbole. Die Gesamtheit dieser Symbole ist das PROLAB-Symbolinventar.

Die Aufbereitung der Daten in der phonetischen Datenbank KIELDAT (Kohler 1992) bietet schnellen Zugriff durch automatische Suchaktionen und erleichtert eine anschließende statistische Aufbereitung. Die Datenbasis ist also eine sehr nützliche Grundlage für die Bildung und Prüfung phonetischer Hypothesen.

Kommunikations- und Diskursanalyse

Für ein besseres Verständnis der sprachlichen Kommunikation brauchen wir umfangreiche Untersuchungen über suprasegmentelle phonetische Merkmale des Sprachschalls und über deren kommunikative Funktionen. In diesem Bereich wurde im Rahmen der Untersuchungen zum Kieler Intonationsmodell schon einige Arbeit geleistet. So stehen z.B. die Melodiemuster des Kieler Intonationsmodells in enger Verbindung mit Äußerungssemantik und syntaktischen Konstruktionen.

Im Rahmen der »gender studies« stellt sich die phonetische Frage nach phonetischen Größen, die mit dem vielbeschworenen Kommunikationsproblem zwischen Männern und Frauen zusammenhängen. Können es z.B. *nicht* die Worte sein, die für Mißerfolg in einer Kommunikationssituation verantwortlich sind, sondern Eigenschaften des Sprachschalls, die von Wörtern und Grammatik relativ unabhängig sind?

Weiterhin stellt sich die Frage nach interindividueller Variation im sprachlichen Gestaltungsprozeß.

Individuelle und geschlechtsspezifische Unterschiede in der prosodischen Gestaltung

Kein Sprecher ist wie ein anderer. Jeder Sprecher hat bestimmte sprachliche Merkmale:

- individueller aktiver und passiver Wortschatz
- bevorzugte syntaktische Konstruktionen
- Dialekt, Soziolekt
- Dimension von Ansatzrohr und Kehlkopf

Auch in der Intonation sind individuelle Unterschiede zu erwarten. In den folgenden Absätzen beschreibe ich die Verteilungen verschiedener prosodischer Parameter, sowohl kontrastiv für einzelne SprecherInnen, als auch in Abhängigkeit vom Geschlecht der SprecherInnen.

Sprechtempowechsel

In KIM werden prosodische Phrasierungseinheiten markiert, die Abweichungen von einer individuellen mittleren Sprechgeschwindigkeit aufweisen. Eine allgemeine Definition, die eine objektive Meßbarkeit der Sprechgeschwindigkeit ermöglicht, ist wohl kaum zu geben und ist auch nicht unbedingt notwendig. Wichtig ist die Erfassung von Wechseln in der Sprechgeschwindigkeit mit kommunikativer Funktion. Sprechgeschwindigkeitswechsel treten häufig in eingeschobenen Sätzen auf und können z.B. signalisieren, daß der Sprecher etwas rekapituliert oder Zeit zum Nachdenken braucht, aber nicht unterbrochen werden will.

Die im Vortrag verwendeten Tonbeispiele können von der Homepage des Instituts für Phonetik und digitale Sprachverarbeitung der Christian-Albrechts-Universität Kiel (www.ipds@uni-kiel.de) heruntergeladen werden.

Hörbeispiele zur Sprechgeschwindigkeit

Hörbeispiel 1
Erhöhte Sprechgeschwindigkeit ab: »da wir eben gesehen haben...«
Referenz: g071a009

Hörbeispiel 2
Verlangsamte Sprechgeschwindigkeit ab: »siebenundzwanzigste bis einunddreißigste...«
Referenz: g095a008

Registerwechsel

Die Markierung von Registerwechseln verläuft ähnlich wie bei den Tempowechseln: Jeder Sprecher hat seine mittlere Tonlage, und deutliche Abweichungen nach oben oder unten werden markiert. Tiefes Register dient häufig dazu, eingeschobene Bemerkungen vom Rest der Äußerung abzuheben. Sprechen im hohen Register kann bei Überraschung auftreten oder Höflichkeit signalisieren.

Hörbeispiele zu Registerwechseln

Hörbeispiel 3
Hohes Register ab: »paßt Ihnen da irgendwas...«
Referenz: g142a001

Hörbeispiel 4
Tiefes Register ab: »wenn Ihnen diese Reise genehm ist....«
Referenz: g095a006

Die folgende Tabelle zeigt die prozentuale Häufigkeit von Phrasen mit Register- oder Sprechgeschwindigkeitswechseln in der Spontansprache. In der untersuchten Lesesprache sind Register- und Sprechgeschwindigkeitswechsel so selten, daß sich hier kaum Aussagen machen lassen. Die Ergebnisse der Korpusanalyse sind bisher nur in einer rein deskriptiven Statistik ausgewertet.

	High register	**Low register**	**Rate plus**	**Rate minus**
Sprecher HAH	1.2%	3.4%	12.8%	0.1%
Sprecher TIS	0.5%	11.0%	1.3%	1.1%
Sprecher BAC	0.0%	0.9%	0.0%	0.0%
Sprecher SOK	0.7%	1.5%	0.0%	0.0%
Sprecher CHD	0.7%	3.8%	1.0%	1.7%
Sprecher ANL	0.0%	0.0%	0.5%	0.5%
Sprecherin KAE	0.4%	5.9%	3.7%	2.6%
Sprecherin SAR	2.8%	15.2%	1.9%	0.5%
Sprecherin WEM	0.7%	0.4%	3.6%	2.2%
Sprecherin SIK	1.2%	2.9%	0.6%	0.6%
Sprecherin FRS	5.1%	4.6%	2.5%	0.0%
Sprecherin ANS	11.5%	7.2%	0.9%	3.2%

Tab. I: Prozentuale Anteile von prosodischen Phrasen mit Register- oder Sprechgeschwindigkeitswechseln in der Spontansprache für sechs Sprecher und sechs Sprecherinnen

Bei Register- und Tempowechseln zeigen sich starke individuelle Vorlieben. Jeder Sprecher scheint hier ein unterschiedliches Repertoire einzusetzen. Besonders die SprecherInnen HAH, TIS, SAR und ANS fallen durch die überdurchschnittlich hohe Verwendung bestimmter Register- oder Sprechgeschwindigkeitswechsel auf.

	High register	Low register	Rate plus	Rate minus
Sprecherinnen	0.9%	3.5%	1.7%	1.6%
Sprecher	0.5%	2.6%	0.6%	1.0%

Tab. II: Prozentuale Anteile von prosodischen Phrasen mit Register- oder Sprechgeschwindigkeitswechseln bei Männern und Frauen in der Spontansprache

Im Vergleich zwischen Sprechern und Sprecherinnen in der Spontansprache zeigt sich, daß Frauen mehr Veränderungen in Register und Sprechgeschwindigkeit einsetzen. Ob sich diese Ergebnisse verallgemeinern lassen, muß durch die Untersuchung einer größeren Datenbasis gezeigt werden.

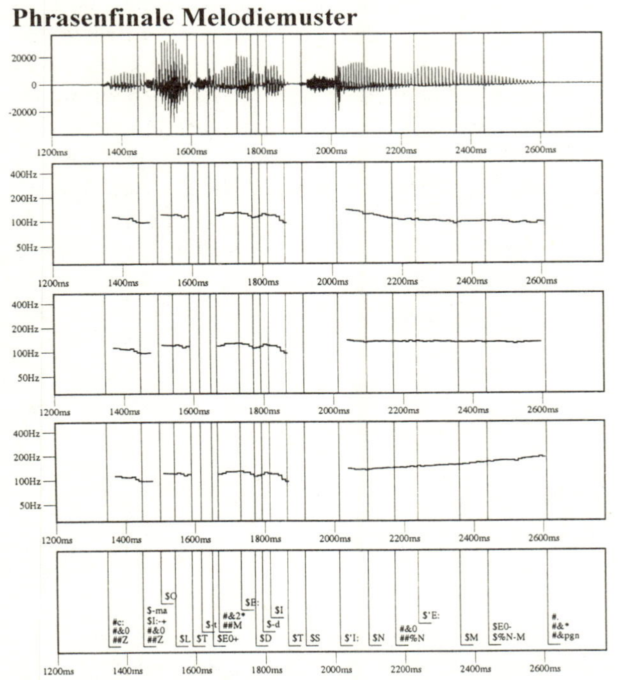

Abb. 1: Terminales Melodiemuster und zwei nicht-terminale Muster

Äußerung: »Sie sollte Medizin nehmen.«
Referenz: k07mr044
Fenster A: Oszillogramm
Fenster B: F0-Verlauf der terminalen Kontur
Fenster C: F0-Verlauf der ebenen Kontur
Fenster D: F0-Verlauf der steigenden Kontur
Fenster E: Segmentelle und prosodische Etikettierung

Hörbeispiel 5
Terminales Melodiemuster und zwei nicht-terminale Muster
Äußerung: »Sie sollte Medizin nehmen.«
Referenz: k07mr044

Der letzte und wohl wichtigste Punkt ist der individuell und geschlechtsspezifisch unterschiedliche Einsatz bestimmter Melodiemuster. Ich werde mich hier ausschließlich auf phrasenfinale Melodiemuster konzentrieren. Phrasenfinale Muster verlaufen über den unakzentuierten Silben von der letzten satzakzentuierten Silbe bis zum Ende einer prosodischen Phrase. Die phrasenfinalen Konturen sind entscheidend für die semantische Interpretation einer Phrase.

Die phrasenfinalen Melodiemuster in Hörbeispiel 5 (Abb. 1, Seite 157) wurden mit einem Algorithmus zur Grundfrequenzmanipulation verändert, um unterschiedliche F0-Konturen über einem identischen segmentellen String zu erhalten und dadurch eine bessere Vergleichbarkeit zu gewährleisten. Das Beispiel verdeutlicht die unterschiedliche semantische Funktion der phrasenfinalen Melodiemuster. Das terminale, stark fallende Muster führt zu einem klaren Aussagesatz. Das ebene Muster deutet auf eine weiterführende Argumentation hin. Das durchgehend steigende Muster hingegen macht den Satz zur Frage.

Allgemein lassen sich sehr starke individuelle Unterschiede in der Verwendung phrasenfinaler Muster feststellen. Ähnlich wie beim Einsatz von Sprechgeschwindigkeits- und Registerwechseln greift jede/r SprecherIn auf ein individuell verschiedenes Repertoire phrasenfinaler Melodiemuster zu. Die folgende Tabelle zeigt exemplarisch die Auftretenshäufigkeiten phrasenfinaler Muster bei einer Sprecherin (k70) und einem Sprecher (k61), die eine identische Satzliste mit 100 Sätzen vorlesen.

Sprecherin k04		**Sprecher k61**	
Melodiemuster	**Anzahl**	**Melodiemuster**	**Anzahl**
1.	1		
,	2		
0.	2		
1.,	2		
2;	3		
?	10	?	10
2.	82	2.	91

Tab. III: Absolute Auftretenshäufigkeiten verschiedener phrasenfinaler Melodiemuster bei einer Sprecherin und einem Sprecher der Berliner Sätze

Die Tabelle zeigt, daß die Sprecherin k06 phrasenfinal sieben verschiedene Muster verwendet, während Sprecher k61 ausschließlich zwei Muster einsetzt.

Unterschiede in der Auftretenshäufigkeit phrasenfinaler Melodiemuster

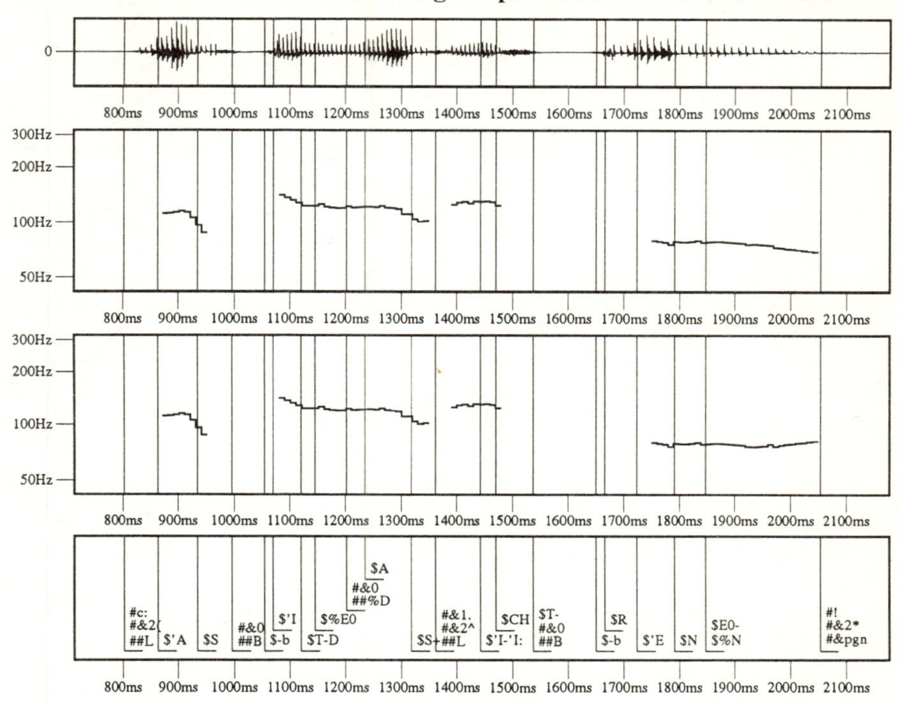

Abb. 2: Terminales und pseudoterminales Melodiemuster

Äußerung: »Laß bitte das Licht brennen!«
Referenz: k69mr023
Äußerung: »Laß bitte das Licht brennen!«
Fenster A: Oszillogramm
Fenster B: F0-Verlauf der terminalen Kontur (fällt final von 75 auf 70 Hz)
Fenster C: F0-Verlauf der pseudoterminalen Kontur (steigt final von 75 auf 85 Hz)
Fenster D: Segmentelle und prosodische Etikettierung

Hörbeispiel 6
Terminales und pseudoterminales Melodiemuster
Äußerung: »Laß bitte das Licht brennen!«
Referenz: k69mr023

Ein wichtiger Faktor in der Kommunikation ist der Einsatz terminaler Muster gegenüber nicht-terminalen Mustern. Durch die Verwendung des terminalen Musters wird Kategorialität und Unanfechtbarkeit einer Aussage signalisiert. Das terminale Muster weist an der Phrasengrenze einen Abfall der Grundfrequenz bis an die untere Grenze der Sprechstimme auf. Die nicht-terminalen Muster zeigen Kommunikationsbereitschaft und Interesse an der Meinung des Hörers an. Diese grobe Einteilung stellt allerdings eine gewisse Vereinfachung dar.

Pseudoterminale Muster zeigen ähnlich wie die terminalen Muster einen Abfall der Grundfrequenz bis an die untere Grenze der Sprechstimme, worauf dann aber ein geringer Wiederanstieg im Bereich von 5-15 Hz folgt (Peters 1999). Dieses Melodiemuster signalisiert sehr subtil Diskussionsbereitschaft oder auch eine gewisse Distanzierung vom Gesagten. Pseudoterminale Konturen treten in der Lesesprache häufig in Verbindung mit Imperativen auf, möglicherweise um den Befehlston etwas abzuschwächen. Das Interessante an den pseudoterminalen Konturen liegt in drei Punkten:

- Ein sehr geringer Unterschied in der Grundfrequenzbewegung zwischen terminalem und peudoterminalem Melodiemuster führt zu einem unterschiedlichen inhaltlichen Eindruck beim Hörer, vor allem in Bezug auf die Einstellung des Sprechers zum Gesagten.
- Es besteht starke Sprecherabhängigkeit in der Auftretenshäufigkeit pseudoterminaler Muster
- Vor allem in der Lesesprache zeigt sich bei Frauen eine deutlich stärkere Tendenz zur Verwendung pseudoterminaler Muster.

	Marburger Sätze		
Konturtyp **Sprecher/in**	**&2.**	**&2;**	**andere**
k69 (m)	88.4%	1.8%	9.8%
k61 (m)	78.9%	0.0%	21.1%
k09 (m)	73.6%	2.3%	24.1%
k07 (m)	68.7%	5.3%	26.0%
k62 (w)	68.5%	1.5%	30.0%
k67 (m)	68.3%	1.1%	30.6%
k70 (w)	66.2%	3.5%	30.3%
k11 (m)	65.1%	10.1%	24.4%
k10 (w)	64.3%	10.8%	24.9%
k68 (w)	56.7%	0.0%	43.3%
k08 (w)	48.4%	28.9%	22.2%
k12 (w)	20.5%	43.4%	36.1%

Tab. IV: Auftretenshäufigkeit unterschiedlicher phrasenfinaler Konturen bei verschiedenen Sprechern und Sprecherinnen der Marburger Sätze

&2. ist das einzige terminale Muster. Unter »andere« wurden Konturen zusammengefaßt, die hier nicht näher erläutert werden können, die aber allesamt nicht terminal sind.

	Spontansprache		
Konturtyp Sprecher/in	&2.	&2;	andere
SAR (w)	40.8%	0.5%	58.7%
SOK (m)	39.0%	0.7%	60.3%
AME (m)	35.0%	4.1%	60.9%
KAE (w)	32.6%	12.1%	55.3%
ANL (m)	32.3%	5.8%	61.9%
BAC (m)	28.4%	3.2%	68.4%
SVA (m)	26.2%	12.1%	61.7%
CHD (m)	19.3%	7.6%	73.1%
NAR (w)	18.2%	9.5%	72.3%
WEM (w)	17.0%	2.2%	80.8%
SIK (w)	16.2%	15.5%	68.3%
UTB (w)	11.0%	22.1%	66.9%

Tab. V: Auftretenshäufigkeit unterschiedlicher phrasenfinaler Konturen bei verschiedenen Sprechern und Sprecherinnen im spontansprachlichen Korpus

Im Vergleich zur gelesenen Sprache findet sich in der Spontansprache ein deutlich geringerer Anteil von terminalen Mustern. Die Ursache hierfür liegt darin, daß die Marburger Sätze meist klare Aussagesätze sind und somit eine abschließende Intonation provozieren, im Terminabsprachesszenario hingegen oft unsichere Aussagen und Fragen auftreten.

	Marburger Sätze			Die Buttergeschichte			Spontansprache		
Konturtyp	**&2.**	**&2;**	**and.**	**&2.**	**&2;**	**and.**	**&2.**	**&2;**	**and.**
Sprecherinnen	53.5%	12.9%	33.6%	31.6%	12.4%	56%	21.7%	11.8%	66.5%
Sprecher	73.3%	3.5%	23.2%	34.4%	5.9%	59.7%	29.1%	5.7%	65.2%

Tab. VI: Auftretenshäufigkeit unterschiedlicher phrasenfinaler Konturen bei Sprechern und Sprecherinnen

Die Daten liefern Hinweise auf geschlechtsspezifische Unterschiede besonders in der Verwendung von terminalen und pseudoterminalen Intonationsmustern. Allgemein läßt sich in den Daten bei männlichen Sprechern eine stärkere Tendenz zur Benutzung terminaler Konturen feststellen, während die Sprecherinnen häufiger pseudoterminale Konturen produzieren. Das kann bedeuten, daß Frauen in der Kommunikation dem Hörer häufiger das Gefühl vermitteln mit einbezogen zu werden, indem sie durch die Intonation eine gewisse Unsicherheit vermitteln. Männer hingegen signalisieren eher Sicherheit und Entschlossenheit. Möglicherweise ist diese Strategie in der intonatorischen Gestaltung einer der Gründe für Kommunikationsprobleme zwischen Männern und Frauen. Denn gerade mangelnde Diskussionsbereitschaft und Kategorialität sind Punkte weiblicher Kritik an der Männersprache oder am Männerdenken. Männer hingegen beschweren sich gerne über Unentschlossenheit und fehlende Klarheit. Ich will nicht behaupten, daß sich dieses Problem nur auf der Ebene der Intonation manifestiert, aber sicher spielen hier die Sprechmelodie und die damit übermittelten semantischen Kategorien auch eine Rolle.

Ausblick

Die beschriebene Untersuchung ist ein Einstieg in die labelbasierte Analyse individueller und geschlechtsspezifischer Unterschiede in gesprochener Sprache anhand des »Kieler Korpus«. Vor allem in der Spontansprache muß die Anzahl der untersuchten Personen noch ausgedehnt werden. Es ist weiterhin notwendig, die hier vorgebrachten Ergebnisse durch eine Prüfstatistik und durch umfangreiche Perzeptionsexperimente zu untermauern.

Literatur

IPdS (1994): The Kiel Corpus of Read Speech. Volume 1. Kiel: Institut für Phonetik und digitale Sprachverarbeitung.

IPdS (1995, 1996, 1997): The Kiel Corpus of Spontaneous Speech. Volume 1-3. Kiel: Institut für Phonetik und digitale Sprachverarbeitung.

Kohler, K.J. (ed.) (1991): Studies in German Intonation. (Arbeitsberichte des Instituts für Phonetik und digitale Sprachverarbeitung der Universität Kiel. AIPUK 25).

Kohler, K.J. (ed.) (1992): Phonetisch-akustische Datenbasis des Hochdeutschen. Kieler Arbeiten zu den PHONDAT-Projekten. (Arbeitsberichte des Instituts für Phonetik und digitale Sprachverarbeitung der Universität Kiel. AIPUK 26).

Kohler, K. J. (ed.) (1995a): Arbeitsberichte des Instituts für Phonetik und digitale Sprachverarbeitung der Universität Kiel (AIPUK 29).

Kohler, K.J. (1995b): PROLAB - the Kiel system of prosodic labeling. In: Proc. XIIIth ICPhS. Stockholm 3. S. 162-165.

Peters, Benno (1999): Prototypische Intonationsmuster in deutscher Lese- und Spontansprache. In: Arbeitsberichte des Instituts für Phonetik und digitale Sprachverarbeitung der Universität Kiel (AIPUK 34).

Gestützte Kommunikation (FC) mit autistischen Menschen

Andrea Alfaré

Begriffsklärung

In diesem Beitrag will ich von meinem Dissertationsprojekt berichten, welches sich mit linguistischen und pragmatischen Aspekten der Gestützten Kommunikation mit autistischen Menschen befasst.

Etwas zur Begriffsklärung vorweg: Die Gestützte Kommunikation – abgekürzt FC (nach dem im englischsprachigen Raum für die Methode gebräuchlichen Ausdruck »Facilitated Communication«) – ist innerhalb des Methodenspektrums der Unterstützten Kommunikation anzusiedeln und kommt oft dort zur Anwendung, wo andere Methoden der Lautsprach-Ergänzung oder -Ersetzung nicht greifen. FC ist demnach keine Therapie oder Heilmethode, sondern eine Methode zur Kommunikation für und mit Menschen mit schweren Kommunikationsstörungen, Menschen also, die sich aufgrund einer erworbenen oder angeborenen Schädigung mit herkömmlichen Kommunikationsmethoden, wie z.B. Lautsprache oder Handschrift, nicht oder nur sehr begrenzt mitteilen können. Im 1. Zwischenbericht des im Sommer 1999 abgeschlossenen Forschungsprojektes der Münchner Ludwig-Maximilian-Universität »Facilitated Communication« bei Menschen mit schweren Kommunikationsstörungen« vom August 1997[1] wird die Gestützte Kommunikation (FC) folgendermassen definiert:

> »FC ist eine Methode, die manchen Menschen mit schweren Kommunikationsstörungen und neuromotorischen Beeinträchtigungen helfen kann, auf Objekte, Bilder, Symbole, Wörter und/oder Buchstaben zu zeigen, um sich so mitzuteilen.
>
> Unter FC versteht man eine physische, verbale und emotionale Hilfestellung, die ein Stützer einem Menschen mit schwerer Kommunikationsstörung gibt, damit dieser – z. B. gestützt an Hand, Handgelenk, Ellenbogen oder Schulter – gezielt zeigen kann, um etwas mitzuteilen.
>
> Die Stütze ermöglicht dem FC-Schreiber seine Bewegungen besser zu kontrollieren und im gewünschten Augenblick auf das Gewünschte zu zeigen. Der Stützer darf dabei niemals führen, sondern nur dem Impuls des FC-Schreibers nachgeben. Dabei ist das Ziel des FC-Trainings die (möglichst) selbständige Benutzung eines Kommunikationsgerätes.«

---

[1] Genaue Angaben für die im Text erwähnten Artikel und Bücher finden sich in der Bibliographie am Ende des Textes.

Die bisherigen Erfahrungen mit FC zeigen, dass die Methode gerade für Menschen mit autistischer Störung oft erfolgreich anwendbar ist. Wenn man mit neueren Forschungen von bei vielen Autisten vorhandenen Handlungsstörungen ausgeht, sowie Störungen im Bereich der Willkürmotorik, der Aufmerksamkeit und der Konzentration, wird auch durchaus klarer, warum das so sein könnte. FC funktioniert jedoch nicht nur für Menschen mit autistischer Störung: Christiane Nagy erwähnt in ihrer Einführung in die Methode der Gestützten Kommunikation auch Menschen mit anderen Diagnosen, bei denen bisher positive Erfahrungen mit FC gemacht wurden, z.B. bei spastischen und dyspraktischen Störungen, bei Down- und Rett-Syndrom oder auch bei geistiger Behinderung unbekannter Genese.

Die FC-Schreiber, mit denen ich bisher gearbeitet habe, waren jedoch mit zwei Ausnahmen alle als autistisch diagnostiziert. Auch an meiner Studie sind deshalb lediglich autistische FC-Schreiber beteiligt. Ein anderer Grund dafür ist, dass ich mich in den möglichen Fragestellungen einfach beschränken musste. Meine Arbeit basiert auf Einzelfallstudien mit voraussichtlich neun Schreibern im Alter zwischen 9 und 26 Jahren (zu Beginn der Studie). Sie sind alle nichtsprechend und sind als schwer autistisch zu betrachten. Die Studie zeichnet ihre linguistische und pragmatische Entwicklung mit FC über ca. drei Jahre nach. Weitere zwei bis drei Schreiber sollen als »Referenzfälle« dazukommen. Für den theoretischen Rahmen bedient sich diese qualitative Studie vor allem der Mittel und Kriterien der Gesprächsanalyse sowie der Psycholinguistik.

Um denjenigen, die wenig oder keine Erfahrung mit der Gestützten Kommunikation haben, einen Eindruck zu geben, wovon hier sprachlich und kommunikativ teilweise ausgegangen werden kann, gebe ich einen Teil eines Gesprächs zwischen dem jetzt 28jährigen autistischen FC-Schreiber Reto (R) und zwei ca. 18jährigen Schülern eines Gymnasiums wieder. Reto schrieb zum Zeitpunkt des Gesprächs seit noch nicht ganz zwei Jahren mit FC. Er schrieb seine Gesprächsbeiträge – von mir gestützt – auf einem Laptop.

I1: Wir müssen in der Schule eine Reportage schreiben. Worüber ist egal. Wir dachten, wir würden gerne eine Reportage über dich machen, und wir möchten gerne mit dir darüber sprechen. Vielleicht könntest du über dich was sagen, darüber, was du denkst oder fühlst, was du jetzt mit FC so machen möchtest; einfach was dir wichtig ist.

R: ich rede tierisch gern mit euch.

A: Was wäre dir denn wichtig zu besprechen?

R: ich finde es wichtig zu erwähnen , dass ich selber denke. Auch selber schreibe. Sieht nicht so aus, ist aber so. wollt ihr was bestimmtes wissen?

I1: Uns würde zum Beispiel interessieren, wie du die 25 Jahre vor FC erlebt hast. Wie denkst du darüber?

R: es war nicht so schlimm als kleines kind. Nachher schon. Ich wollte reden, aber konnte nicht. Alle liebten mich zwar, aber hielten mich für geistig behindert. Behandelten mich entsprechend. Das macht einen verrückt. Ich war innen normal. Nur von aussen sah ich aus wie ein idiot. Mit FC kann ich mein innen nach aussen tragen, zumindest zu denen, die mich sehen wollen.

I1: Wie konntest du denn Dinge lernen, z.B. lesen oder so. Wie hast du das gemacht? So wie wir auch? Wir mussten auch üben beim lesen. Und bei dir war das auch noch auf bilingue.

R: ich brachte mir vieles selber bei. Ich konnte schon vor der schule lesen. War leicht. Kam einfach. Ich finde es leichter als schuhebinden. Kann ich heute noch nicht. Dafür kann ich englisch, französisch, ein wenig latein. Ist auch was.

I2: Ich habe erfahren durch I1, dass du gerne Klavier spielst. Was spielst du gerne?

I1: Ja oder vielleicht kannst du auch was sagen dazu, was du erreichen möchtest mit dem Klavier oder wie du es empfindest zu spielen?

I2: Entsteht da ein möglicher Mozart?

I1: Wer weiss.

R: klavier ist geil. Ich bin sicher kein mozart. Noch nicht. Aber der hat auch früher angefangen. Ich mache vor allem übungen. Mein ziel ist ohne zweifel, mal ein konzert zu geben. Ein fernziel.

I1: Hast du an uns eine Frage oder möchtest du uns noch etwas mitgeben, wenn wir jetzt die Reportage über dich machen. Möchtest du uns was mitgeben, was du den anderen Menschen mitteilen möchtest?

I2: Ich habe noch eine Frage dazu: Hast du einen Satz, den du magst oder oft sagst, den wir zitieren könnten?

R: wo zitieren? Als einstieg oder schluss? Dann sag ich was passendes.

I2: Einfach einen Satz, den man am Schluss der Reportage hinschreiben kann. So als Krönung.

R: ok. Folgendes. Wir behinderten sind innen normal. Wir denken wie ihr. Wir fühlen wie ihr. Macht uns also nicht zu idioten.

Nun sind die Resultate, die mit Hilfe von FC in sprachlicher und kommunikativer Hinsicht gerade von den autistischen Schreibern erzielt werden, nicht unkritisiert geblieben. Das ist nicht weiter verwunderlich. Die Gegebenheiten der Methode selbst zusammen mit den oben kurz erwähnten Schwierigkeiten vieler Autisten in den Bereichen Handlungsinitiation und -planung, Konzentration und Aufmerksamkeit lassen bei unvorsichtiger und falscher Anwendung der Methode ein weites Feld offen für Beeinflussungen bis hin zur Manipulation, was ja auch in einigen Studien mit diesem Inhalt gezeigt worden ist. Diese Tatsache ist auch von Verfechtern der Methode unbestritten. Dazu kommen aufgrund eigener Forschungen und Erfahrungen von mir und einigen anderen angenommene Schwierigkeiten im Bereich der Sprachproduktion, des sprachlichen Denkens und der Lösung einiger ganz spezifischer kognitiver Aufgaben bei den autistischen FC-Schreibern. Einen sehr kurzen Einblick in die Thematik werde ich hier zu geben versuchen.

Ein genauso gewichtiger Grund, weshalb die mit FC erreichte Kommunikation kritisiert wurde und wird – und die Kritik reicht ja bis zum Bestreiten der Validität der Methode insgesamt – ist jedoch wohl ein weiterer: Zu sehr scheinen für einige Menschen die Ergebnisse von Teilen der etablierten Autismusforschung und die von autistischen FC-Schreibern gezeigten kognitiven Leistungen zu divergieren. Der wissenschaftliche Disput drehte und dreht sich hauptsächlich um die »Validierungsfrage«, die Frage nach der »authorship« der entstandenen FC-Aussagen. Ich kann hier nicht weiter auf diesen Disput eingehen, weil dafür der Raum schlicht fehlt. Ich möchte die Auseinandersetzung aber erwähnen, weil durch die teilweise hitzige Debatte der sichere Umgang mit der Methode und das Bewusstsein für mögliche Gefahren der Beeinflussung wahrscheinlich schneller entwickelt werden konnte als ohne. Auch ist der Disput bei weitem noch nicht abgeschlossen.

Anfang der 90er Jahre gab es einige sogenannte »Validierungsstudien«, vor allem in den USA, die anhand von double-blind message-passing-Tests versuchten, die »authorship« gemachter FC-Aussagen festzustellen. Es ging um die Frage, ob der FC-Schreiber tatsächlich selbst schrieb. Die meisten dieser anfänglichen Tests gingen schief – d.h. der FC-Schreiber konnte seine authorschip im jeweiligen Test nicht beweisen. Daraus wurde dann von den Test-Verantwortlichen sowie den FC-Kritikern leider viel zu schnell geschlossen, dass die FC-Schreiber nicht nur im Test versagten, sondern dass sie vielmehr überhaupt nicht schreiben konnten. Daraus folgte dann wiederum der Schluss, dass überhaupt kein FC-Schreiber schreiben konnte und somit die Methode nichts taugt. Mitte der 90er Jahre wurden dann die ersten Validierungsstudien mit positiven Resultaten veröffentlicht.

Die Verfechter der Methode hatten sich Gedanken zum schlechten Abschneiden der meisten FC-Schreiber in den ersten Tests gemacht. Daraufhin veränderte man in diesen späteren message-passing-Tests das Testdesign, so dass es den geäusserten und angenommenen Problemen der FC-Schreiber möglichst entgegenkam. Als ganz wichtig stellte sich heraus, dass man auf die Tests hin mit den Schreibern trainierte. Man übte mit ihnen natürlich nicht die Testaufgaben selbst, sondern die Art der Aufgaben. Wichtig scheint auch das dialogische Moment innerhalb des Tests zu sein. Das neueste Beispiel einer solch differenzierten Validierungsstudie stellt einen wichtigen Teil des erwähnten Münchner FC-Forschungsprojektes an der Ludwig-Maximilian-Universität dar, das im Sommer 1999 zum Abschluss kam[2]. Die ganze Thematik der Validierung zusammen mit dem sie begleitenden wissenschaftlichen Disput lässt sich am vollständigsten nachlesen bei Biklen, D./Cardinal, D. N. (1997).

Von meiner Warte der Gesprächsanalyse aus kann ich dazu sagen, dass Kommunikation unbestrittenermassen sehr viel mehr ist als message-passing. Die Validität von FC, die sich als Kommunikationsmethode versteht und in der Praxis hauptsächlich in Form von Alltagsgesprächen praktiziert wird, kann letztlich nicht anhand von Resultaten aus formellen message-passing-Tests geklärt werden, seien die Resultate nun positiv oder negativ. Wenn wir verstehen wollen, wie eine Kommunikationsform funktioniert und abläuft – FC oder sonst etwas –, dann müssen wir sie in ihrem situationellen Kontext anschauen und mit den ihr gemässen Mitteln, in diesem Fall die der Kommunikationsforschung, der Gesprächsanalyse, teilweise der Psycholinguistik. Tun wir dies nicht, verändern wir den zu erforschenden Gegenstand massiv, möglicherweise bis zu einem Punkt, wo völlig unklar wird, was erzielte Forschungsergebnisse eigentlich noch aussagen. Bei einem so schwierigen Gegenstand wie FC bei autistischen Menschen, wo so viele Faktoren eine Rolle spielen, müssen wir uns als Forscher sehr genau überlegen, was wir mit den Testmethoden und Kriterien unserer jeweiligen Disziplinen letztlich testen und zu testen in der Lage sind.

Linguistische und pragmatische Aspekte von FC mit autistischen Menschen

In meinem Dissertationsprojekt befasse ich mich nun mit linguistischen und pragmatischen Aspekten der gestützten Kommunikation mit autistischen Menschen. Wie erwähnt, begleite ich die Schreiber in ihrer sprachlichen und kommunikativen Entwicklung mit FC über ca. drei Jahre. Einen längeren Zeitraum gut zu dokumentieren hat sich schon jetzt als sehr sinnvoll erwiesen, weil sichtbar wurde, dass sich die Sprache und der Ausdruck von Schreibern mit zunehmender Geübtheit durchaus sehr verändern kann.

Die vielen interessanten sprachlichen und gesprächlichen Phänomene, die in Praxis und Beobachtung bisher aufgetaucht sind und denen die Studie nachzugehen versucht, lassen sich sinnvoll in drei Bereiche unterteilen, mit denen sie ursächlich zusammenzuhängen scheinen – obwohl sicher auch andere Aufteilungen möglich wären. Einerseits sind dies Phänomene, die sich durch die Vorgaben der Methode ergeben. Ein grosses Thema, das hauptsächlich in diesen Bereich fällt, ist z.B. das Thema Mündlichkeit/Schriftlichkeit. Ein anderes ist die Doppelrolle als Stützer und Gesprächspartner, die der lautsprachliche Gesprächspartner oft einnehmen muss, sowie die Konsequenzen dieser Doppelrolle für das Gespräch.

---

[2] Der Abschlussbericht kann angefordert werden beim Bayerischen Staatsministerium für Arbeit und Sozialordnung, Familie Frauen und Gesundheit, z.Hd. Herrn Loder, Winzererstr. 9, D-80797 München

Dann gibt es Auffälligkeiten und Prozesse, die wohl am ehesten von den behinderungsspezifischen Schwierigkeiten hervorgerufen werden. Dazu gehören unter anderem einige sprachliche Besonderheiten, die sich in der einen oder anderen Form bei allen an der Studie beteiligten FC-Schreibern finden. Ich werde diesen Punkt nachher kurz darstellen. Zum dritten Bereich sind Phänomene zu zählen, die ursächlich mit dem Grad der Geübtheit der Schreiber zu tun haben. Beispiele dafür wären gewisse Gesprächsstrategien. Andererseits gibt es hier Überschneidungen mit den anderen Bereichen, wenn es z.B. um Phänomene geht, die mit zunehmender Geübtheit der Schreiber verschwinden.

Neben der Tatsache, dass die oft als geistig schwerstbehindert bezeichneten autistischen Menschen überhaupt fähig sind zu schreiben und zu kommunizieren, erstaunt oft die sprachliche Ausdrucksweise vieler Schreiber am meisten. Autistische FC-Benutzer, die sich nicht nur über Bilder und Symbole ausdrücken, sondern buchstabierenderweise mit Wörtern und Sätzen, zeigen oft – aber nicht immer – einen erkennbar anderen Sprachgebrauch als nicht behinderte Lautsprachler. Manche ihrer Äusserungen unterscheiden sich jedoch nicht von der Art, wie sie ihre sprechenden Gesprächspartner mündlich oder schriftlich tätigen. Aufgrund der Falluntersuchungen, welche meine Arbeit beinhaltet, lassen sich Hypothesen bilden, wann die Sprache anders aussieht und wann nicht und warum das so sein könnte. Es gibt etliche verschiedene Sprachbesonderheiten und Ausdrucksweisen, die in Äusserungen der an der Studie beteiligten FC-Schreiber immer wieder auftauchen. Einige haben mit den spezifischen Gegebenheiten der Methode zu tun – von denen werde ich in der Folge nicht sprechen –, andere können im Zusammenhang mit den autistischen Störungen gesehen werden. Wird in Artikeln über FC die Sprache der Schreiber erwähnt – meist nur kurz und rudimentär –, wird fast immer auf die »poetische« Ausdrucksweise, derer sich viele Schreiber bedienen, verwiesen.

Weit davon entfernt, FC-Schreibern sprachliches, teilweise dichterisches, jedenfalls doch kreatives Talent abzusprechen – ich habe selbst Kontakt zu einigen sehr talentierten autistischen FC-Schreibern –, muss ich doch aus meiner Erfahrung festhalten, dass lange nicht jede ungewöhnliche Ausdrucksweise dichterischem Gestaltungswillen entspringt. Die Erfahrungen und Analysen meiner Studie legen die Vermutung nahe, dass zumindest bei diesen Schreibern teilweise Sprachproduktions-Schwierigkeiten für gewisse Sprachbesonderheiten verantwortlich sind.

Es liesse sich nun trefflich über Denkpausen, Füllwörter, Lieblingswörter, Tippfehler und dergleichen diskutieren. Auch die Neologismen und die häufig auftretenden metaphorischen Ausdrucksweisen wären sicherlich ein interessantes Gebiet – wie weit sie vielleicht auch in Verbindung mit Konzepten von »innerer Sprache« oder »sprachlichem Denken« zu sehen sind. Aber von meiner Seite sind das momentan erst Spekulationen. Ich möchte in der gebotenen Kürze eine nicht unwichtige Gruppe von Sprachbesonderheiten, denen die Studie nachgehen will, beschreiben sowie eine kurze psycholinguistische Erklärungshypothese für dieses Phänomens geben. Ich habe mich dafür entschieden, weil die mehr gesprächsanalytisch motivierten Themen mehr Raum beanspruchen, als mir hier zur Verfügung steht. Es ist zwar nur ein »Schnipsel« eines sehr komplexen und weiten Gebietes, aber es kann vielleicht auch dazu dienen anzudeuten, welche anderen Wege – ausserhalb der message-passing-Tests – gangbar sind zu einer Validierung und einem besseren Verständnis der Methode FC und der damit kommunizierenden Menschen.

Die Makrame-Hypothese: »Rettungsnetz« und »falsche Knoten«

In der Folge geht es nun um eine sprachliche Auffälligkeit, deren Ursache bei den vermuteten Störungen in der Sprachproduktion zu suchen sein könnte, mit denen die autistischen FC-Schreiber der untersuchten Fallbeispiele zu kämpfen haben. Ich werde gleich einige Beispiele zeigen. Aufgrund der Ergebnisse aus dem analysierten Korpus von Gesprächen lässt sich die Hypothese ableiten, dass es sich zumindest in einem Teil der Fälle um eine von den Schreibern gewollte Strukturierung handelt, um eben diese Schwierigkeiten in der Sprachproduktion und vermutete Defizite im Bereich der Konzentration und der gezielten Aufmerksamkeit zu kompensieren. Dieses sprachliche Phänomen lässt sich in Gesprächsbeiträgen aller an der Studie beteiligten FC-Schreiber finden. Es besteht darin, dass jeweils in einem Satz oder in zwei bis drei direkt aufeinanderfolgenden Sätzen eine signifikante Anhäufung von Wörtern auftritt, die eine enge semantische, phonologische oder morphologische Verwandtschaft aufweisen oder sich lediglich hinsichtlich ihrer syntaktischen Kategorie überhaupt unterscheiden:

> »ICH *EILE* MIT EINEM DENK*MARSCH EILIG*« (R: 8.4.98)
>
> »ich möchte nicht mehr *riesighaft* mit meinem *monsterhaften* menschengaubenopfer...« (R:15.4.98)
>
> »ich bin *gesichert gesund*« (A: 4.12.98)
>
> »ich *zuckeriger* zuseher tue ohnegleichden ungemein *gepfeffertes* heute« (A: 9.12.98)
>
> »einfach meine *Denkebenen ablaufen*, meine *denklebenden Irrgärten*. Neben mir *mitgehen* Legende machen. Meine feurige *Welt erforschen* mit mir« (A: 22.1.99)
>
> »du musst es dem X *heimerfahren* genau *heimzahlen*« (A: 6.11.98)
>
> »im *Mund* bin ich *mutiger* als der Salat« (A: 27.11.98)

Ein signifikantes Beispiel stellt Retos Satz »ICH *EILE* MIT EINEM DENK*MARSCH EILIG*« (R: 8.4.98) dar. Einerseits wird hier im gleichen Satz zweimal dasselbe Wort verwendet, jedoch in verschiedenen syntaktischen Kategorien. Zum anderen kommt ein recht unüblicher Begriff vor, »Denkmarsch«, dessen zweites Morphem aber in auffälliger Bedeutungsrelation zum doppelt gebrauchten Begriff »eilen« steht. Ein weiteres Beispiel aus Retos Äusserungen zeigt neben einer engen semantischen Verbindung auch eine morphosyntaktische: »ich möchte nicht mehr *riesighaft* mit meinem *monsterhaften* menschengaubenopfer ...« (R:15.4.98). Interessant ist hier auch zu sehen, dass aus dem substantivischen Begriff »Monster« mit Hilfe des gebundenen Morphems »-haft« ein Adjektiv gemacht wurde, das dem vorangehenden »riesighaft« angeglichen ist, welches wiederum korrekterweise mit der substantivischen Form »Riese« gebildet würde und nicht wie hier geschehen mit dem Adjektiv »riesig«. Da liesse sich auch über die Art und Abfolge spekulieren, wie die Konzepte und Wörter aktiviert wurden. Noch ein weiteres Beispiel soll hier kurz angesprochen werden. Hier tritt eine phonologische Verwandtschaft auf in einer Äusserung von Alexander: »ich bin *gesichert gesund*« (A: 4.12.98). Die lautliche oder graphemische Übereinstimmung findet sich meist am Wortanfang. Am häufigsten ist dieses Vorkommen bei Adjektiven und Adverben, wie hier. Es findet sich aber auch zwischen verschiedenen Wortkategorien.

Was spricht nun dafür, dass in der beschriebenen sprachlichen Auffälligkeit eine kompensatorische Strategie sichtbar wird und nicht vielmehr die vermutete sprachliche Störung selbst? Und welche Schwierigkeit soll hier letztlich kompensiert werden? Um zu klären, in welcher Hinsicht dieses Phänomen Ausdruck einer von den Schreibern gewollten Strukturierung ist, wie hier vermutet werden soll, ist es notwendig zuerst auf ein verwandtes Sprachphänomen zu blicken, das sich in den untersuchten Fallbeispielen sehr oft findet und das im Gegensatz zum oben Besprochenen keine gewollte Strukturierung darstellt. Danach wird sich die Frage stellen, woraus denn die Schwierigkeiten bestehen könnten.

Auch hier handelt es sich um auffällige Anhäufungen von Wörtern mit allerdings lediglich lautlichen Ähnlichkeiten ohne Bedeutungsverwandtschaft. Besteht eine solche Gruppe aus mehr als zwei Wörtern, setzt sie sich in der Regel zu einem überwiegenden Teil aus Adjektiven und Adverben zusammen. Einige Beispiele zur Erläuterung. Sie sind Gesprächsbeiträgen von Reto und Alexander entnommen:

»DAS FEHLENDE *MEISTERHAFTE MEINUNGSSTÜCK*, DAS DIE KRITIKER NOCH BRAUCHEN, UM UNS FERTIGZUMACHEN.« (A: 3.11.98)
»DENK NACH IN DEINEM *KOSTBAREN KOPF*« (A: 27.5.98)

»JICH MÖCHTE IN DER *STEINIGEN IMMENSEN STIEFELIGEN STUBE* SCHREIBEN.« (A: 16.9.98)

»FINDE ICH *GIERIG GEMEIN GEREDET GESAGT*.« (R: 3.2.99)

»GEREDET ZERFLIESST MEINE GEREDET*E* KONZENTRATION. ES WÄRE *FRISCHE FERSCHWENDUNG*.« (R: 10.2.99)

Diesen Beispielen ist jeweils gemeinsam, dass das letzte Wort als einziges einer Gruppe syntaktisch notwendig für einen grammatikalisch richtigen Satz und semantisch passend ist. Die vorhergehenden Ausdrücke der Gruppe könnten mit Recht als lautliche Annäherungsversuche auf ein bestimmtes, beabsichtigtes Zielwort hin bezeichnet werden. Der Satz wäre jedoch ohne sie semantisch und syntaktisch genauso vollständig. Im Unterschied dazu könnten die vorhergehenden Beispiele in den meisten Fällen nicht als Annäherungsversuche an ein erkennbares Zielwort erklärt werden – nicht einmal die lautlich relevanten Varianten. Oft folgen dort die einer Gruppe zugehörenden Wörter auch nicht direkt aufeinander. Zudem liessen sich einzelne Wörter nicht weglassen, ohne die syntaktische oder die semantische Struktur des Satzes zu verändern.

Geht man von den psycholinguistischen Modellen aus, laut denen sprachrelevante Informationen im mentalen Lexikon oder – für die Bedeutungen – im konzeptuellen Gedächtnis in sogenannten Knoten zusammengefasst und organisiert sind, – und das ist jetzt eine sehr verkürzte Darstellungsweise – würde man sich die Wortgruppen in den ersten Beispielen bildlich und etwas salopp eher als Netz von aktivierten Knoten vorstellen, die alle – vielleicht auf unorthodoxe Weise – sinnvoll für die grammatikalische und semantische Realisation einer beabsichtigten Aussage eingesetzt werden. Bei den eben beschriebenen Wortgruppen hingegen, sähe das wohl eher so aus, dass nur ganz bestimmte Knoten im aktivierten Netz gesucht sind, aber anscheinend erst die falschen zum Zuge kommen. Für beide Arten von Auffälligkeiten kann zwar dafür optiert werden, dass etwas Bestimmtes ausgesagt werden soll; aber nur im Falle der »Netzgruppe« kann von einer Strategie gesprochen werden, mit Hilfe derer diese Aussage-Absicht realisiert wird. Ich möchte nochmals betonen, dass ich hier von psycholinguistischen Modellen spreche und nicht von der möglichen konkreten Umsetzung auf der neuronalen Ebene, wenn ich hier ansatzweise eine Erklärung skizziere, in welche Richtung sich möglicherweise fruchtbar weiterdenken liesse. Wenn ich also von Knoten, Netzen oder Aktivierung spreche, ist das bitte immer in diesem Kontext zu verstehen.

Alexander äusserte sich einmal zum Thema der Annäherungsversuche an ein intendiertes Wort, nachdem ich ihn gefragt hatte:

A: Wo möchtest du denn heute schreiben? Hier im Zimmer oder draussen?

AL: JICH MÖCHTE IN DER STEINIGEN IMMENSEN STIEFELIGEN STUBE SCHREIBEN.

A: Können wir machen; ich habe aber vorher noch eine Frage wegen dem Satz eben. Warum hast du denn diese vielen Adjektive geschrieben? War das gewollt oder ist es einfach so herausgekommen?

AL: ICH WOLLTE ICH WOLLTE STUBE SCHREIBEN ABER ES GING NICHT GLEICH WEIL ICH NICHT MIT FIGIGIEGIFTIIGEIGEM HIERIGEM RIESENKOPF DABEI WAR ES RUTSCHTEN ANDERE WORTE HINEIN.

Obwohl durchaus ein signifikanter Unterschied zwischen diesen Wortreihen und den zuerst genannten Beispielen sichtbar ist, wird sicher noch genauer zu klären sein, wann die Realisierung einer bestimmten Äusserung von den Schreibern so intendiert ist und wann nicht.

Das ist schon deshalb wichtig, um als Gesprächspartner zu wissen, welchen Wörtern man eine gesprächsaktrelevante Funktion zuordnen soll und welchen nicht. Das Wissen um solche allfälligen Sprachproduktions-Störungen autistischer FC-Schreiber kann einen Gesprächspartner unter anderem davon abhalten, den tieferen Bedeutungsgehalt einer Benennung als »alkaloide andrea« ergründen zu wollen.

Es ist im Moment noch schwierig, in jedem Fall mit Sicherheit sagen zu können, ob eine Wortgruppe nun eine intendierte Ausdrucksweise darstellt oder nicht. Es gibt Grenzfälle. Ein Beispiel von Urs:

> »ich eifriger gispel *eifere* dir *federdeftig federeigen* nach andrea und daniela. Ich finde *fehlerfrei geistigiefig fiegidie* dc g *fehlerfrei geistigforbildlich gisgig gut* dass ihr für immer hier seideonn denn *fiese* ganofen denken die *fistigen* aeffchen legen *fidele* eier« (U: 16.9.98)

Es lässt sich zwar sicherlich argumentieren, dass die Wörter »fehlerfrei«, »geistigforbildlich«, »fiese«, »fistigen« und »fidele« semantisch passend und bedeutungskonstituierend sind. Für »federdeftig«, »federeigen« und »gisgig« dasselbe zu sagen, ist schwieriger, da zudem auch nicht so klar ist, was die Wörter bedeuten. Diese zweite Gruppe könnte man vielleicht auch als Annäherungsversuche sehen an »fehlerfrei« und »gut«. Aber eindeutig als Zielwort identifizieren lässt sich »fehlerfrei« auch nicht. Als Illustration für dieses Problem und eine weitere Variante, wie sich die anzunehmende Sprachstörung zeigt, dient eine Äusserung von Reto:

> »ich glaube unbedingt, dass unglaublich populäre kleine opern unpopuläre klassische populistische theaterstücke künstlich loseisen politisch oft opernhaft gut können.« (R: 27.5.98)

Einerseits könnte hier einiges für die Zuordnung zur »Netzgruppe« sprechen. Semantische Verwandtschaft zwischen den Begriffen »oper«, »theaterstück«, »klassisch« und »künstlich« ist sicherlich gegeben. Andererseits ist in einer Äusserung über Musiktheater eine Häufung solcher Ausdrücke auch für nicht autistische Menschen nichts Aussergewöhnliches. Dass aber die lautlich verwandten Wörter wie »populär«, »oper«, »unpopulär«, »populistisch«, »politisch« und »opernhaft« tatsächlich so intendiert sein sollen, ist bei weitem nicht so zwingend wie bei den eingangs gezeigten Beispiele der Netzgruppe, z.B.: »im Mund bin ich mutige*r* als der Salat« (A: 27.11.98) und »du musst es dem X *heimerfahren* genau *heimzahlen*« (A: 6.11.98). Andererseits lässt sich auch kein Zielwort festmachen, für welches die anderen Wörter offensichtlich Annäherungsversuche sein könnten. Auch ihre Stellung im Satz lässt nicht unbedingt darauf schliessen. Es sieht vielmehr so aus, als ob zwischen die Begriffe, die der Schreiber zur Realisation seiner intendierten Aussage gebrauchen wollte, andere aus dem Netz der aktivierten Knoten »hineingerutscht« wären, die dort eigentlich nicht beabsichtigt waren.

Manchmal ergeben sich durch diese »falschen Knoten«, die dann zu einem ungewollten Wort werden, ganze Adjektiv-Reihen, wo kein Zielwort mehr zu eruieren ist:

> »ENDLICH LEBEN FEINE MENSCHEN FÜR MEINE VOLLKOMMEN DEMENTEN DEMENTEN DOOFEN DREISTEN EIGENHEITEN.« (A: 28.10.98)

> »NEIN ICH MÖCHTE JETZT DEN EIMNNIGERMASSSEN RICHTIGEN GIERIGEN GENIALEN FEDERIGEN OFFIGEN FINGRIGEN 4 BRIEF SCHREIBEN.« (A: 4.9.98)

In gewissen Fällen sind die verwendeten Begriffe semantisch verwandt – wie im ersten Beispiel; oft sind sie es jedoch nicht. Häufig aber weisen die Wörter solcher Reihen zumindest teilweise phonemische Übereinstimmungen – in den meisten Fällen im Anlaut – auf. Trotzdem muss hier die Theorie der Annäherungsversuche als mögliche Erklärung versagen.

Eine bedenkenswerte Hypothese dafür, was in einigen dieser Fälle das auslösende Moment für einzelne Wörter oder Wortreihen sein könnte – da ja nicht ein bestimmtes Zielwort gesucht wird –, ist die eines Tippfehlers. Der Schreiber trifft anstelle des beabsichtigten Buchstabensymbols ein anderes. Durch das akustische oder visuelle Feedback werden nun Lexeme, die mit dem entsprechenden Buchstaben beginnen, aktiviert und »rutschen« vor das eigentlich intendierte Wort, überlagern es sozusagen temporär. Es gibt noch andere Erklärungsmöglichkeiten, auf die ich hier aber nicht eingehen kann.

Es ist an der Zeit, sich Gedanken zu machen, worin denn die postulierte Sprachstörung nun besteht, die in den »falschen Knoten« zum Ausdruck kommt und mit der »Netz«-Variante teilweise kompensiert werden soll. Es ist offensichtlich hier jedoch nicht der Ort, einen fundierten psycho- oder gar neurolinguistischen Exkurs durchzuführen. Es besteht im Moment wohl auch noch gar nicht die Möglichkeit, dies zu tun, denn es gibt einfach noch zu wenig entsprechend aufschlussreiche Daten, um einen Diskurs sinnvoll führen zu können.

Aber ich möchte dennoch ein paar Gedanken spinnen: Es scheint aufgrund des beschriebenen Datenmaterials nachvollziehbar, dass in gewissen Momenten bei den an der Studie beteiligten Schreibern eine Störung im Bereich der Lexeme, der Lemmata oder auch der Konzepte auftritt, welche die Produktion intendierter Wörter und Sätze betrifft. Es scheint weiterhin klar zu sein, dass weder die syntaktische noch die morphemische Enkodierung einmal ausgewählter Konzepte und Lemmata von der Störung betroffen sind, denn die entstehenden Äusserungen sind grammatikalisch wiewohl teilweise ungewöhnlich, dennoch immer korrekt und semantisch – abgesehen von den ungewollten Ausdrücken – adäquat.

Nimmt man die in der psycholinguistischen Literatur zur Sprachverarbeitung und -produktion benutzte Kohortenvariante für die Art und Weise, wie die entsprechenden Konzept-, Lemma-, und Lexemknoten aktiviert werden, als Erklärungsmodell, dann läge die vermutete Störung in der richtigen Aktivierung der intendierten Wörter und Konzepte oder vielleicht hauptsächlich ihrer segmentalen phonemischen Repräsentationen und phonologischen Pläne. Für die alliterierenden Adjektiv-Reihen sowie die Annäherungsversuche wäre diese Störung hauptsächlich auf der Stufe der phonologischen Kodierung zu suchen sowie möglicherweise bei der Übermittlung der grammatischen Realations-Informationen, da sich die Wortart vom Annäherungswort zum Zielwort teilweise ändert. Das ist jedoch nur eine Möglichkeit. Es liesse sich hier auch an eine Korrektur-Strategie denken. Dass bei einigen dieser Adjektiv-Reihen semantische Verwandtschaften zwischen den einzelnen Ausdrücken bestehen, könnte beispielsweise damit erklärt werden, dass die Informationen aus dem konzeptuellen Gedächtnis die Aktivierung der Lexeme teilweise doch noch beeinflusst, was auch für eine normal funktionierende Sprachproduktion angenommen werden kann. Für diese Möglichkeit spricht auch die oben beschriebene Variante einer »Netzgruppe« mit engen semantischen Verwandtschaften.

Dass die Störung nicht durchgängig alle Stufen betrifft und auch nicht konstant wirkt, zeigt sich schon daran, dass alle Schreiber der untersuchten Fallbeispiele zwar diese Ausdrucksprobleme zu haben scheinen, aber auch alle in Gesprächspassagen und teilweise ganzen Gesprächen sich frei von den erwähnten Phänomenen ausdrücken. Aufgrund der analysierten Gesprächsdaten lässt sich weiter sagen, dass der Grad der Schwierigkeiten sowie das Auftreten der Phänomene überhaupt mit der »Tagesform« der Schreiber in Zusammenhang zu stehen scheint, und zwar möglicherweise mit dem Grad ihrer Fähigkeit zur Konzentration und zur gezielten Aufmerksamkeit. Diese Vermutung wird nicht nur durch das beobachtete Verhalten beim Schreiben und durch Aussagen der Schreiber bestätigt, sondern auch bekräftigt durch die Tatsache, dass mit zunehmender Geübtheit der Schreiber die Phänomene signifikant weniger häufig auftreten. Es lässt sich dann auch die Vermutung anstellen, dass bei Schreibern, die von Beginn an eine besser gezielte Aufmerksamkeit haben, diese sprachlichen Auffälligkeiten generell weniger auftreten. Im Augenblick ist die Korrelation zwischen dem Auftreten der erwähnten Auffälligkeiten und der Konzentrationsfähigkeit der Schreiber lediglich noch eine Vermutung – eine aus der Beobachtung zwar sicherlich vertretbare Vermutung, aber nicht mehr. Sieht man sich jedoch in den in der Psycholinguistik diskutierten Modellen die komplexen Aktivierungsabläufe und -muster an, wäre in dieser Hinsicht auch vermehrt über die Zusammenhänge der geschilderten und ähnlicher Sprachphänomene und die teilweise dokumentierten Veränderungen bei gewissen Neurotransmitter-Substanzen bei einigen Autisten nachzudenken. Andererseits lässt sich ein vergleichbares Phänomen durchaus auch bei Menschen ohne Sprach- und Aufmerksamkeitsprobleme nachweisen. Wenn die Konzentrationsfähigkeit von Menschen reduziert ist – aufgrund von Müdigkeit, Krankheit oder Drogeneinfluss zum Beispiel –, passieren ihnen sehr viel mehr Versprecher oder Wortwahl-Schwierigkeiten als sonst.

Literatur

Attwood, T. (1993): Bewegungsstörung und Autismus: Eine logische Begründung für den Gebrauch der gestützten Kommunikation. In: autismus 35. S. 9-13.

Biklen, D./Cardinal, D.N. (1997): Contested words, contested science: unraveling the facilitated communication controversy. New York: Teachers College Press.

Bundschuh, K./Basler-Eggen, A. (1997): 1. Zwischenbericht »Facilitated Communication« bei Menschen mit schweren Kommunikationsstörungen. Ludwig-Maximilian-Universität München, http://www.fcforum.com/zb.pdf.

Cardinal, D. N./ Hanson, D./Wakeham, J. (1996): Investigation of authorship in Facilitated Communication. In: Mental Retardation 4. Vol. 34. S. 231-242.

Crossley, R. (1994): Facilitated Communication Training. New York: Teachers College Press

Eichel, E. (1996): Gestützte Kommunikation bei Menschen mit autistischer Störung. Dortmund: Projekt Verlag.

Maurer, R.G./Damasio, A.R. (1982): Childhood autism from the point of view of behavioral neurology. In: Journal of Autism and Developmental Disorders 2. Vol. 12. S. 195-205.

Nagy, Chr. (1998): Einführung in die Methode der gestützten Kommunikation (Facilitated Communication-FC). Verein »Hilfe für das autistische Kind« Regionalverband München.

Wheeler, D. L./Jacobson, J. W./Paglieri, R. A./Schwartz, A. A. (1992): An experimental assessment of facilitated communication. In: Mental Retardation 1. Vol. 31. S. 49-60.

Zöller, D. (1995): »Was ich von der gestützten Kommunikation halte.« In: Autismus und Familie, Tagungsbericht 18.-20. November 1994 in Baunatal, Bundesverband »Hilfe für das autistische Kind«. S. 130-134.

Autorenverzeichnis

Andrea Alfaré, Hofwiesenstraße 234, CH-8057 Zürich.
E-Mail: aa@rpini.com

Prof. Dr. Elisabeth Burr, z. Zt. Universität Bremen, FB10/Romanistik, Bibliothekstraße, D-28359 Bremen.
E-Mail: eburr@uni-bremen.de

Prof. Dr. Swantje Ehlers, Justus-Liebig-Universität Gießen, Institut für Didaktik der deutschen Sprache und Literatur, Otto-Behaghel-Straße 10, D-35394 Gießen.

PD Dr. Claudia Fraas, Institut für deutsche Sprache, Postfach 10 16 21, D-68161 Mannheim.
E-Mail: Fraas@ids-mannheim.de

Prof. Dr. em. Hellmut K. Geißner (vorm. Universität Koblenz-Landau), Chemin de la Coudrette 21, CH-1012 Lausanne.

Dr. Gabriele Graefen, Ludwig-Maximilians-Universität, Institut für Deutsch als Fremdsprache, Ludwigstr. 27 / I, D-80539 München.
E-mail: Graefen@DaF.Uni-Muenchen.De

Prof. Dr. Franciszek Grucza, Polnische Akademie der Wissenschaften, Wissenschaftliches Zentrum, Boerhavegasse 25, A-1030 Wien.

Dr. Johanna Lalouschek, Universität Wien, Institut für Sprachwissenschaft, Berggasse 11, A-1090 Wien.
E-Mail: johanna.lalouschek@univie.ac.at

Dr. Martin Luginbühl, Universität Zürich, Deutsches Seminar, Schönberggasse 9, CH-8001 Zürich.
E-Mail: mluginbu@ds.unizh.ch

Dr. Karin Luttermann, Westfälische Wilhelms-Universität Münster, Sprachenzentrum, Bispinghof 2B, D-48143 Münster.
E-Mail: spzmail@uni-muenster.de

Benno Peters, Christian-Albrechts-Universität Kiel, Institut für Phonetik und digitale Sprachverarbeitung, Leibnitzstraße 10, D-24098 Kiel.
E-Mail: bp@ipds.uni-kiel.de

Dr. Joachim Sartorius, Goethe-Institut, Postfach 19 04 19, D-80637 München.

PD Dr. Caja Thimm, Universität Heidelberg, Germanistisches Seminar, Hauptstraße 207-209, D-69117 Heidelberg.
E-Mail: Caja.Thimm@urz.uni-heidelberg.de

Herausgeber:

Prof. Dr. Horst Dieter Schlosser, Johann Wolfgang Goethe-Universität Frankfurt am Main, Institut für Deutsche Sprache und Literatur II, Senckenberganlage 27 (161), D-60054 Frankfurt am Main.
E-Mail: Schlosser@lingua.uni-frankfurt.de

Forum Angewandte Linguistik

Publikationsreihe der Gesellschaft für Angewandte Linguistik (GAL)

Die Bände 1-17 dieser Reihe sind im Gunter Narr Verlag, Tübingen erschienen.

Band	18	Bernd Spillner (Hrsg.): Sprache und Politik. Kongreßbeiträge zur 19. Jahrestagung der Gesellschaft für Angewandte Linguistik GAL e.V., 1990.
Band	19	Claus Gnutzmann (Hrsg.): Kontrastive Linguistik, 1990.
Band	20	Wolfgang Kühlwein, Albert Raasch (Hrsg.): Angewandte Linguistik heute. Zu einem Jubiläum der Gesellschaft für Angewandte Linguistik, 1990.
Band	21	Bernd Spillner (Hrsg.): Interkulturelle Kommunikation. Kongreßbeiträge zur 20. Jahrestagung der Gesellschaft für Angewandte Linguistik GAL e.V., 1990.
Band	22	Klaus J. Mattheier (Hrsg.): Ein Europa – Viele Sprachen. Kongreßbeiträge zur 21. Jahrestagung der Gesellschaft für Angewandte Linguistik GAL e. V., 1991.
Band	23	Bernd Spillner (Hrsg.): Wirtschaft und Sprache. Kongreßbeiträge zur 22. Jahrestagung der Gesellschaft für Angewandte Linguistik GAL e.V., 1992.
Band	24	Konrad Ehlich (Hrsg.): Diskursanalyse in Europa, 1994.
Band	25	Winfried Lenders (Hrsg.): Computereinsatz in der Angewandten Linguistik, 1993.
Band	26	Bernd Spillner (Hrsg.): Nachbarsprachen in Europa. Kongreßbeiträge zur 23. Jahrestagung der Gesellschaft für Angewandte Linguistik GAL e.V., 1994.
Band	27	Bernd Spillner (Hrsg.): Fachkommunikation. Kongreßbeiträge zur 24. Jahrestagung der Gesellschaft für Angewandte Linguistik GAL e.V., 1994.
Band	28	Bernd Spillner (Hrsg.): Sprache: Verstehen und Verständlichkeit. Kongreßbeiträge zur 25. Jahrestagung der Gesellschaft für Angewandte Linguistik. GAL e.V., 1995.
Band	29	Ernest W.B. Hess-Lüttich, Werner Holly, Ulrich Püschel (Hrsg.): Textstrukturen im Medienwandel, 1996.
Band	30	Bernd Rüschoff, Ulrich Schmitz (Hrsg.): Kommunikation und Lernen mit alten und neuen Medien. Beiträge zum Rahmenthema "Schlagwort Kommunikationsgesellschaft" der 26. Jahrestagung der Gesellschaft für Angewandte Linguistik GAL e.V., 1996.
Band	31	Dietrich Eggers (Hrsg.): Sprachandragogik, 1997.
Band	32	Klaus J. Mattheier (Hrsg.): Norm und Variation, 1997.
Band	33	Margot Heinemann (Hrsg.): Sprachliche und soziale Stereotype, 1998.
Band	34	Hans Strohner, Lorenz Sichelschmidt, Martina Hielscher (Hrsg.): Medium Sprache, 1998.
Band	35	Burkhard Schaeder (Hrsg.): Neuregelung der deutschen Rechtschreibung. Beiträge zu ihrer Geschichte, Diskussion und Umsetzung, 1999.
Band	36	Axel Satzger (Hrsg.): Sprache und Technik, 1999.
Band	37	Michael Becker-Mrotzek, Gisela Brünner, Hermann Cölfen (Hrsg.), unter Mitarbeit von Annette Lepschy: Linguistische Berufe. Ein Ratgeber zu aktuellen linguistischen Berufsfeldern, 2000.
Band	38	Horst Dieter Schlosser (Hrsg.): Sprache und Kultur. 2000.

Peter Lang · Europäischer Verlag der Wissenschaften

Hans Otto Spillmann / Ingo Warnke (Hrsg.)

Internationale Tendenzen der Syntaktik, Semantik und Pragmatik

Akten des 32. Linguistischen Kolloquiums in Kassel 1997

Frankfurt/M., Berlin, Bern, New York, Paris, Wien, 1999. 588 S., zahlr. Abb.
Linguistik International. Bd. 1
Verantwortlicher Herausgeber: Ingo Warnke
ISBN 3-631-33794-9 · br. DM 138.–*

Der Band enthält die Beiträge zum 32. Linguistischen Kolloquium, das vom 16. bis 18. September 1997 an der Universität Kassel im Fachbereich Germanistik stattfand. Es handelt sich bei den Aufsätzen in erster Linie um Arbeiten aus den Gebieten Syntax, Semantik und Pragmatik, wobei neueste Ansätze aus den verschiedenen Philologien diskutiert werden. Das Buch dokumentiert damit aktuelle Positionen des internationalen sprachwissenschaftlichen Diskurses.

Aus dem Inhalt: Der Band enthält die Beiträge zum 32. Linguistischen Kolloquium, das vom 16. bis 18. September 1997 an der Universität Kassel im Fachbereich Germanistik stattfand.

Frankfurt/M · Berlin · Bern · New York · Paris · Wien
Auslieferung: Verlag Peter Lang AG
Jupiterstr. 15, CH-3000 Bern 15
Telefax (004131) 9402131
*inklusive Mehrwertsteuer
Preisänderungen vorbehalten